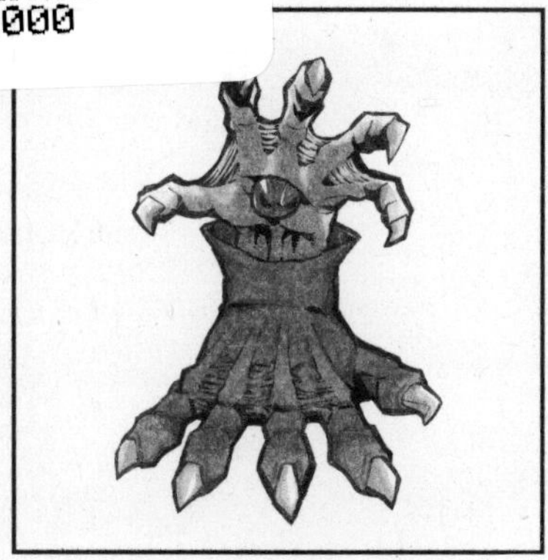

KOHEI HORIKOSHI

Band 22! Ich habe immer noch kein rechtes Verständnis der Muskelverteilung, deshalb zeichne ich so was jedes Mal mit Referenzmaterial in der anderen Hand. Ob es hilfreich wäre, wenn ich mir selbst ein paar Muskeln zulegen würde?

MY HERO ACADEMIA Vol. 22

DER ERBE

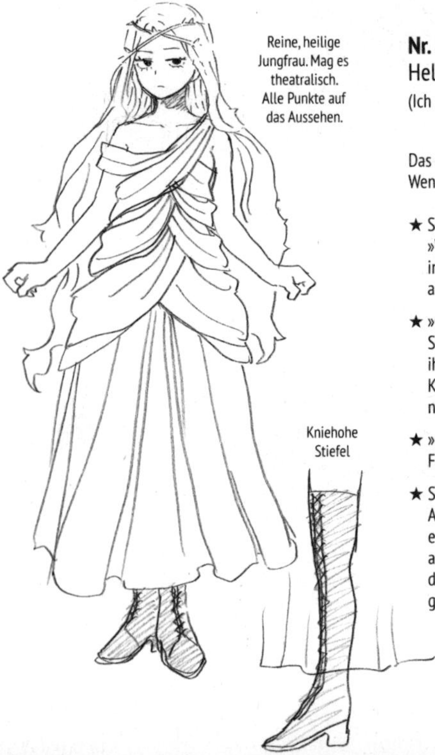

Nr. 8 Ibara Shiozaki
Heldenname »Vine«
(Ich habe den Heldennamen geändert.)

Das ganze Jahr über so.
Wenn es kalt ist, hüllt sie sich in Dornen ein.

★ Spezialtechnik 1
»Via dolorosa« Sie streckt ihre Ranken in alle Richtungen aus, um den Feind aufzuspüren oder anzugreifen.

★ »Crucifixion« (Kreuzigung)
Sie wickelt den Gegner ein und macht ihn bewegungsunfähig. Ähnlich wie der Kettenkerker des Lackbaums oder sogar noch stärker.

★ »Faith Shield« (Glaubensschild)
Formt aus Ranken einen Schild.

★ Super-Spezialtechnik »Feigenbaum«
Alle Ranken verschlingen sich zu einer einzigen großen Ranke, mit der sie alles niedermäht. Von allen Techniken die durchschlagkräftigste bei einmaligem Einsatz.

CARLSEN MANGA

Völckersstraße 14-20, 22765 Hamburg
Aus dem Japanischen von Gandalf Bartholomäus

First published in Japan in 2014 by SHUEISHA Inc., Tokyo. German translation rights in Germany, Austria, Luxembourg and German-speaking Switzerland arranged by SHUEISHA Inc. through VME PLB SAS, France.

Redaktion: Anne Berling
Textbearbeitung: Steffen Haubner
Herstellung: Gunta Lauck
Grafik: Sonnenfisch Production – Laura Bartels

ISBN: 978-3-551-79779-7
Bei Fragen zum Produkt: carlsen.de/kontakt

MY HERO ACADEMIA VOL. 22

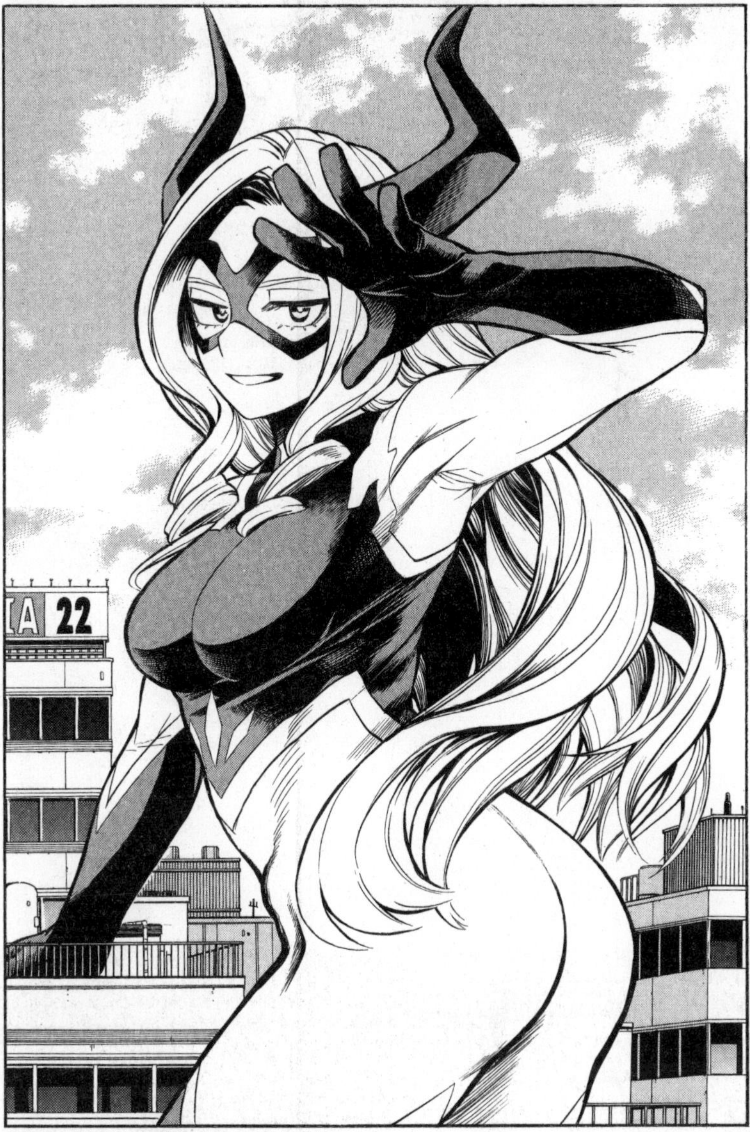

KOHEI HORIKOSHI

VORSTELLUNG DER CHARAKTERE, DIE NICHT VORKOMMEN

IN DEN LETZTEN 2 ODER 3 BÄNDEN HATTE HORIKOSHI JEDES MAL PROBLEME, WEIL IHM BEI DER CHARAKTERVORSTELLUNG JEMAND IN DIE QUERE KAM!! WENN ES NICHT MÖGLICH IST, DIE CHARAKTERE ANSTÄNDIG VORZUSTELLEN, DANN STELLE ICH DIESES MAL EBEN RANDOM CHARAKTERE VOR, DIE GAR NICHT VORKOMMEN!! NEE, ALLES GUT SONST! HORIKOSHI IST NUR EIN BISSCHEN MÜDE.

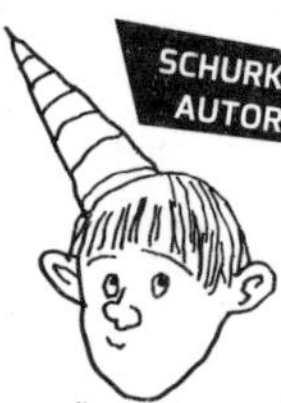

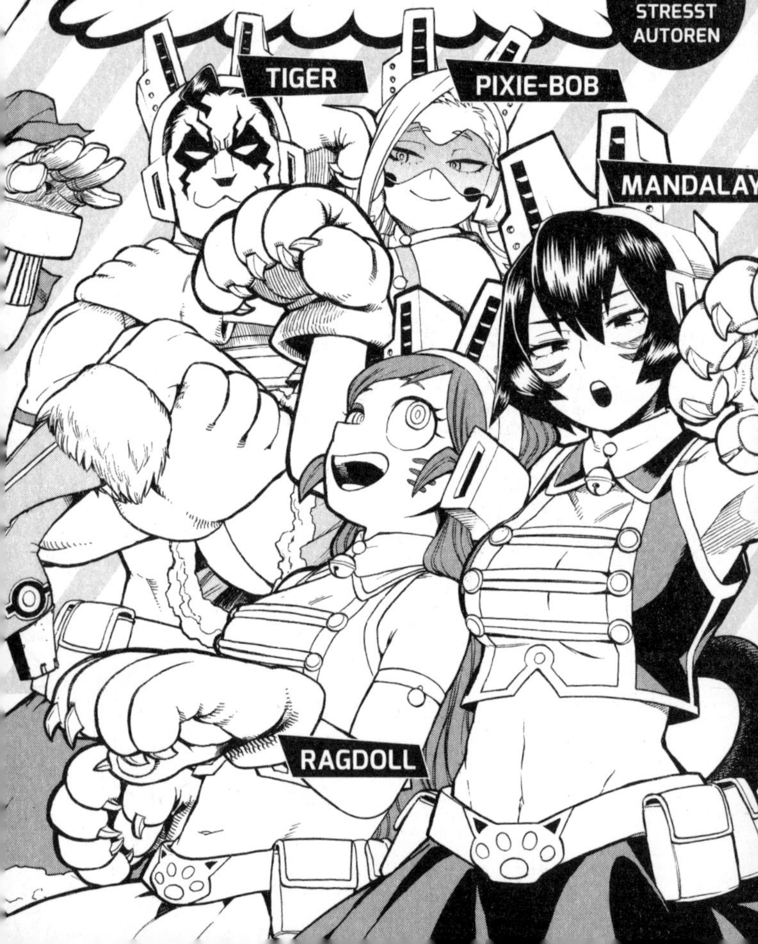

EINES TAGES BEGANNEN SICH BEI DEN MENSCHEN PARANORMALE PHÄNOMENE ZU ZEIGEN. MAN NANNTE DIESE ANLAGEN »MACKEN«, NACH UND NACH ENTSTAND EINE GESELLSCHAFT VON SUPERHELDEN, IN DER DIE MEISTEN MENSCHEN IRGENDEINE BESONDERE VERANLAGUNG BESITZEN. ALLERDINGS FÜHRTE DIESE »PARANORMALITÄT« AUCH ZU EINER ZUNAHME DER KRIMINALITÄT UND SCHLIESSLICH ZU EINER KATASTROPHALEN SITUATION, DER DER STAAT MACHTLOS GEGENÜBERSTAND. DAS WAR DER ZEITPUNKT, ALS AUS DER BEVÖLKERUNG PERSONEN HERVORTRATEN, DIE DEM BÖSEN DIE STIRN BOTEN. SIE AGIERTEN WIE DIE SUPERHELDEN AUS COMICS UND SCHLIESSLICH WURDE IHRE TÄTIGKEIT ZU EINER ALLGEMEIN ANERKANNTEN ÖFFENTLICHEN ARBEIT, UM DIE SICHERHEIT IM ALLTAG ZU GEWÄHRLEISTEN. DIES IST DIE GESCHICHTE EINES JUNGEN »OHNE MACKE«, DER EIN GROSSER HELDENFAN IST UND SICH DURCH DIE BEGEGNUNG MIT EINEM DER BESTEN VON IHNEN SELBST ZUM HELDEN ENTWICKELT.

STORY

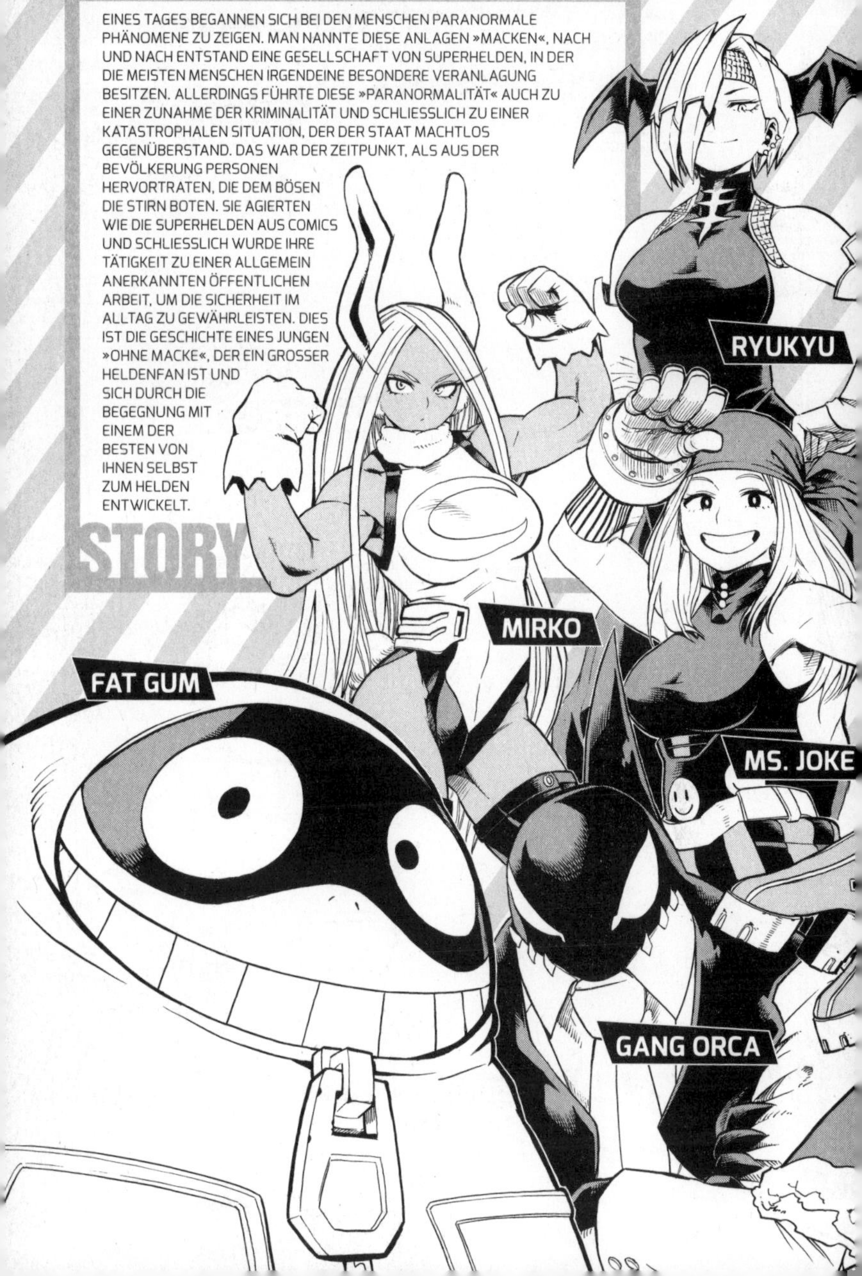

MY HERO ACADEMIA

Vol. 22

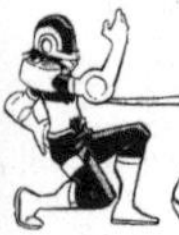

CONTENTS

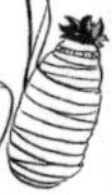

DER ERBE

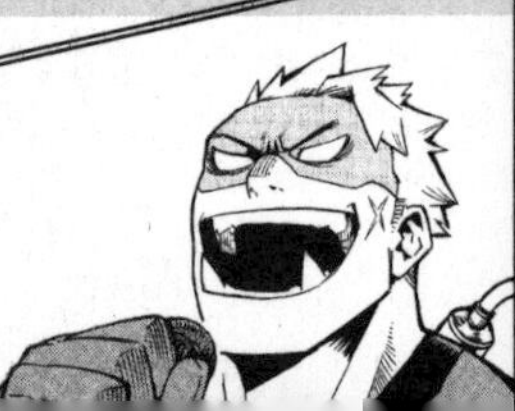

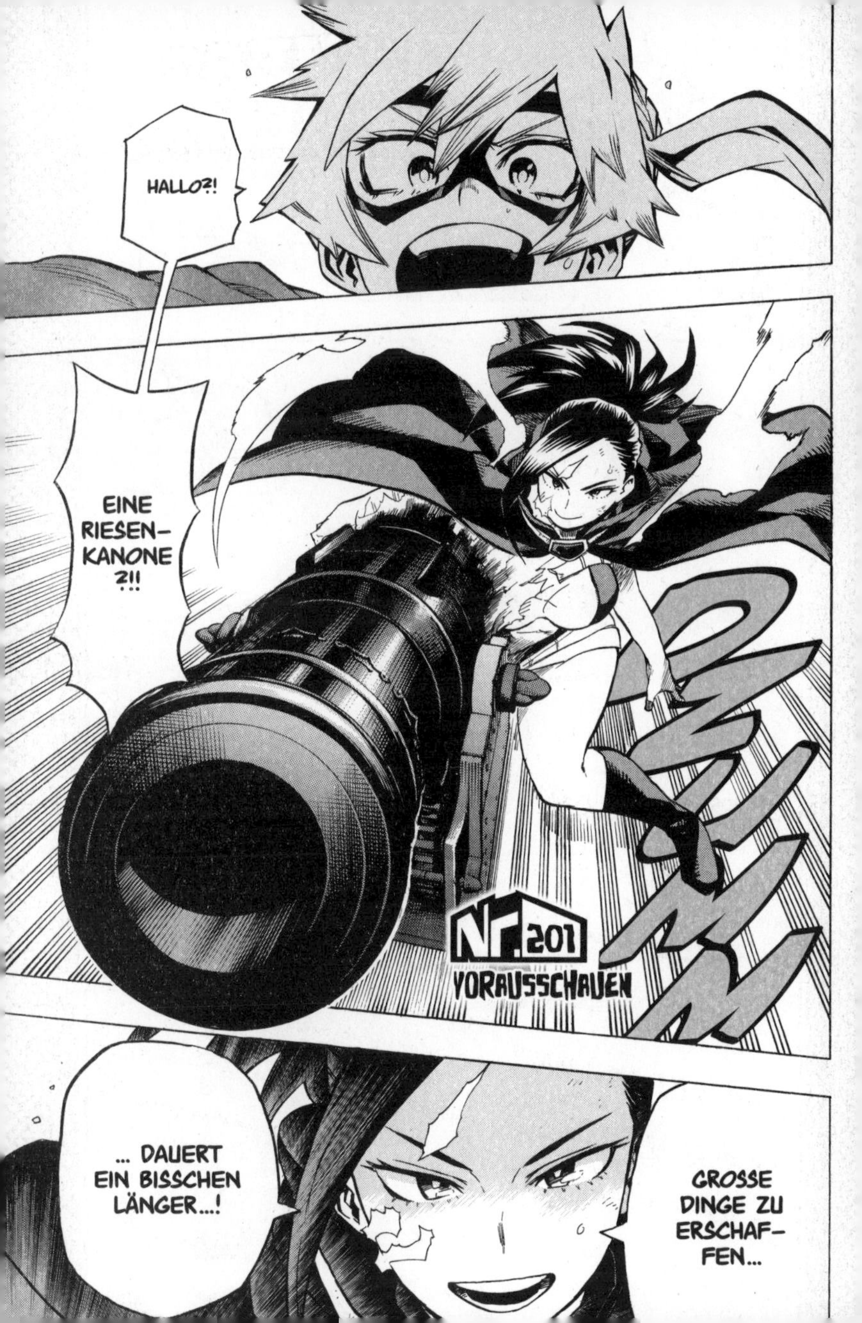
HALLO?!
EINE RIESEN-KANONE?!!
NR. 201
VORAUSSCHAUEN
GROSSE DINGE ZU ERSCHAF-FEN...
... DAUERT EIN BISSCHEN LÄNGER...!

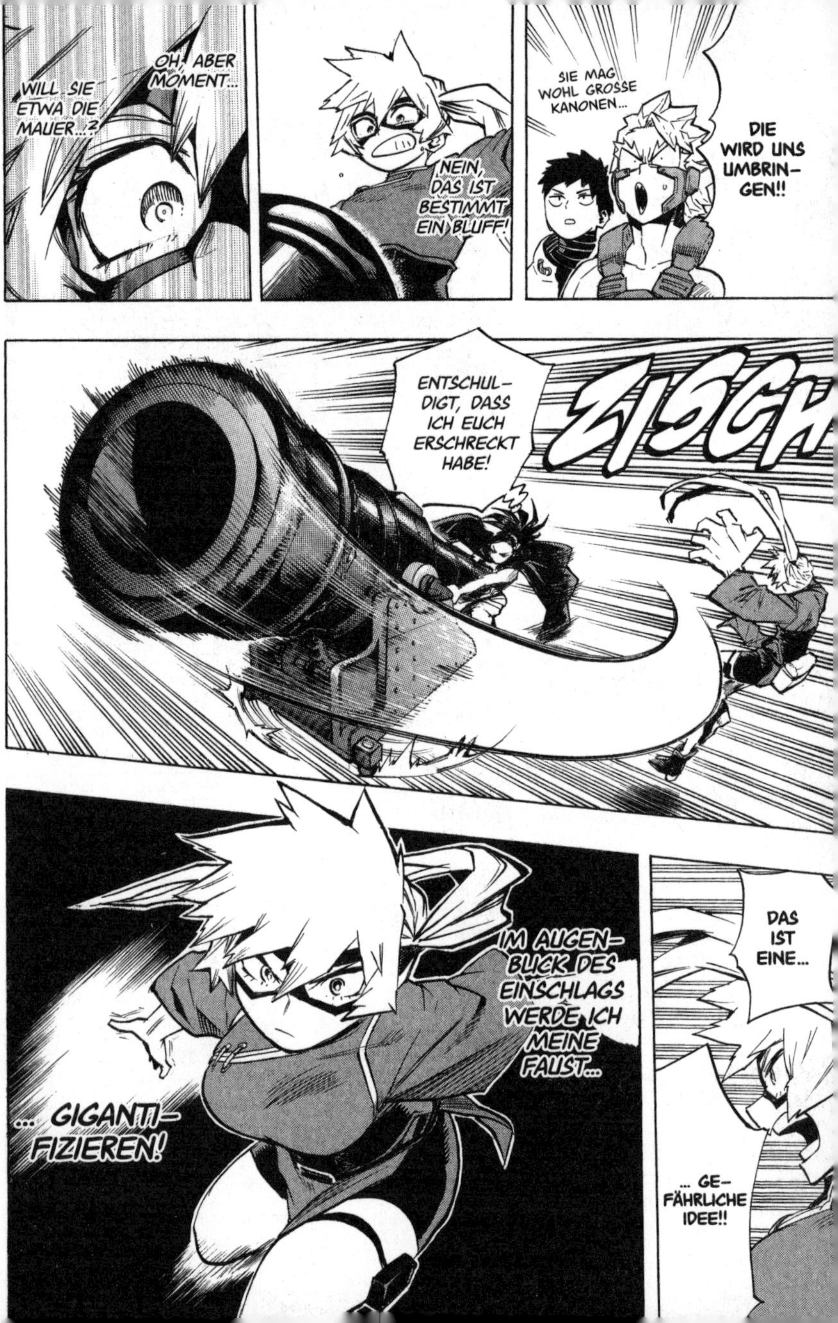
SIE MAG WOHL GROSSE KANONEN...
DIE WIRD UNS UMBRINGEN!!
NEIN, DAS IST BESTIMMT EIN BLUFF!
OH, ABER MOMENT...
WILL SIE ETWA DIE MAUER...?
ENTSCHULDIGT, DASS ICH EUCH ERSCHRECKT HABE!
ZISCH
DAS IST EINE...
... GEFÄHRLICHE IDEE!!
IM AUGENBLICK DES EINSCHLAGS WERDE ICH MEINE FAUST...
... GIGANTIFIZIEREN!

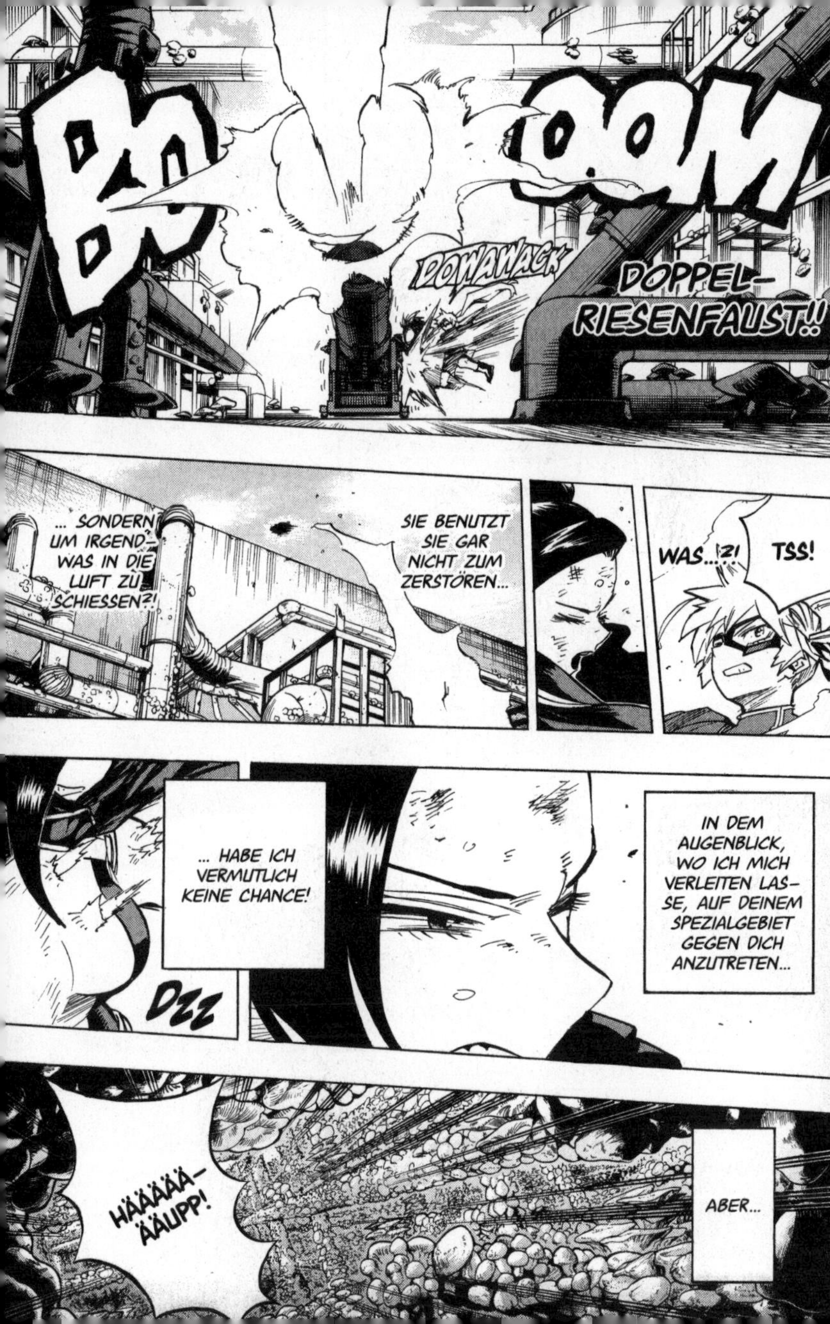
BOOM
DOWAWACK
DOPPEL-
RIESENFAUST!!
TSS!
WAS...!?!
SIE BENUTZT SIE GAR NICHT ZUM ZERSTÖREN...
... SONDERN UM IRGEND-WAS IN DIE LUFT ZU SCHIESSEN?!
IN DEM AUGENBLICK, WO ICH MICH VERLEITEN LAS-SE, AUF DEINEM SPEZIALGEBIET GEGEN DICH ANZUTRETEN...
... HABE ICH VERMUTLICH KEINE CHANCE!
DZZ
ABER...
HÄÄÄÄÄ-ÄÄUPP!

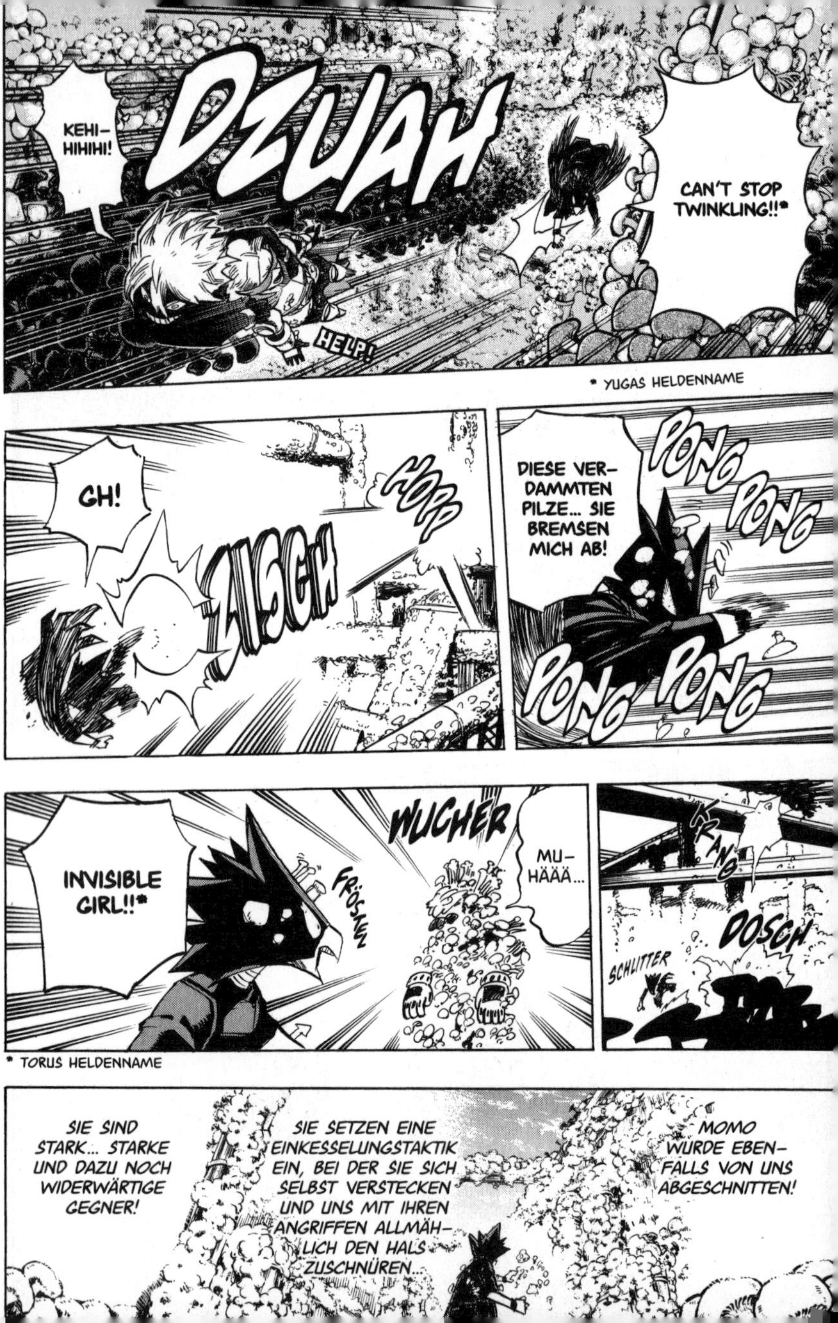
CAN'T STOP TWINKLING!!*
DZUAH
KEHI-HIHIHI!
HELP!
* YUGAS HELDENNAME
DIESE VERDAMMTEN PILZE... SIE BREMSEN MICH AB!
PONG PONG
PONG PONG
HOPP
ZISCH
GH!
KRANG
DOSCH
SCHLITTER
MU-HÄÄÄ...
WUCHER
FRÖSCHN
INVISIBLE GIRL!!*
* TORUS HELDENNAME
MOMO WÜRDE EBENFALLS VON UNS ABGESCHNITTEN!
SIE SETZEN EINE EINKESSELUNGSTAKTIK EIN, BEI DER SIE SICH SELBST VERSTECKEN UND UNS MIT IHREN ANGRIFFEN ALLMÄHLICH DEN HALS ZUSCHNÜREN...
SIE SIND STARK... STARKE UND DAZU NOCH WIDERWÄRTIGE GEGNER!

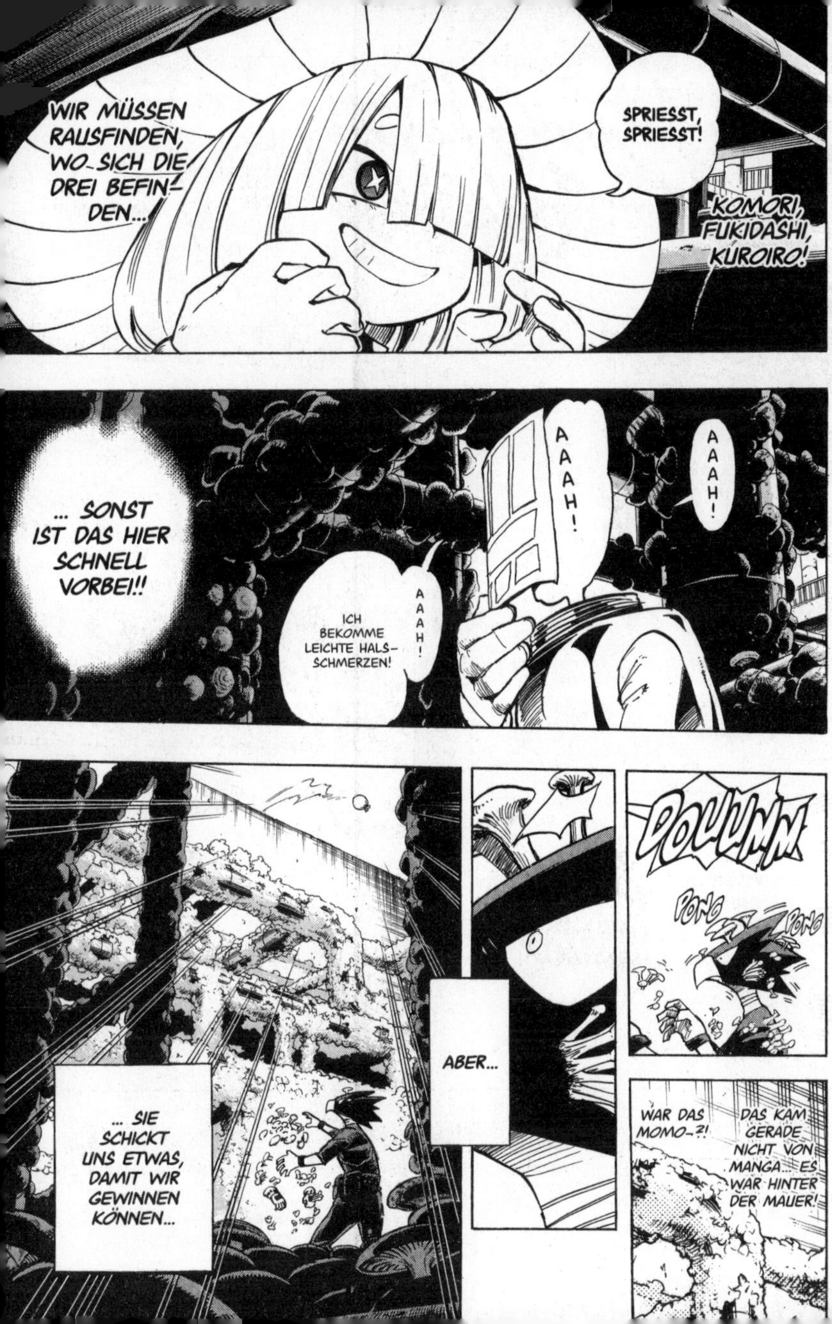

SPRIESST, SPRIESST!
KOMORI, FUKIDASHI, KUROIRO!
WIR MÜSSEN RAUSFINDEN, WO SICH DIE DREI BEFINDEN...
AAAH!
AAAH!
AAAH!
ICH BEKOMME LEICHTE HALSSCHMERZEN!
... SONST IST DAS HIER SCHNELL VORBEI!!
DOUUMM
PONG
PONG
DAS KAM GERADE NICHT VON MANGA... ES WAR HINTER DER MAUER!
WAR DAS MOMO-?!
ABER...
... SIE SCHICKT UNS ETWAS, DAMIT WIR GEWINNEN KÖNNEN...

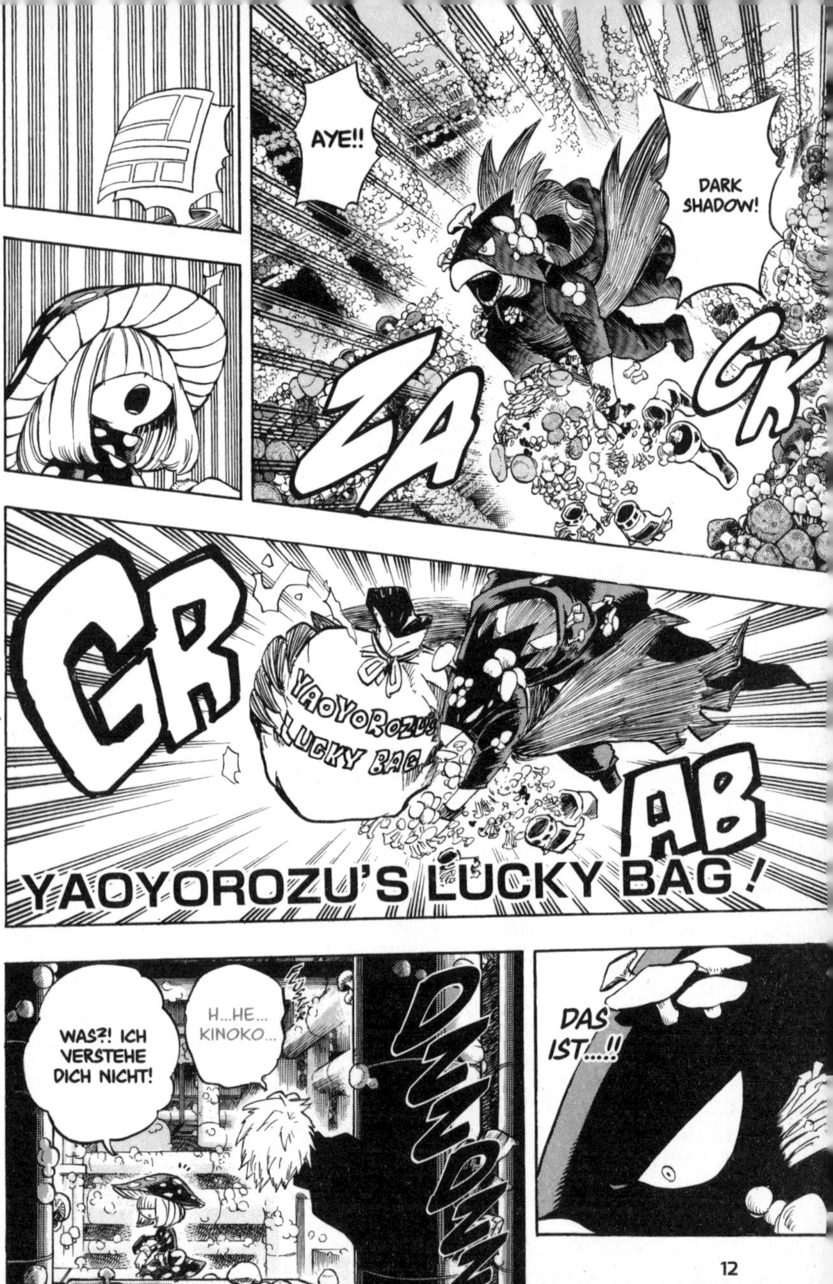

DARK SHADOW!
AYE!!
CK
ZA
YAOYOROZU'S LUCKY BAG
CR
AB
YAOYOROZU'S LUCKY BAG !
DAS IST...!!
DMOMOM
H...HE... KINOKO...
WAS?! ICH VERSTEHE DICH NICHT!

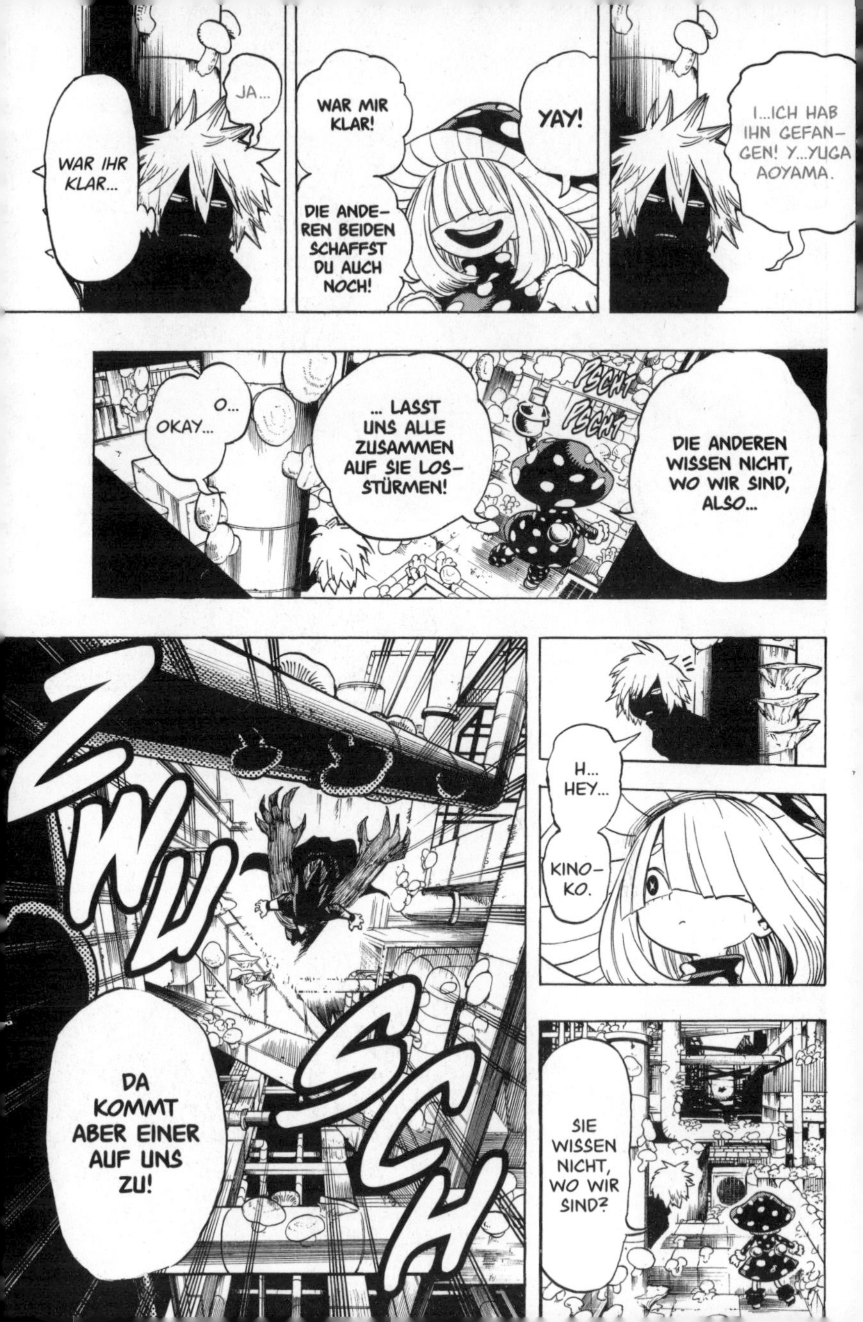
I...ICH HAB IHN GEFANGEN! Y...YUGA AOYAMA.
YAY!
WAR MIR KLAR!
DIE ANDEREN BEIDEN SCHAFFST DU AUCH NOCH!
JA...
WAR IHR KLAR...
DIE ANDEREN WISSEN NICHT, WO WIR SIND, ALSO...
PSCHT
PSCHT
... LASST UNS ALLE ZUSAMMEN AUF SIE LOSSTÜRMEN!
O... OKAY...
H... HEY...
KINOKO.
SIE WISSEN NICHT, WO WIR SIND?
ZWUSCH
DA KOMMT ABER EINER AUF UNS ZU!

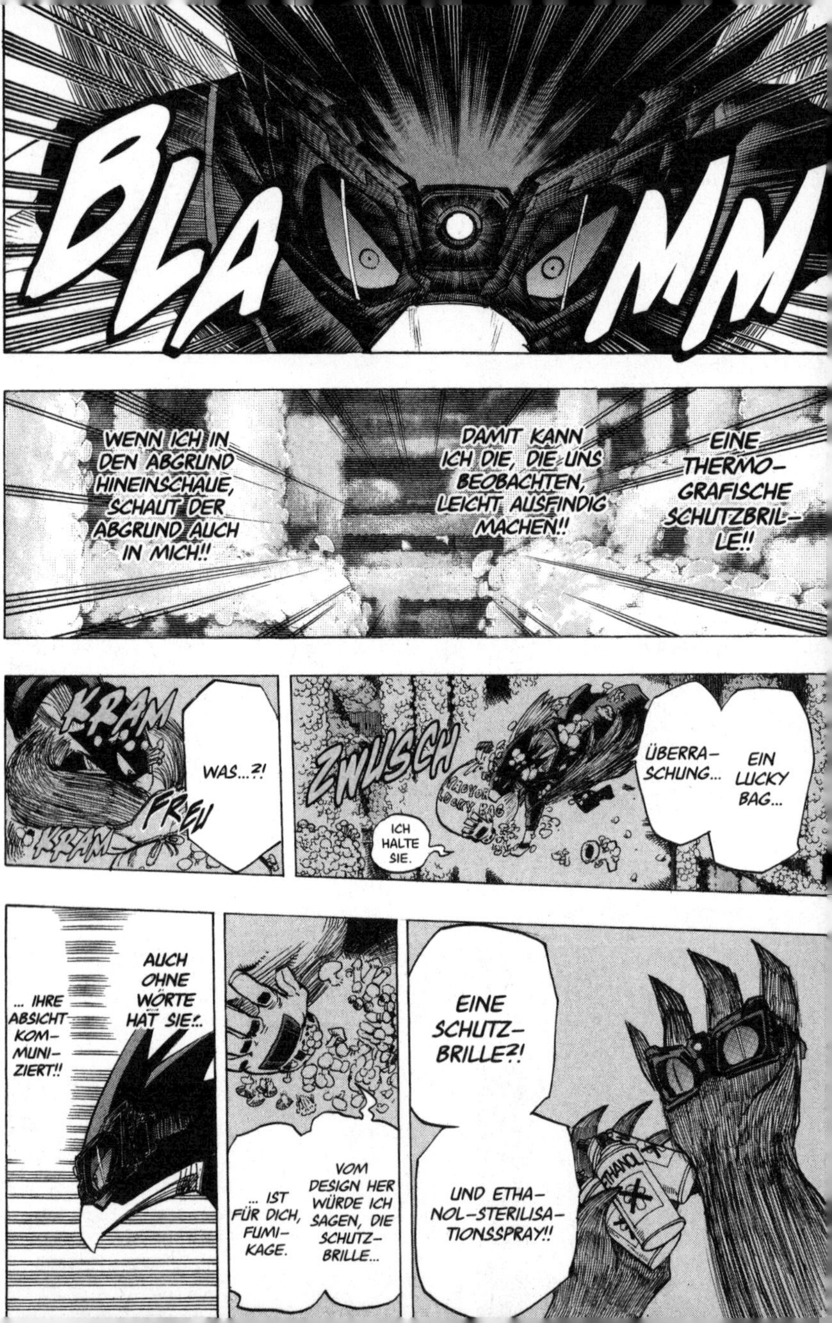
BLAMM
EINE THERMOGRAFISCHE SCHUTZBRILLE!!
DAMIT KANN ICH DIE, DIE UNS BEOBACHTEN, LEICHT AUSFINDIG MACHEN!!
WENN ICH IN DEN ABGRUND HINEINSCHAUE, SCHAUT DER ABGRUND AUCH IN MICH!!
EIN LUCKY BAG...
ÜBERRASCHUNG...
ZWUSCH
ICH HALTE SIE.
KRAM
WAS...?!
FREU
KRAM
EINE SCHUTZBRILLE?!
UND ETHANOL-STERILISATIONSSPRAY!!
VOM DESIGN HER WÜRDE ICH SAGEN, DIE SCHUTZBRILLE...
... IST FÜR DICH, FUMIKAGE.
AUCH OHNE WORTE HAT SIE...
... IHRE ABSICHT KOMMUNIZIERT!!

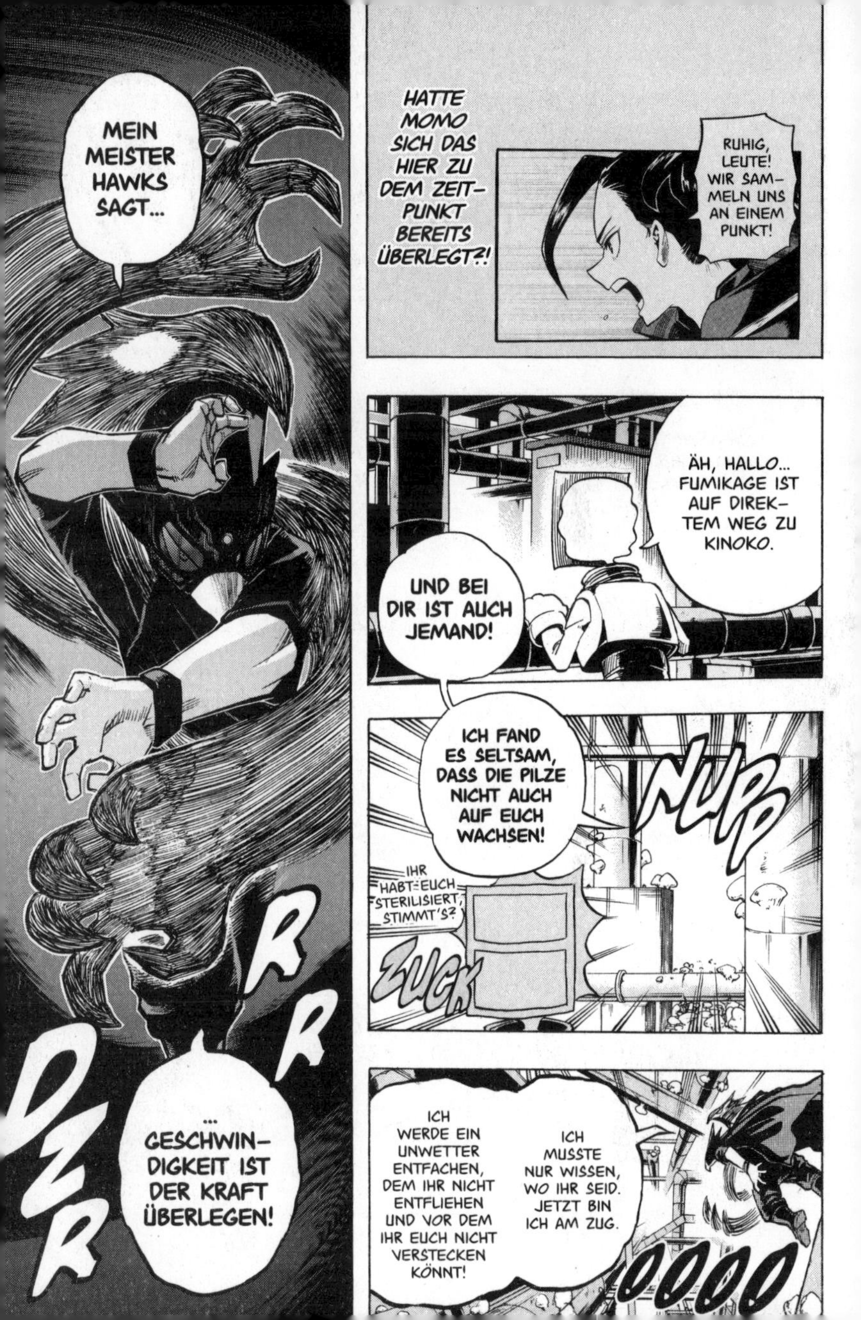
RUHIG, LEUTE! WIR SAMMELN UNS AN EINEM PUNKT!
HATTE MOMO SICH DAS HIER ZU DEM ZEITPUNKT BEREITS ÜBERLEGT?!
ÄH, HALLO... FUMIKAGE IST AUF DIREKTEM WEG ZU KINOKO.
UND BEI DIR IST AUCH JEMAND!
NUPP
ICH FAND ES SELTSAM, DASS DIE PILZE NICHT AUCH AUF EUCH WACHSEN!
IHR HABT EUCH STERILISIERT, STIMMT'S?
ZUCK
ICH MUSSTE NUR WISSEN, WO IHR SEID. JETZT BIN ICH AM ZUG.
ICH WERDE EIN UNWETTER ENTFACHEN, DEM IHR NICHT ENTFLIEHEN UND VOR DEM IHR EUCH NICHT VERSTECKEN KÖNNT!
OOOOO
MEIN MEISTER HAWKS SAGT...
... GESCHWINDIGKEIT IST DER KRAFT ÜBERLEGEN!

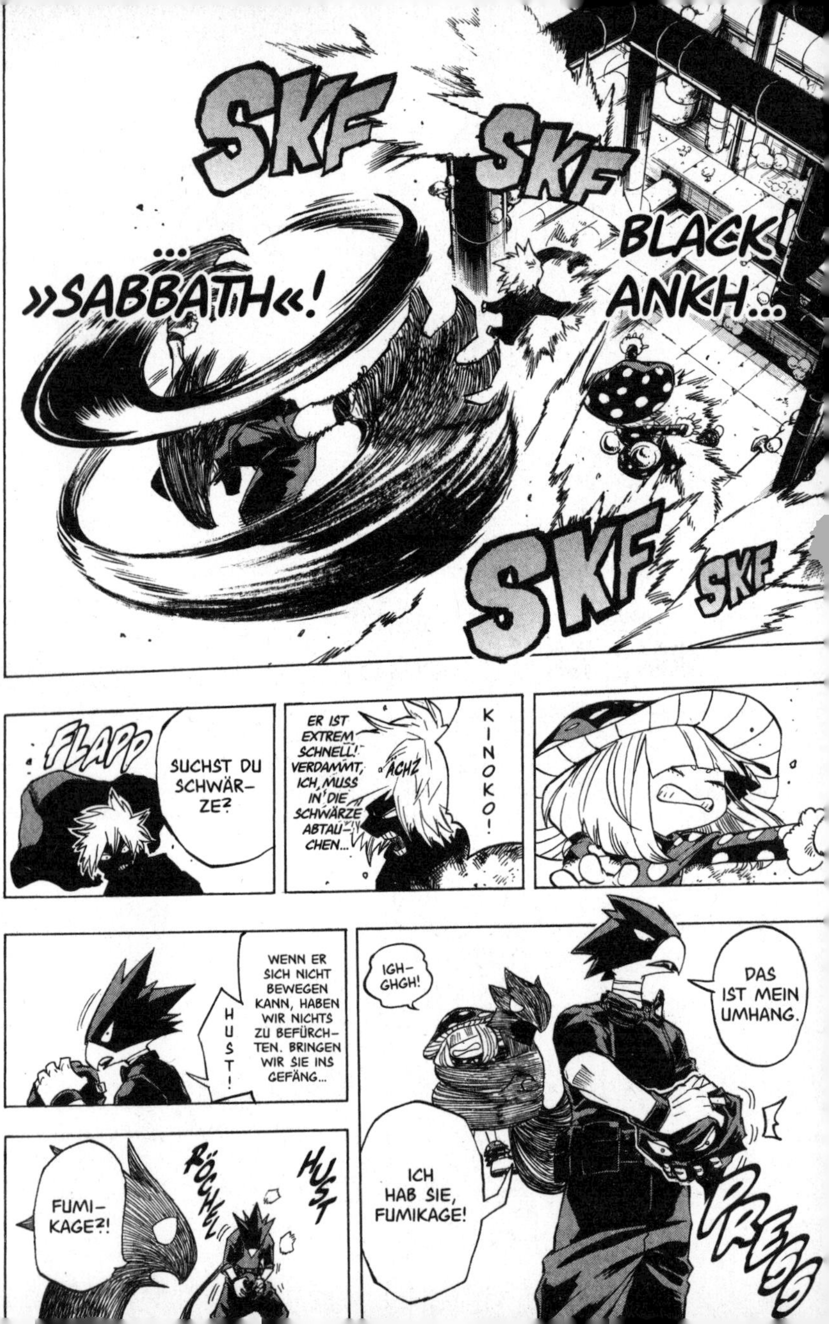
SKF
SKF
BLACK ANKH...
...»SABBATH«!
SKF
SKF
KINOKO!
ER IST EXTREM SCHNELL! VERDAMMT, ICH MUSS IN DIE SCHWÄRZE ABTAUCHEN...
ACHZ
SUCHST DU SCHWÄRZE?
FLAPP
DAS IST MEIN UMHANG.
IGHGHGH!
ICH HAB SIE, FUMIKAGE!
WENN ER SICH NICHT BEWEGEN KANN, HABEN WIR NICHTS ZU BEFÜRCHTEN. BRINGEN WIR SIE INS GEFÄNG...
HUST!
HUST
RÖCHEL
FUMIKAGE?!

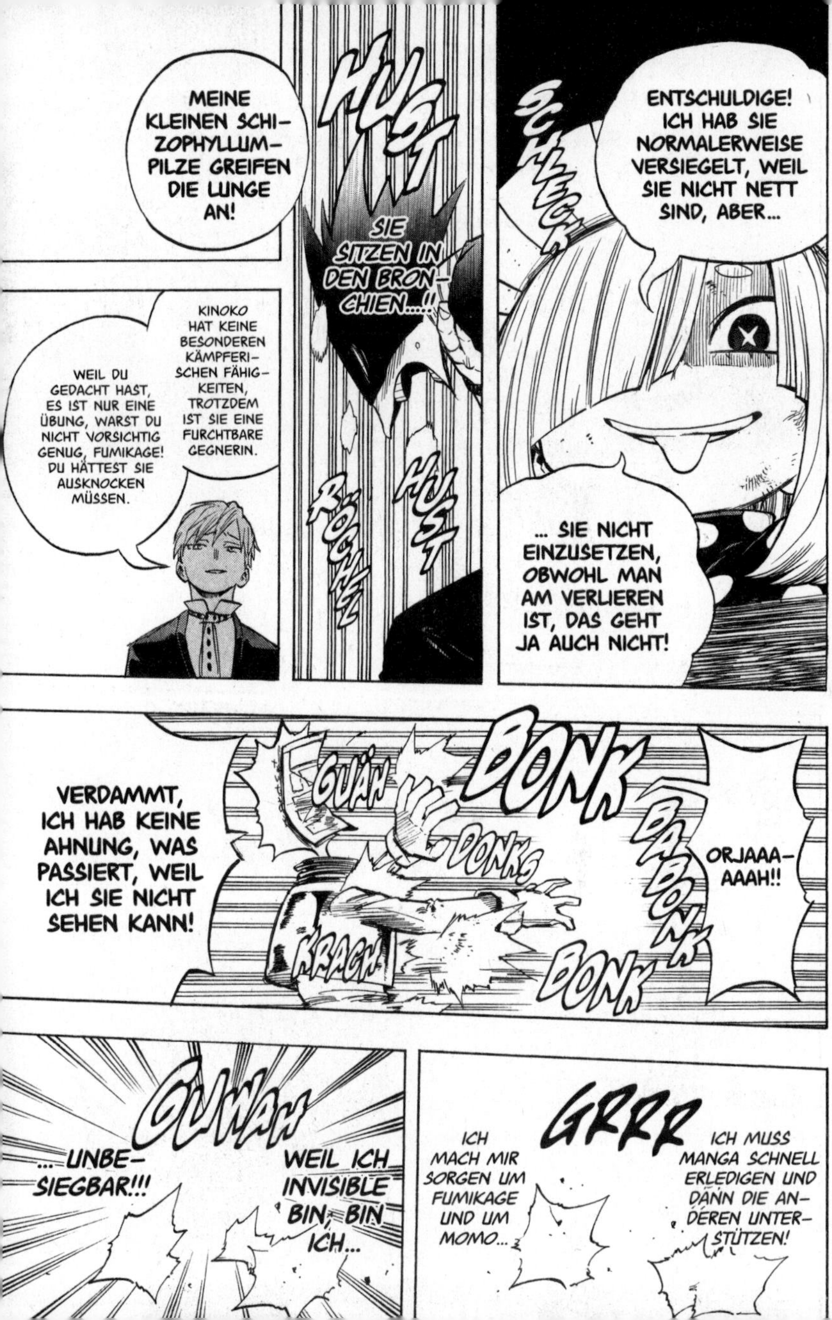

ENTSCHULDIGE! ICH HAB SIE NORMALERWEISE VERSIEGELT, WEIL SIE NICHT NETT SIND, ABER...
... SIE NICHT EINZUSETZEN, OBWOHL MAN AM VERLIEREN IST, DAS GEHT JA AUCH NICHT!
HUST
SIE SITZEN IN DEN BRONCHIEN...!!
HUST
RÖCHEL
MEINE KLEINEN SCHIZOPHYLLUMPILZE GREIFEN DIE LUNGE AN!
KINOKO HAT KEINE BESONDEREN KÄMPFERISCHEN FÄHIGKEITEN, TROTZDEM IST SIE EINE FURCHTBARE GEGNERIN.
WEIL DU GEDACHT HAST, ES IST NUR EINE ÜBUNG, WARST DU NICHT VORSICHTIG GENUG, FUMIKAGE! DU HÄTTEST SIE AUSKNOCKEN MÜSSEN.
ORJAAAAAAH!!
BONK
BADONK
BONK
DONKS
GUÄH
KRACH
VERDAMMT, ICH HAB KEINE AHNUNG, WAS PASSIERT, WEIL ICH SIE NICHT SEHEN KANN!
ICH MUSS MANGA SCHNELL ERLEDIGEN UND DANN DIE ANDEREN UNTERSTÜTZEN!
GRRR
ICH MACH MIR SORGEN UM FUMIKAGE UND UM MOMO...
GUWAH
WEIL ICH INVISIBLE BIN, BIN ICH...
... UNBESIEGBAR!!!

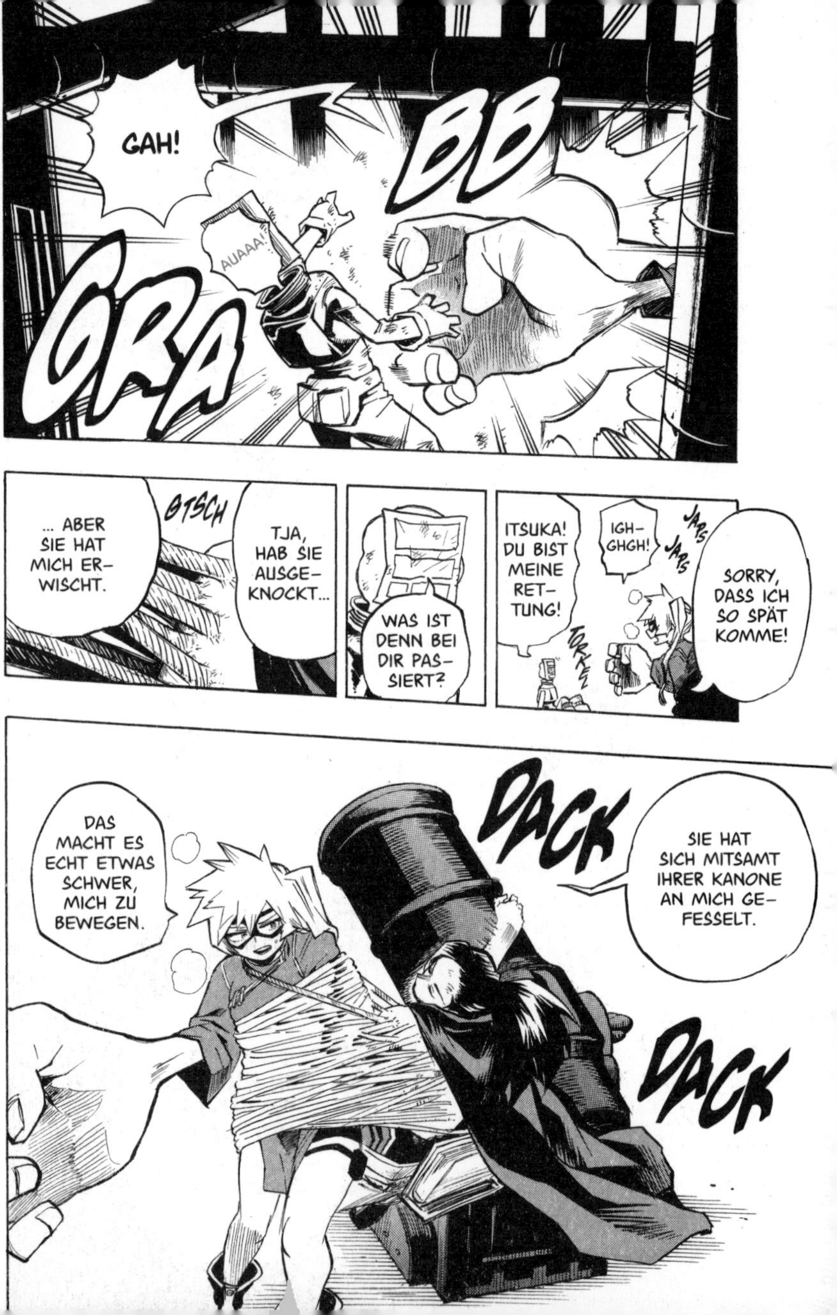

GAH!
AUAAA!
SORRY, DASS ICH SO SPÄT KOMME!
IGH-GHGH!
ITSUKA! DU BIST MEINE RET-TUNG!
WAS IST DENN BEI DIR PAS-SIERT?
TJA, HAB SIE AUSGE-KNOCKT...
... ABER SIE HAT MICH ER-WISCHT.
DACK
SIE HAT SICH MITSAMT IHRER KANONE AN MICH GE-FESSELT.
DAS MACHT ES ECHT ETWAS SCHWER, MICH ZU BEWEGEN.
DACK

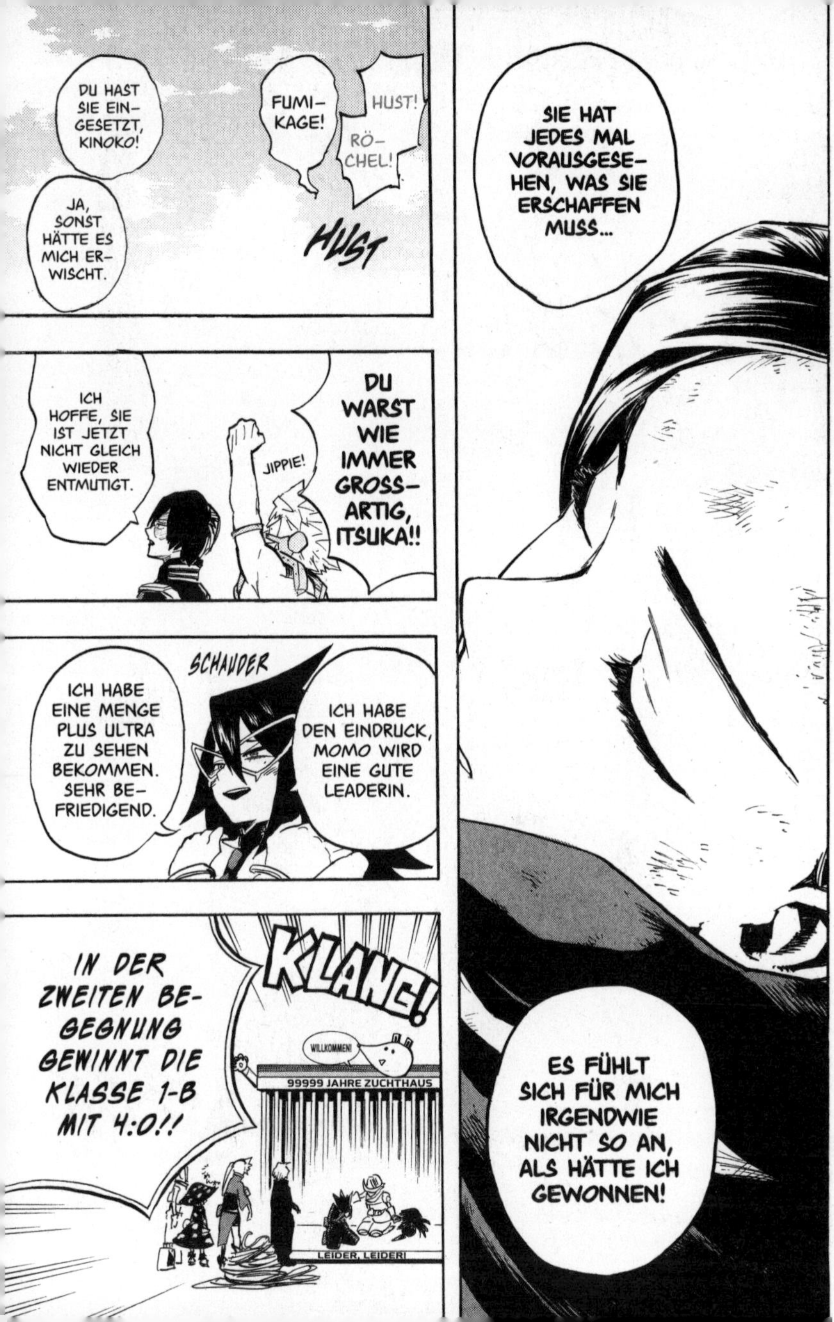

SIE HAT JEDES MAL VORAUSGESEHEN, WAS SIE ERSCHAFFEN MUSS...
ES FÜHLT SICH FÜR MICH IRGENDWIE NICHT SO AN, ALS HÄTTE ICH GEWONNEN!
FUMIKAGE!
HUST!
RÖCHEL!
HUST
DU HAST SIE EINGESETZT, KINOKO!
JA, SONST HÄTTE ES MICH ERWISCHT.
DU WARST WIE IMMER GROSSARTIG, ITSUKA!!
JIPPIE!
ICH HOFFE, SIE IST JETZT NICHT GLEICH WIEDER ENTMUTIGT.
SCHAUDER
ICH HABE DEN EINDRUCK, MOMO WIRD EINE GUTE LEADERIN.
ICH HABE EINE MENGE PLUS ULTRA ZU SEHEN BEKOMMEN. SEHR BEFRIEDIGEND.
KLANG!
WILLKOMMEN!
99999 JAHRE ZUCHTHAUS
LEIDER, LEIDER!
IN DER ZWEITEN BEGEGNUNG GEWINNT DIE KLASSE 1-B MIT 4:0!!

SEN KAIBARA (16)

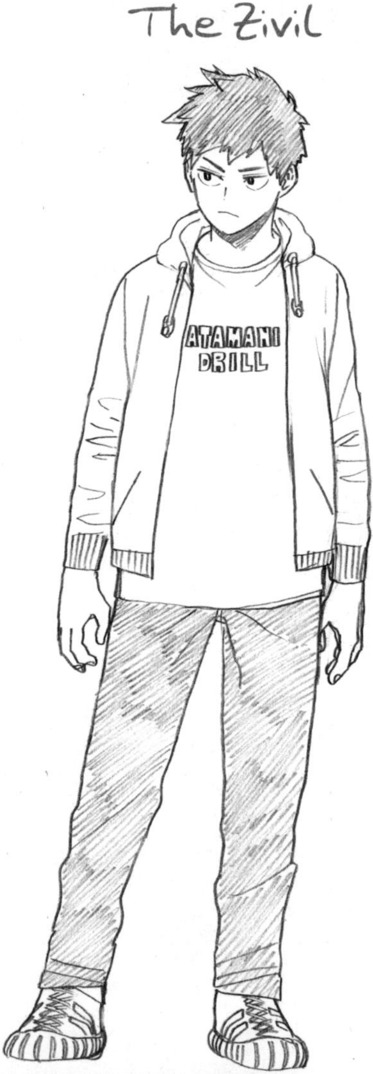

GEBURTSTAG: 12. JUNI
GRÖSSE: 1,72 M
MAG: FOTOGRAFIEREN

THE KAIBARA

Ein echter Hottie. Er ist einerseits ein ziemlich kriegerischer Charakter, andererseits aber auch leicht beeinflussbar. Ich mag seine Macke, deshalb möchte ich ihn gerne noch öfter zeichnen.

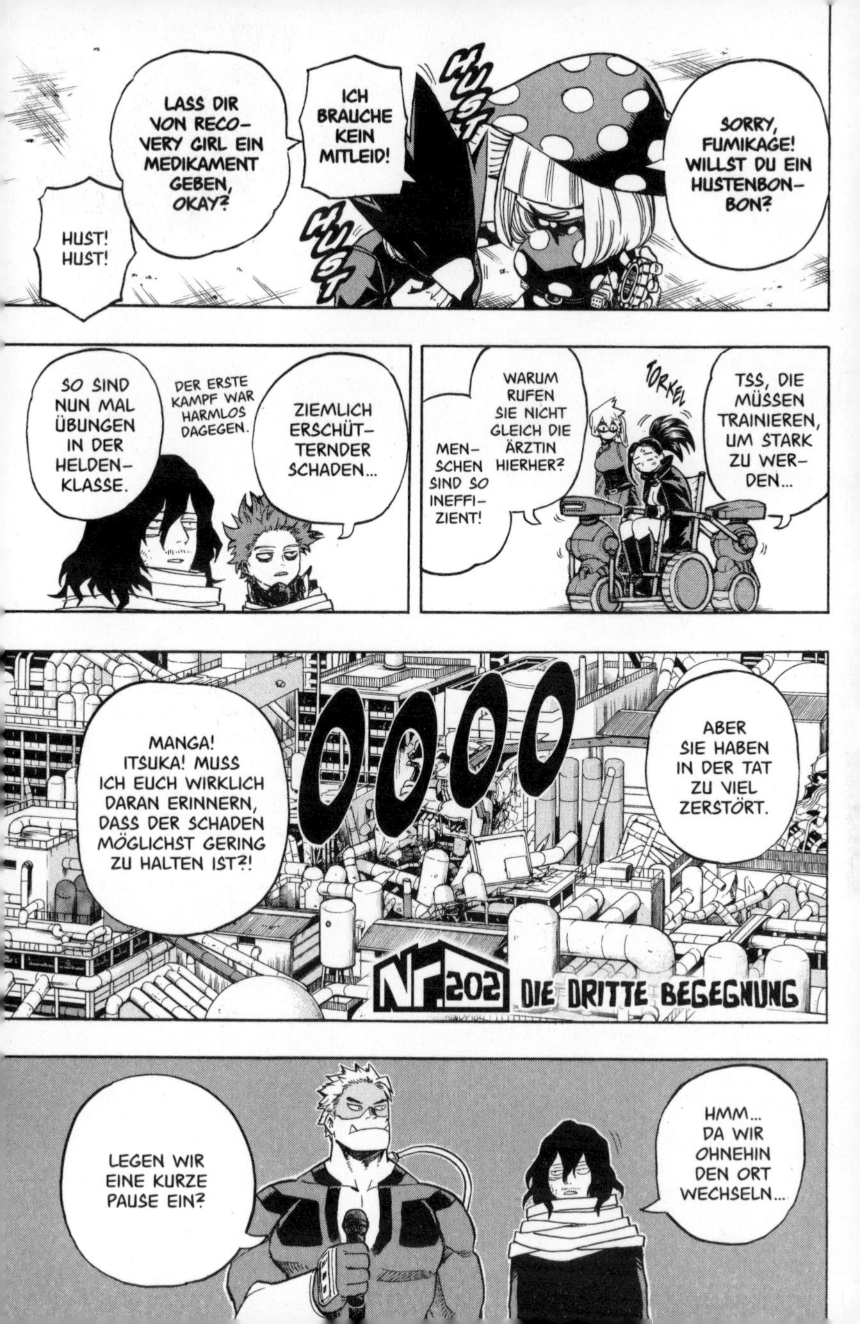
SORRY, FUMIKAGE! WILLST DU EIN HUSTENBONBON?
HUST
HUST
ICH BRAUCHE KEIN MITLEID!
LASS DIR VON RECOVERY GIRL EIN MEDIKAMENT GEBEN, OKAY?
HUST! HUST!
TSS, DIE MÜSSEN TRAINIEREN, UM STARK ZU WERDEN...
TORKEL
WARUM RUFEN SIE NICHT GLEICH DIE ÄRZTIN HIERHER?
MENSCHEN SIND SO INEFFIZIENT!
ZIEMLICH ERSCHÜTTERNDER SCHADEN...
DER ERSTE KAMPF WAR HARMLOS DAGEGEN.
SO SIND NUN MAL ÜBUNGEN IN DER HELDENKLASSE.
ABER SIE HABEN IN DER TAT ZU VIEL ZERSTÖRT.
OOOO
MANGA! ITSUKA! MUSS ICH EUCH WIRKLICH DARAN ERINNERN, DASS DER SCHADEN MÖGLICHST GERING ZU HALTEN IST?!
NR. 202 DIE DRITTE BEGEGNUNG
HMM... DA WIR OHNEHIN DEN ORT WECHSELN...
LEGEN WIR EINE KURZE PAUSE EIN?

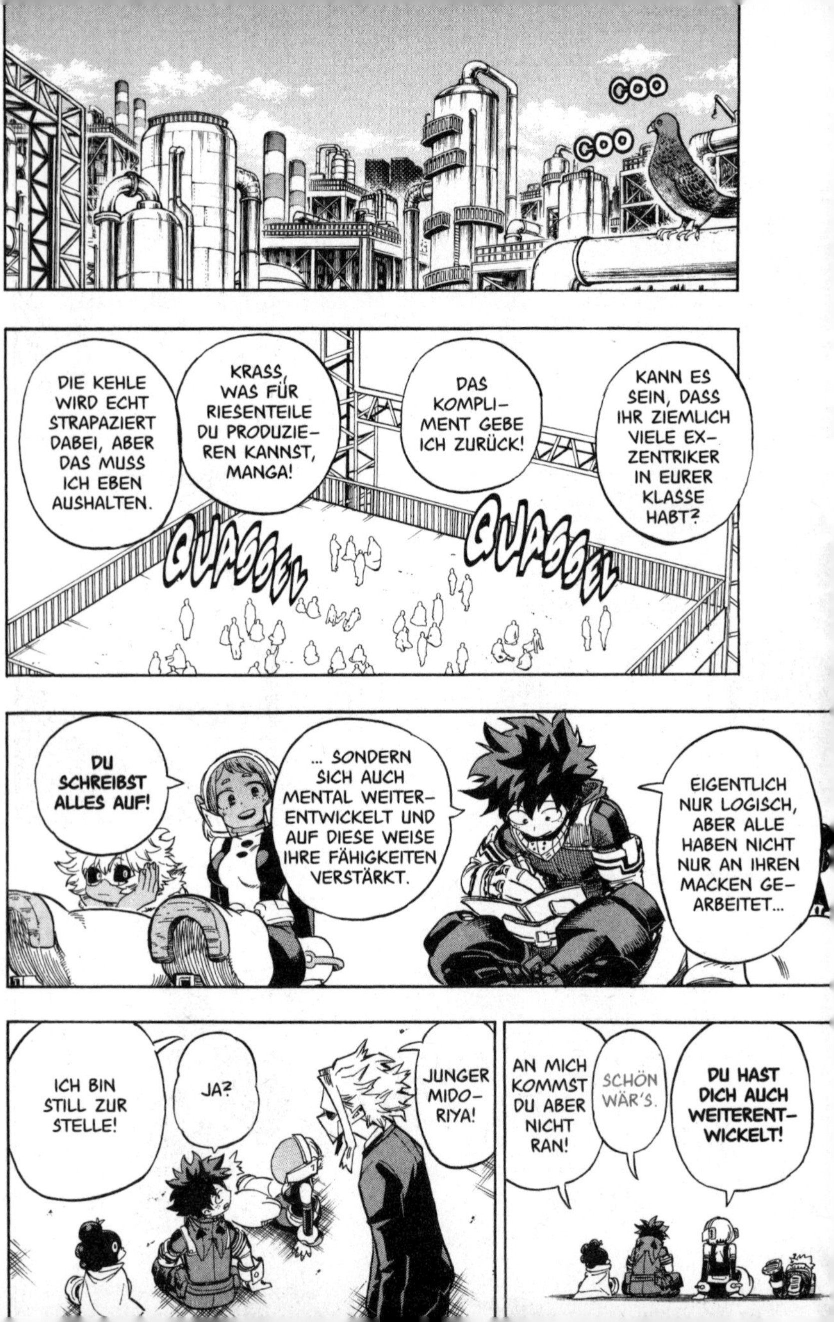
COO
COO
KANN ES SEIN, DASS IHR ZIEMLICH VIELE EX-ZENTRIKER IN EURER KLASSE HABT?
DAS KOMPLI-MENT GEBE ICH ZURÜCK!
QUASSEL
KRASS, WAS FÜR RIESENTEILE DU PRODUZIE-REN KANNST, MANGA!
DIE KEHLE WIRD ECHT STRAPAZIERT DABEI, ABER DAS MUSS ICH EBEN AUSHALTEN.
QUASSEL
EIGENTLICH NUR LOGISCH, ABER ALLE HABEN NICHT NUR AN IHREN MACKEN GE-ARBEITET...
... SONDERN SICH AUCH MENTAL WEITER-ENTWICKELT UND AUF DIESE WEISE IHRE FÄHIGKEITEN VERSTÄRKT.
DU SCHREIBST ALLES AUF!
DU HAST DICH AUCH WEITERENT-WICKELT!
SCHÖN WÄR'S.
AN MICH KOMMST DU ABER NICHT RAN!
JUNGER MIDO-RIYA!
JA?
ICH BIN STILL ZUR STELLE!

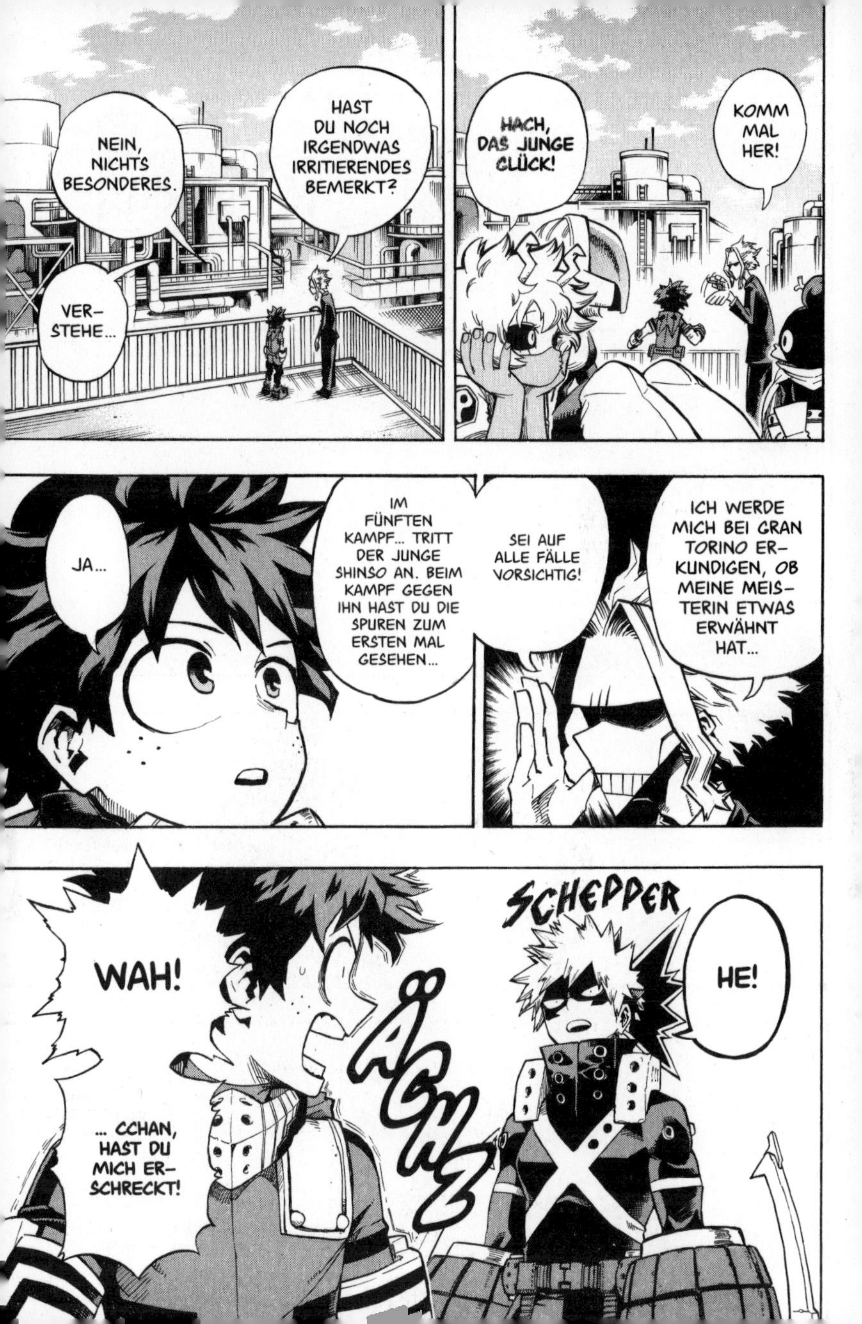

KOMM MAL HER!
HACH, DAS JUNGE GLÜCK!
HAST DU NOCH IRGENDWAS IRRITIERENDES BEMERKT?
NEIN, NICHTS BESONDERES.
VER-STEHE...
ICH WERDE MICH BEI GRAN TORINO ER-KUNDIGEN, OB MEINE MEIS-TERIN ETWAS ERWÄHNT HAT...
SEI AUF ALLE FÄLLE VORSICHTIG!
IM FÜNFTEN KAMPF... TRITT DER JUNGE SHINSO AN. BEIM KAMPF GEGEN IHN HAST DU DIE SPUREN ZUM ERSTEN MAL GESEHEN...
JA...
SCHEPPER
HE!
ÄCHZ
WAH!
... CCHAN, HAST DU MICH ER-SCHRECKT!

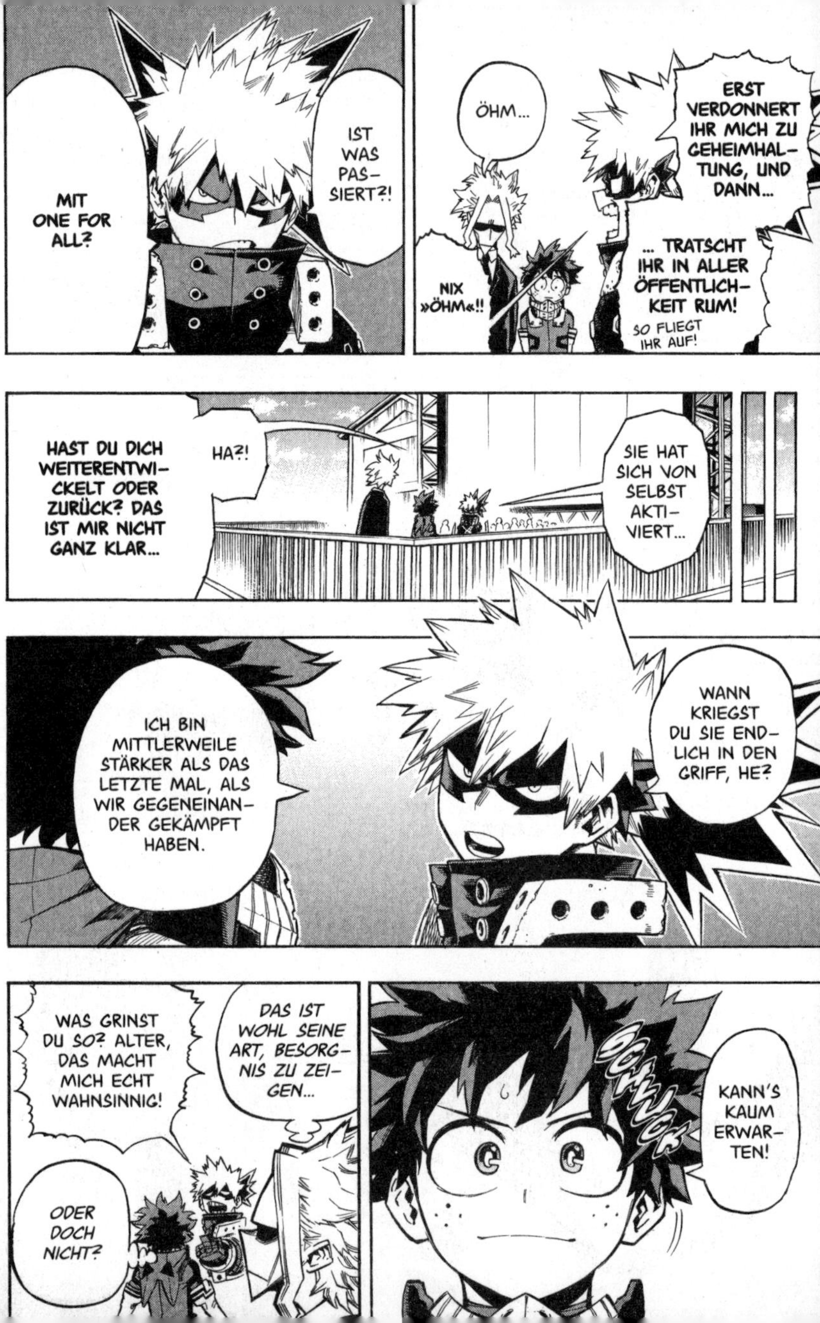
ERST VERDONNERT IHR MICH ZU GEHEIMHALTUNG, UND DANN...
... TRATSCHT IHR IN ALLER ÖFFENTLICHKEIT RUM!
SO FLIEGT IHR AUF!
ÖHM...
NIX »ÖHM«!!
IST WAS PASSIERT?!
MIT ONE FOR ALL?
SIE HAT SICH VON SELBST AKTIVIERT...
HA?!
HAST DU DICH WEITERENTWICKELT ODER ZURÜCK? DAS IST MIR NICHT GANZ KLAR...
WANN KRIEGST DU SIE ENDLICH IN DEN GRIFF, HE?
ICH BIN MITTLERWEILE STÄRKER ALS DAS LETZTE MAL, ALS WIR GEGENEINANDER GEKÄMPFT HABEN.
SCHWUCK
KANN'S KAUM ERWARTEN!
DAS IST WOHL SEINE ART, BESORGNIS ZU ZEIGEN...
WAS GRINST DU SO? ALTER, DAS MACHT MICH ECHT WAHNSINNIG!
ODER DOCH NICHT?

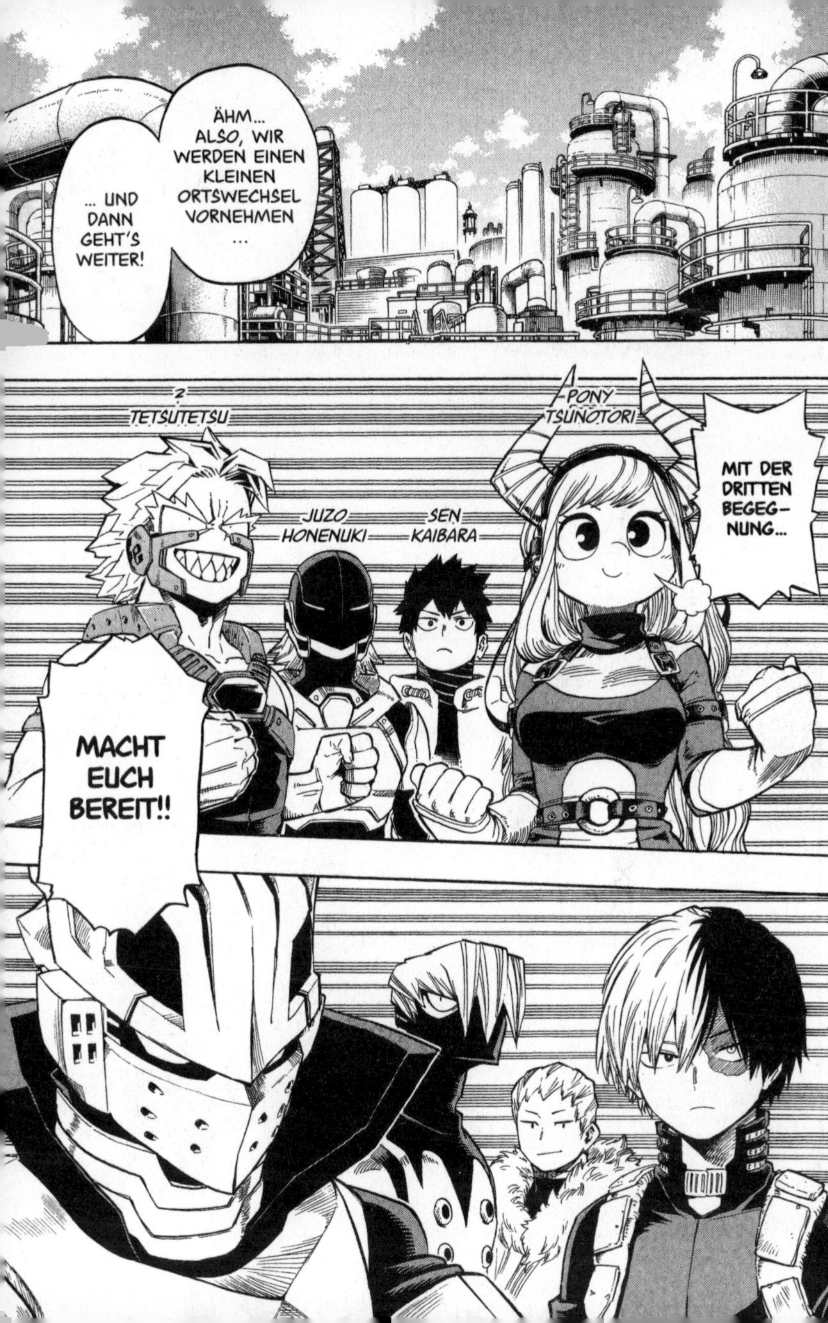
ÄHM... ALSO, WIR WERDEN EINEN KLEINEN ORTSWECHSEL VORNEHMEN ...
... UND DANN GEHT'S WEITER!
TETSUTETSU TETSUTETSU
PONY TSUNOTORI
JUZO HONENUKI
SEN KAIBARA
MIT DER DRITTEN BEGEG-NUNG...
MACHT EUCH BEREIT!!

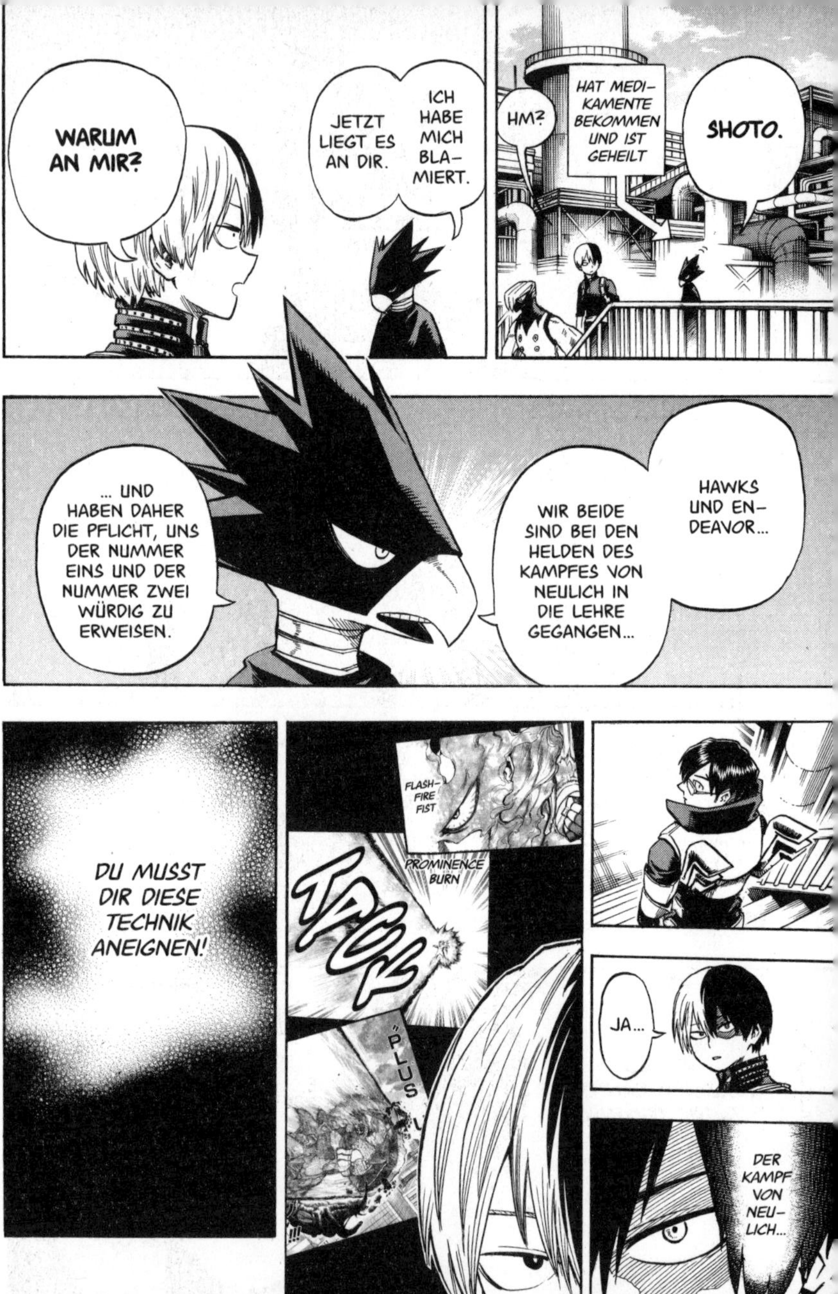

SHOTO.
HAT MEDIKAMENTE BEKOMMEN UND IST GEHEILT
HM?
ICH HABE MICH BLAMIERT.
JETZT LIEGT ES AN DIR.
WARUM AN MIR?
HAWKS UND ENDEAVOR…
WIR BEIDE SIND BEI DEN HELDEN DES KAMPFES VON NEULICH IN DIE LEHRE GEGANGEN…
… UND HABEN DAHER DIE PFLICHT, UNS DER NUMMER EINS UND DER NUMMER ZWEI WÜRDIG ZU ERWEISEN.
JA…
DER KAMPF VON NEULICH…
FLASHFIRE FIST
PROMINENCE BURN
„PLUS
DU MUSST DIR DIESE TECHNIK ANEIGNEN!

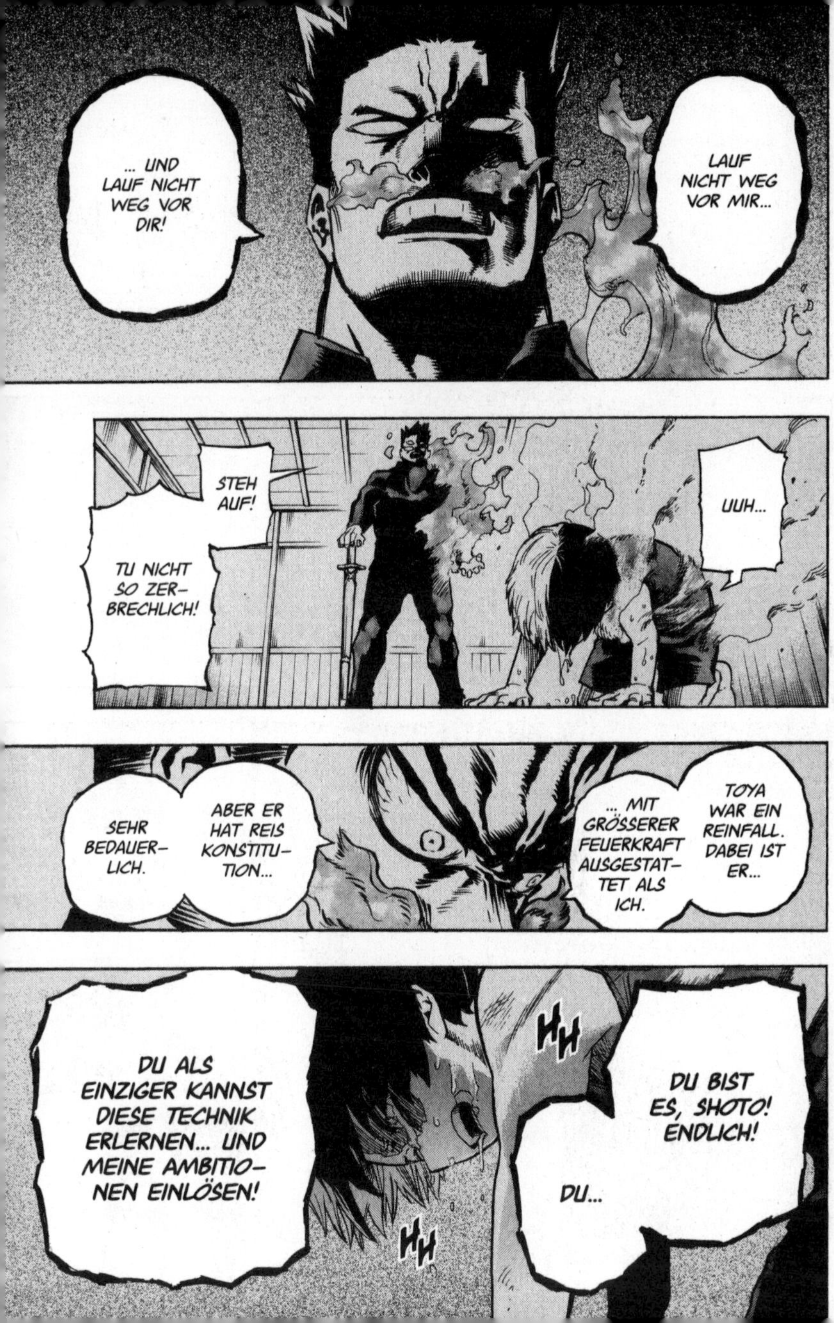
LAUF NICHT WEG VOR MIR...
... UND LAUF NICHT WEG VOR DIR!
UUH...
STEH AUF!
TU NICHT SO ZERBRECHLICH!
TOYA WAR EIN REINFALL. DABEI IST ER...
... MIT GRÖSSERER FEUERKRAFT AUSGESTATTET ALS ICH.
ABER ER HAT REIS KONSTITUTION...
SEHR BEDAUERLICH.
HH
DU BIST ES, SHOTO! ENDLICH!
DU...
DU ALS EINZIGER KANNST DIESE TECHNIK ERLERNEN... UND MEINE AMBITIONEN EINLÖSEN!
HH

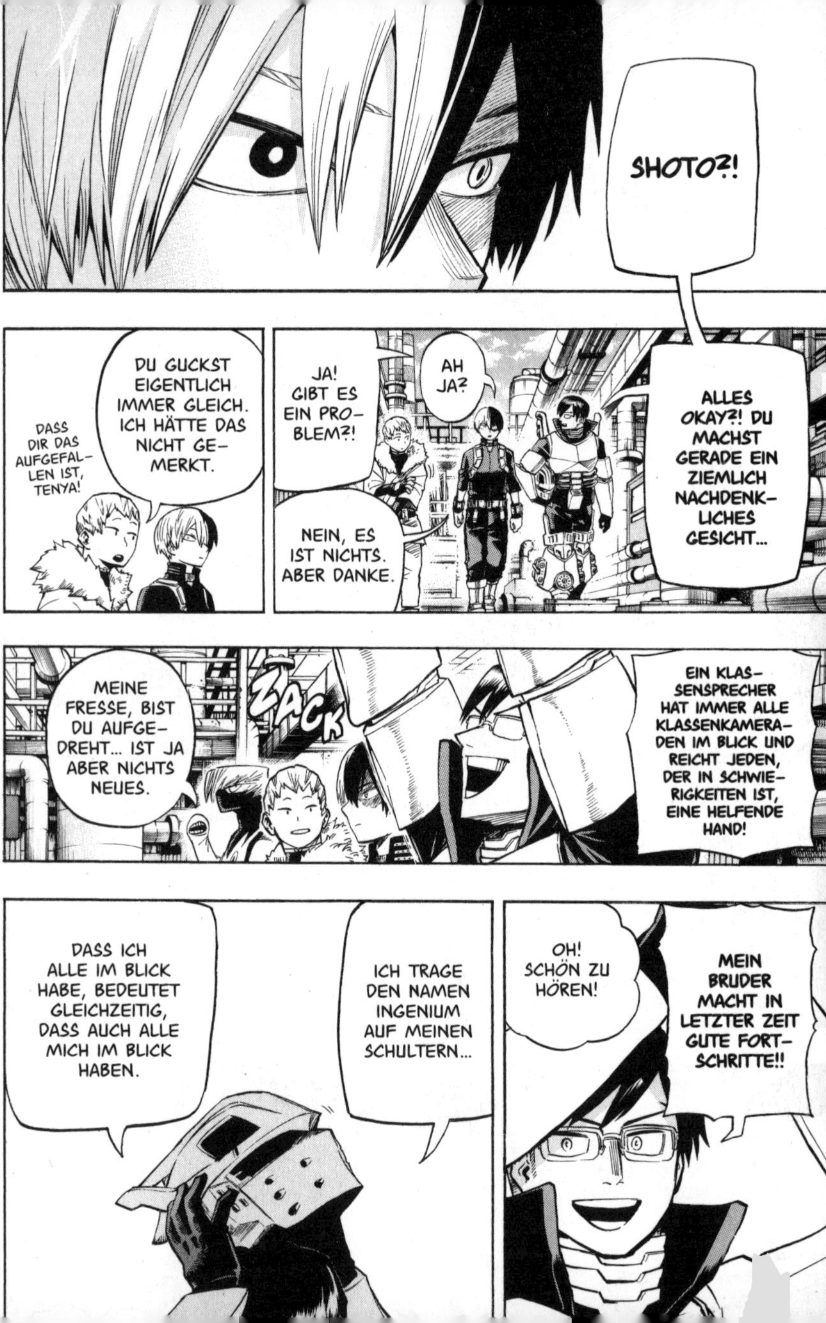
SHOTO?!
ALLES OKAY?! DU MACHST GERADE EIN ZIEMLICH NACHDENK-LICHES GESICHT...
AH JA?
JA! GIBT ES EIN PRO-BLEM?!
NEIN, ES IST NICHTS. ABER DANKE.
DU GUCKST EIGENTLICH IMMER GLEICH. ICH HÄTTE DAS NICHT GE-MERKT.
DASS DIR DAS AUFGEFAL-LEN IST, TENYA!
EIN KLAS-SENSPRECHER HAT IMMER ALLE KLASSENKAMERA-DEN IM BLICK UND REICHT JEDEN, DER IN SCHWIE-RIGKEITEN IST, EINE HELFENDE HAND!
ZACK
MEINE FRESSE, BIST DU AUFGE-DREHT... IST JA ABER NICHTS NEUES.
MEIN BRUDER MACHT IN LETZTER ZEIT GUTE FORT-SCHRITTE!!
OH! SCHÖN ZU HÖREN!
ICH TRAGE DEN NAMEN INGENIUM AUF MEINEN SCHULTERN...
DASS ICH ALLE IM BLICK HABE, BEDEUTET GLEICHZEITIG, DASS AUCH ALLE MICH IM BLICK HABEN.

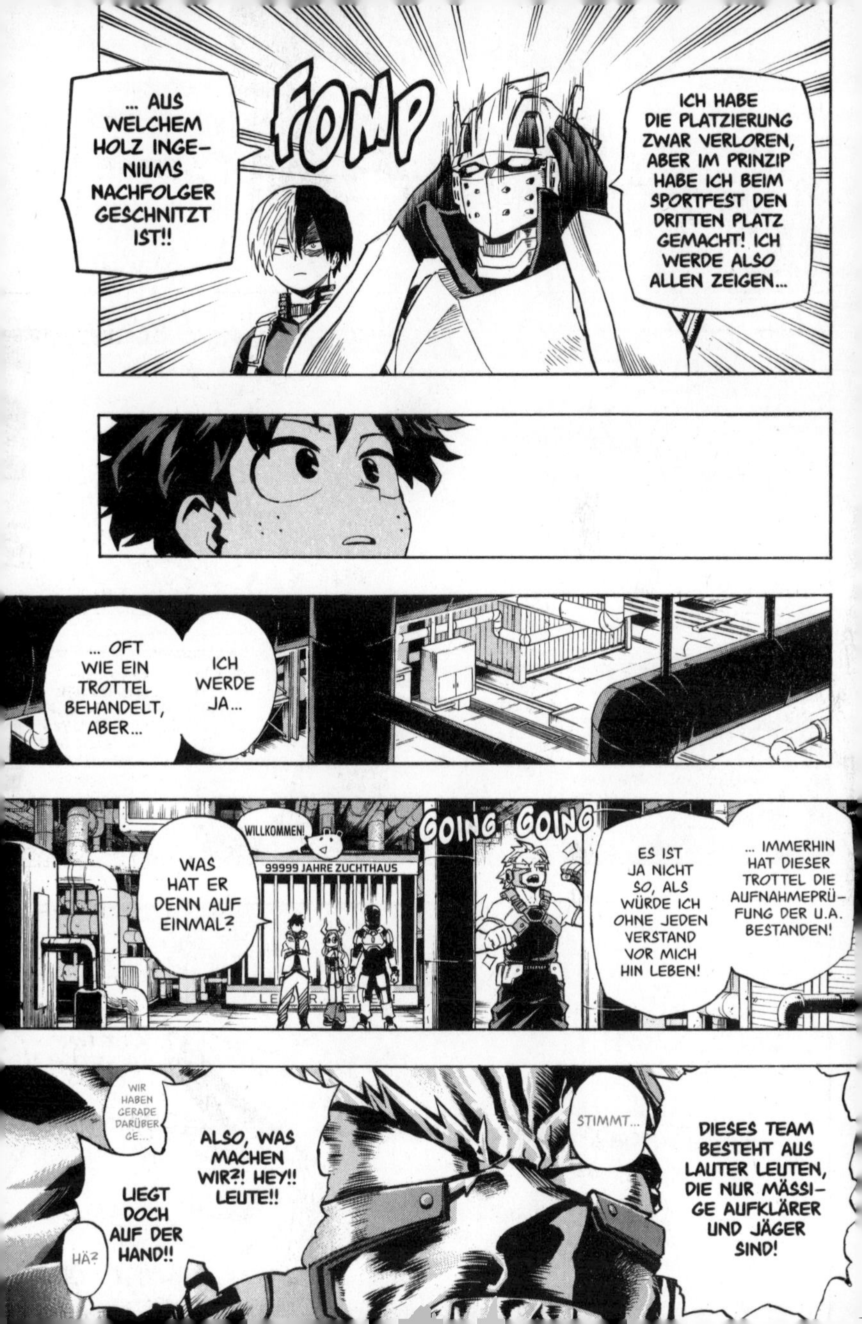
ICH HABE DIE PLATZIERUNG ZWAR VERLOREN, ABER IM PRINZIP HABE ICH BEIM SPORTFEST DEN DRITTEN PLATZ GEMACHT! ICH WERDE ALSO ALLEN ZEIGEN...
FOMP
... AUS WELCHEM HOLZ INGENIUMS NACHFOLGER GESCHNITZT IST!!
ICH WERDE JA...
... OFT WIE EIN TROTTEL BEHANDELT, ABER...
... IMMERHIN HAT DIESER TROTTEL DIE AUFNAHMEPRÜFUNG DER U.A. BESTANDEN!
ES IST JA NICHT SO, ALS WÜRDE ICH OHNE JEDEN VERSTAND VOR MICH HIN LEBEN!
GOING GOING
99999 JAHRE ZUCHTHAUS
WILLKOMMEN!
WAS HAT ER DENN AUF EINMAL?
DIESES TEAM BESTEHT AUS LAUTER LEUTEN, DIE NUR MÄSSIGE AUFKLÄRER UND JÄGER SIND!
STIMMT...
ALSO, WAS MACHEN WIR?! HEY!! LEUTE!!
WIR HABEN GERADE DARÜBER GE...
LIEGT DOCH AUF DER HAND!!
HÄ?

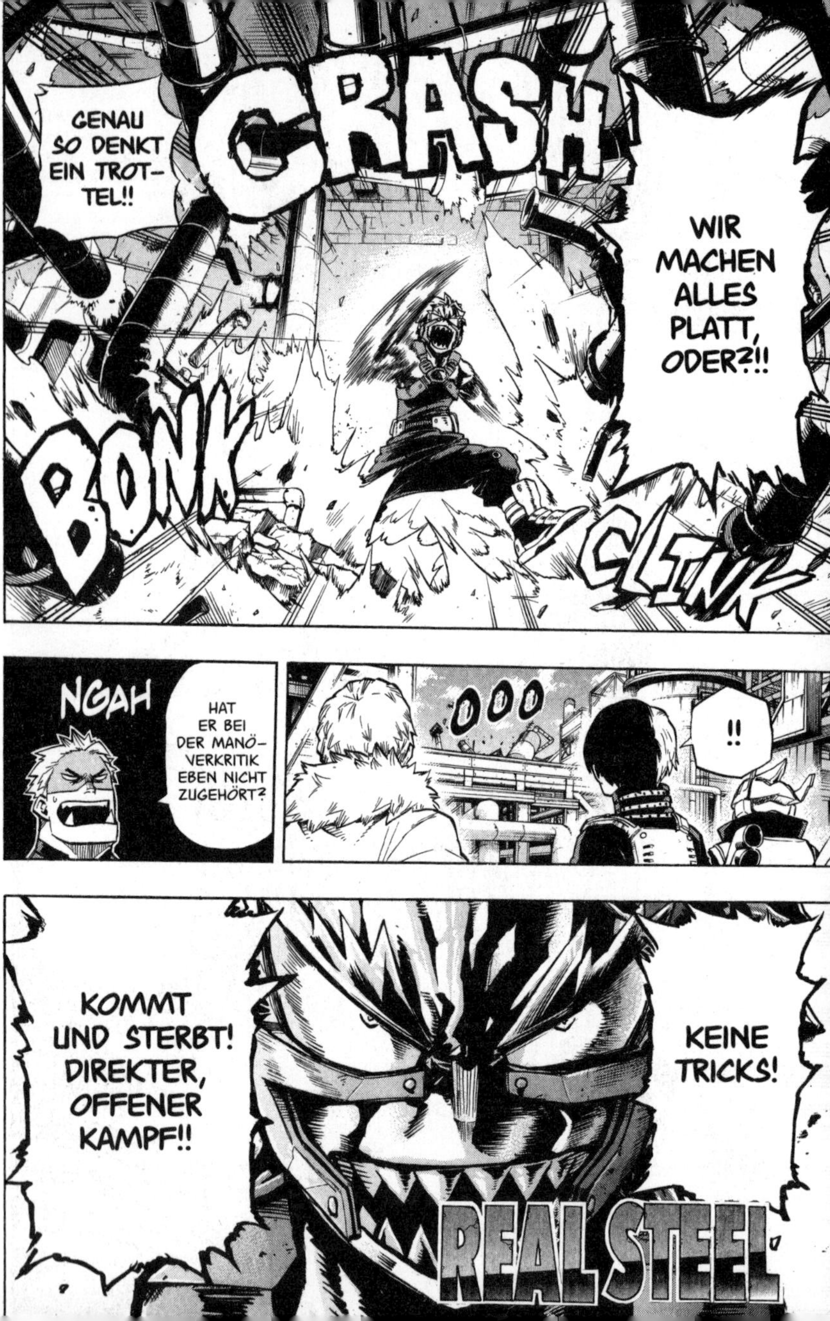
WIR MACHEN ALLES PLATT, ODER?!!
CRASH
GENAU SO DENKT EIN TROT-TEL!!
CLINK
BONK
!!
OOO
NGAH
HAT ER BEI DER MANÖ-VERKRITIK EBEN NICHT ZUGEHÖRT?
KEINE TRICKS!
KOMMT UND STERBT! DIREKTER, OFFENER KAMPF!!
REAL STEEL

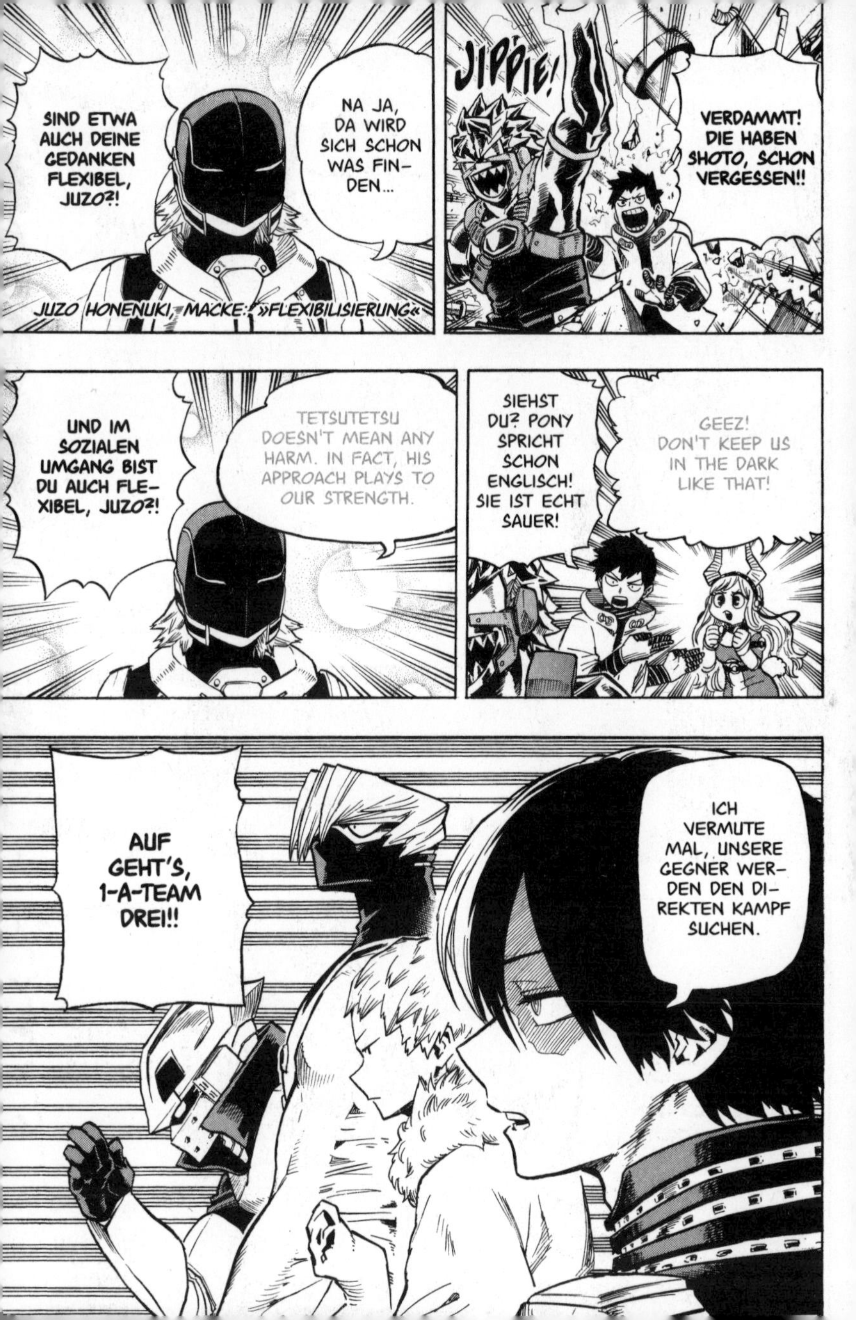
SIND ETWA AUCH DEINE GEDANKEN FLEXIBEL, JUZO?!
NA JA, DA WIRD SICH SCHON WAS FIN-DEN...
JUZO HONENUKI, MACKE: »FLEXIBILISIERUNG«
JIPPIE!
VERDAMMT! DIE HABEN SHOTO, SCHON VERGESSEN!!
UND IM SOZIALEN UMGANG BIST DU AUCH FLE-XIBEL, JUZO?!
TETSUTETSU DOESN'T MEAN ANY HARM. IN FACT, HIS APPROACH PLAYS TO OUR STRENGTH.
SIEHST DU? PONY SPRICHT SCHON ENGLISCH! SIE IST ECHT SAUER!
GEEZ! DON'T KEEP US IN THE DARK LIKE THAT!
AUF GEHT'S, 1-A-TEAM DREI!!
ICH VERMUTE MAL, UNSERE GEGNER WER-DEN DEN DI-REKTEN KAMPF SUCHEN.

KOJIRO BONDO (15)

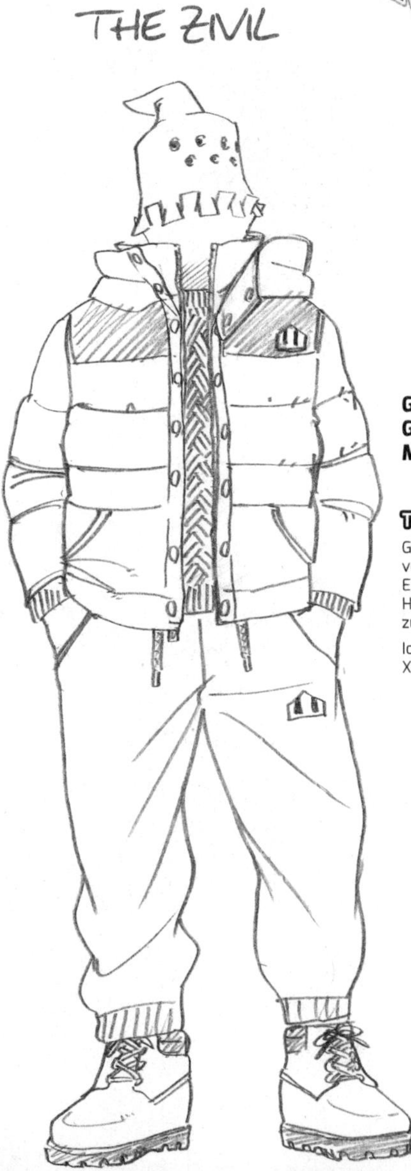

GEBURTSTAG: 23. DEZEMBER
GRÖSSE: 1,91 M
MAG: MODELLFIGUREN BASTELN

THE ZUSATZINFOS

Gelassener Typ. Sein Zimmer ist voll von Modellfiguren, die er gesammelt hat. Er hat jetzt so viel mit dem Lernen für die Heldenklasse zu tun, dass er kaum noch zum Basteln kommt.

Ich habe übrigens auch mal Tie-Fighter- und X-Wing-Plastikmodelle gesammelt.

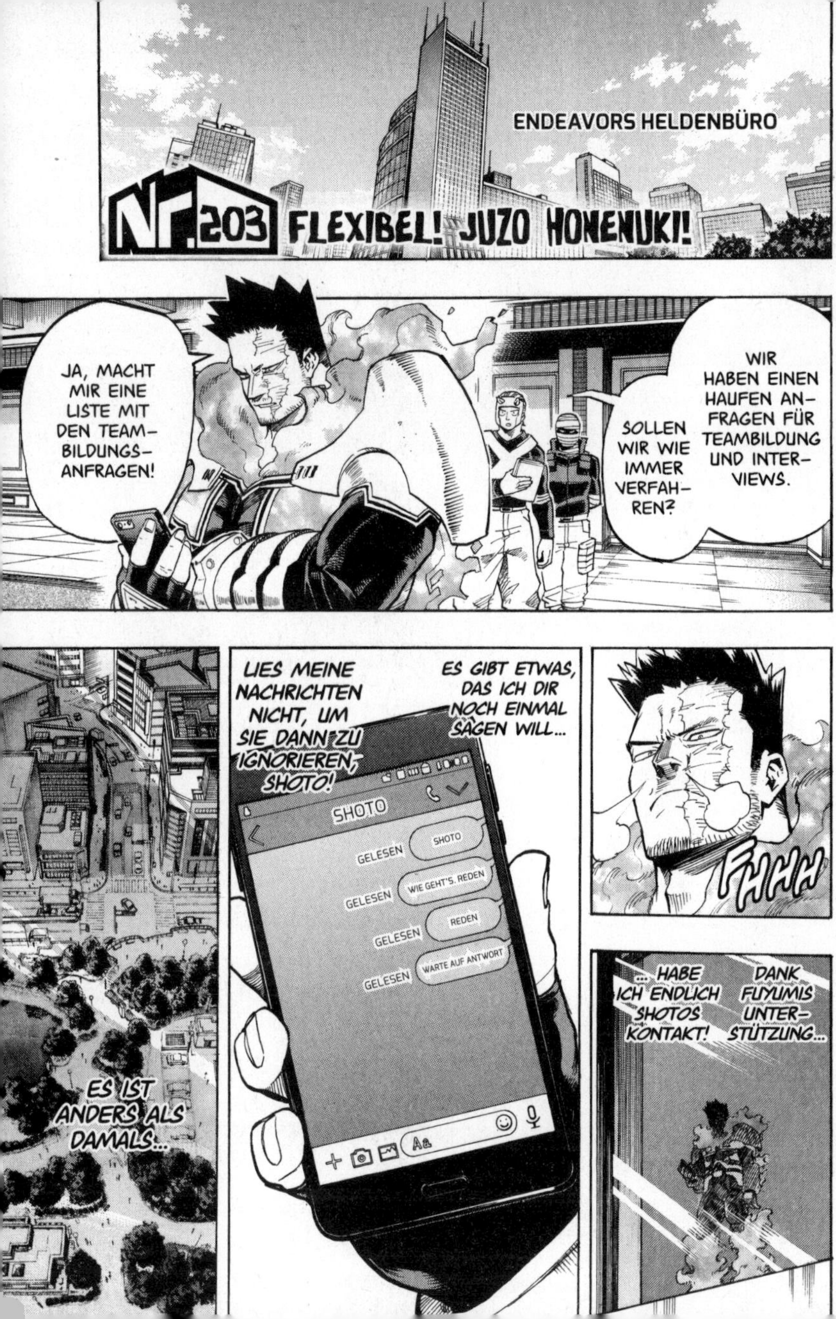
ENDEAVORS HELDENBÜRO
Nr. 203 FLEXIBEL! JUZO HONENUKI!
WIR HABEN EINEN HAUFEN ANFRAGEN FÜR TEAMBILDUNG UND INTERVIEWS.
SOLLEN WIR WIE IMMER VERFAHREN?
JA, MACHT MIR EINE LISTE MIT DEN TEAMBILDUNGSANFRAGEN!
FHHH
ES GIBT ETWAS, DAS ICH DIR NOCH EINMAL SAGEN WILL...
LIES MEINE NACHRICHTEN NICHT, UM SIE DANN ZU IGNORIEREN, SHOTO!
SHOTO
GELESEN SHOTO
GELESEN WIE GEHT'S. REDEN
GELESEN REDEN
GELESEN WARTE AUF ANTWORT
Aa
DANK FUYUMIS UNTERSTÜTZUNG...
... HABE ICH ENDLICH SHOTOS KONTAKT!
ES IST ANDERS ALS DAMALS...

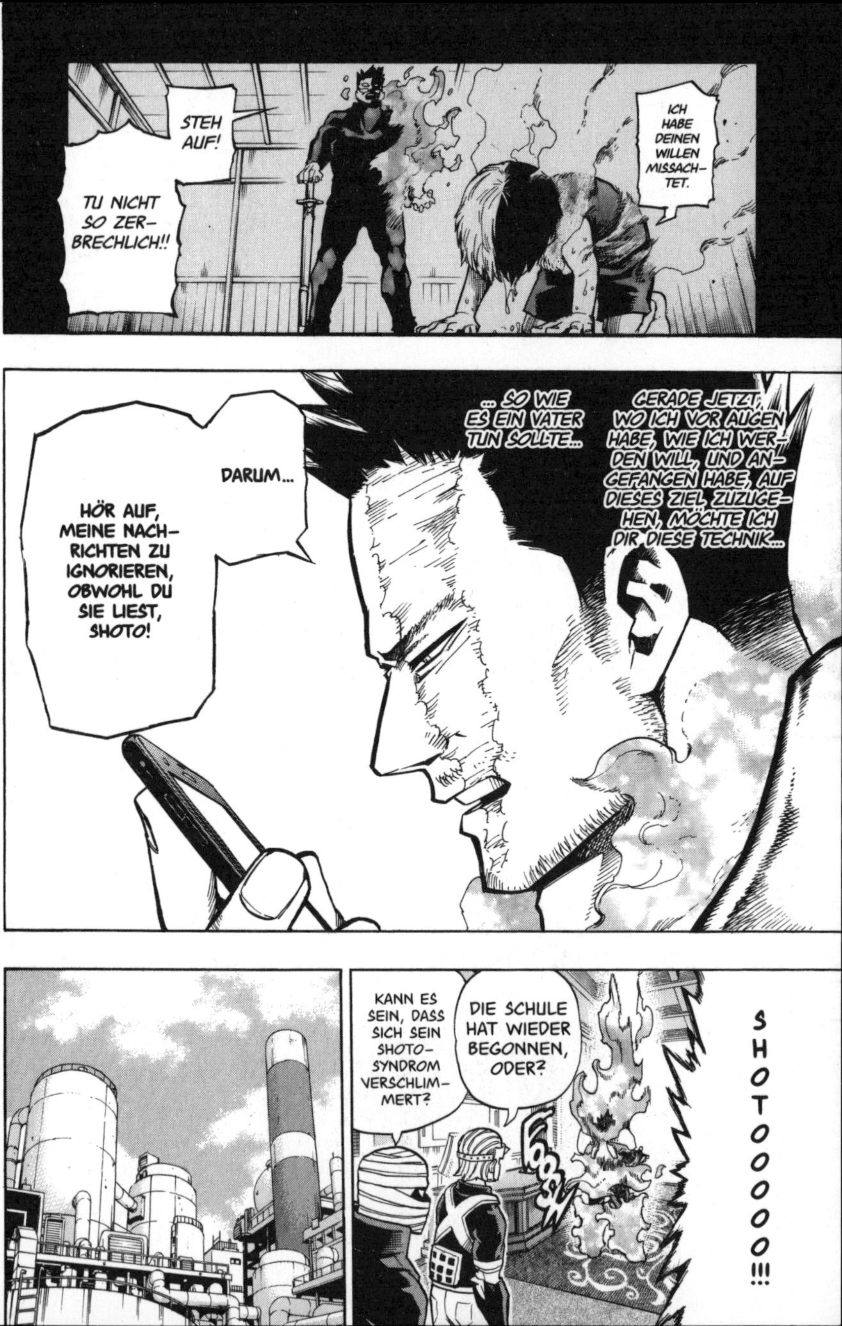
ICH HABE DEINEN WILLEN MISSACHTET.
STEH AUF!
TU NICHT SO ZERBRECHLICH!!
GERADE JETZT, WO ICH VOR AUGEN HABE, WIE ICH WERDEN WILL, UND ANGEFANGEN HABE, AUF DIESES ZIEL ZUZUGEHEN, MÖCHTE ICH DIR DIESE TECHNIK...
... SO WIE ES EIN VATER TUN SOLLTE...
DARUM...
HÖR AUF, MEINE NACHRICHTEN ZU IGNORIEREN, OBWOHL DU SIE LIEST, SHOTO!
SHOTOOOOOOO!!!
DIE SCHULE HAT WIEDER BEGONNEN, ODER?
KANN ES SEIN, DASS SICH SEIN SHOTO-SYNDROM VERSCHLIMMERT?

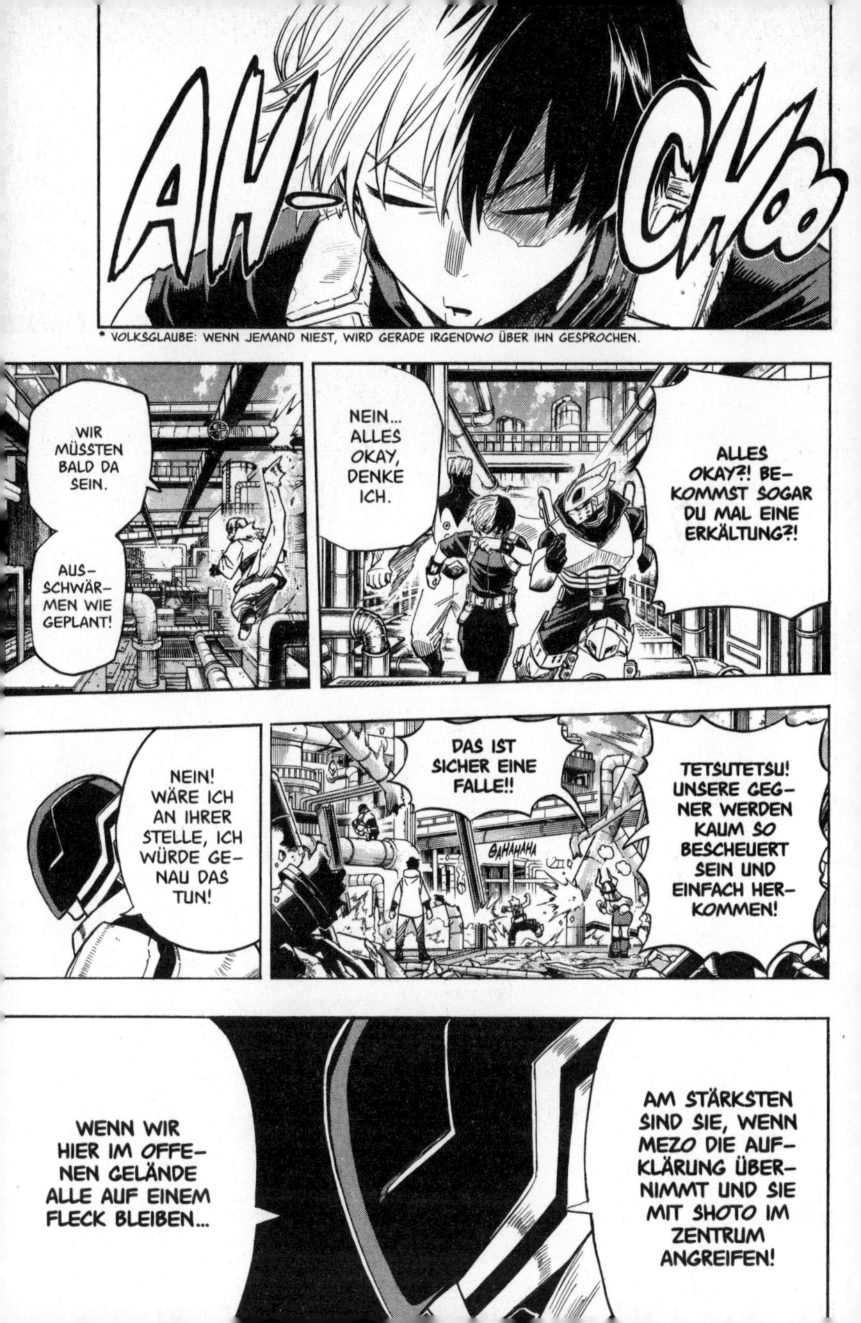
AH-CHOO
* VOLKSGLAUBE: WENN JEMAND NIEST, WIRD GERADE IRGENDWO ÜBER IHN GESPROCHEN.
ALLES OKAY?! BEKOMMST SOGAR DU MAL EINE ERKÄLTUNG?!
NEIN... ALLES OKAY, DENKE ICH.
WIR MÜSSTEN BALD DA SEIN.
AUSSCHWÄRMEN WIE GEPLANT!
TETSUTETSU! UNSERE GEGNER WERDEN KAUM SO BESCHEUERT SEIN UND EINFACH HERKOMMEN!
DAS IST SICHER EINE FALLE!!
GAHAHAHA
NEIN! WÄRE ICH AN IHRER STELLE, ICH WÜRDE GENAU DAS TUN!
AM STÄRKSTEN SIND SIE, WENN MEZO DIE AUFKLÄRUNG ÜBERNIMMT UND SIE MIT SHOTO IM ZENTRUM ANGREIFEN!
WENN WIR HIER IM OFFENEN GELÄNDE ALLE AUF EINEM FLECK BLEIBEN...

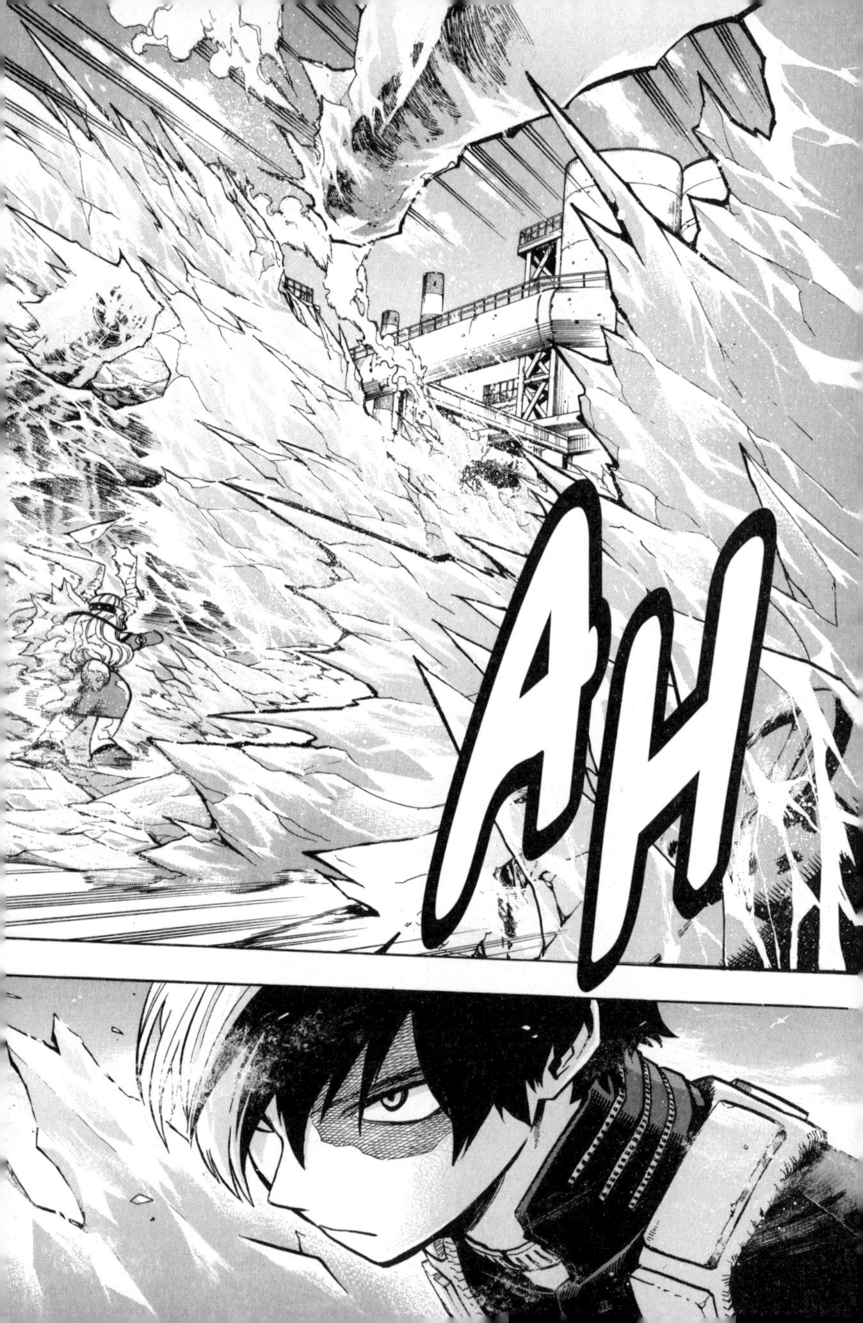
AH

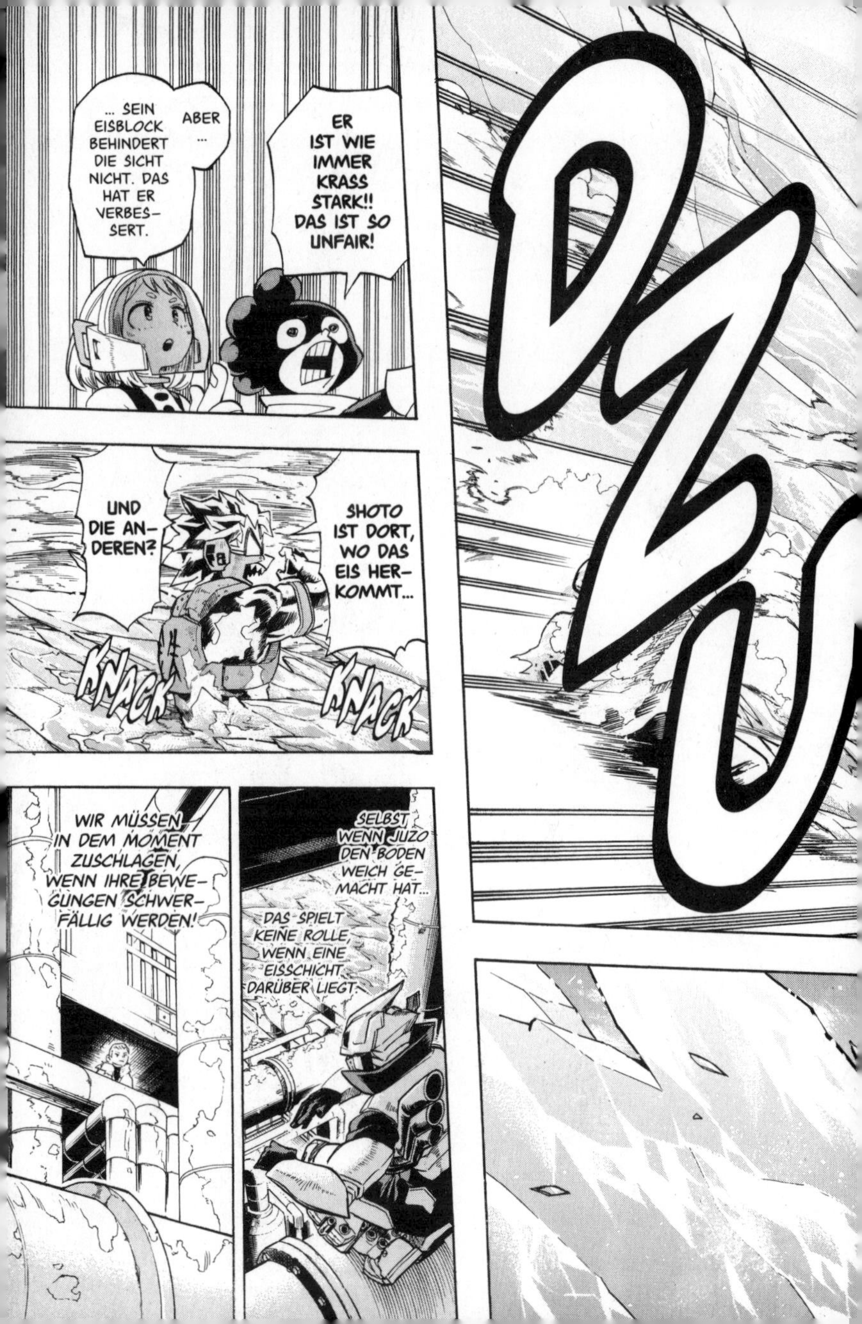
ER IST WIE IMMER KRASS STARK!! DAS IST SO UNFAIR!
ABER ...
... SEIN EISBLOCK BEHINDERT DIE SICHT NICHT. DAS HAT ER VERBESSERT.
SHOTO IST DORT, WO DAS EIS HERKOMMT...
UND DIE ANDEREN?
KNACK
KNACK
SELBST WENN JUZO DEN BODEN WEICH GEMACHT HAT...
DAS SPIELT KEINE ROLLE, WENN EINE EISSCHICHT DARÜBER LIEGT.
WIR MÜSSEN IN DEM MOMENT ZUSCHLAGEN, WENN IHRE BEWEGUNGEN SCHWERFÄLLIG WERDEN!

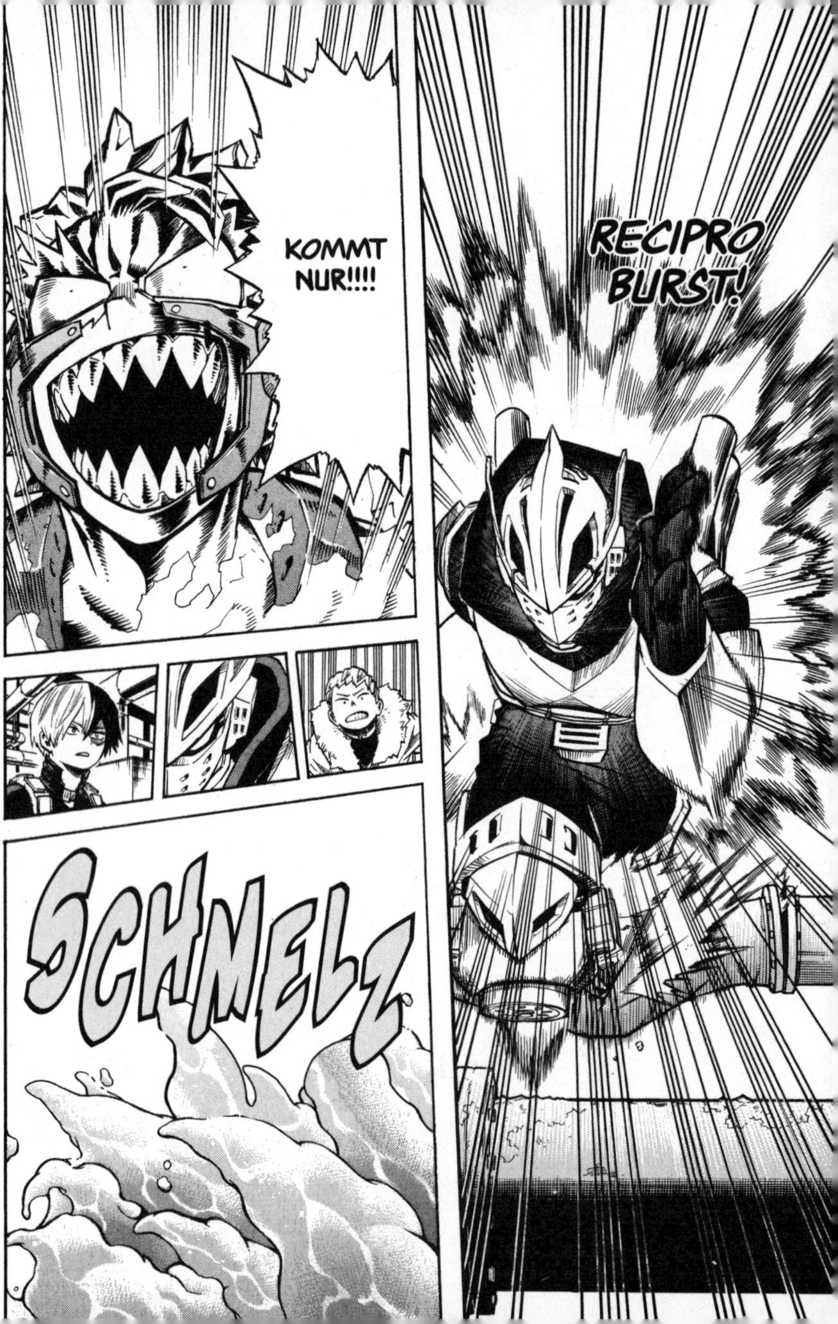
RECIPRO BURST!
KOMMT NUR!!!!
SCHMELZ

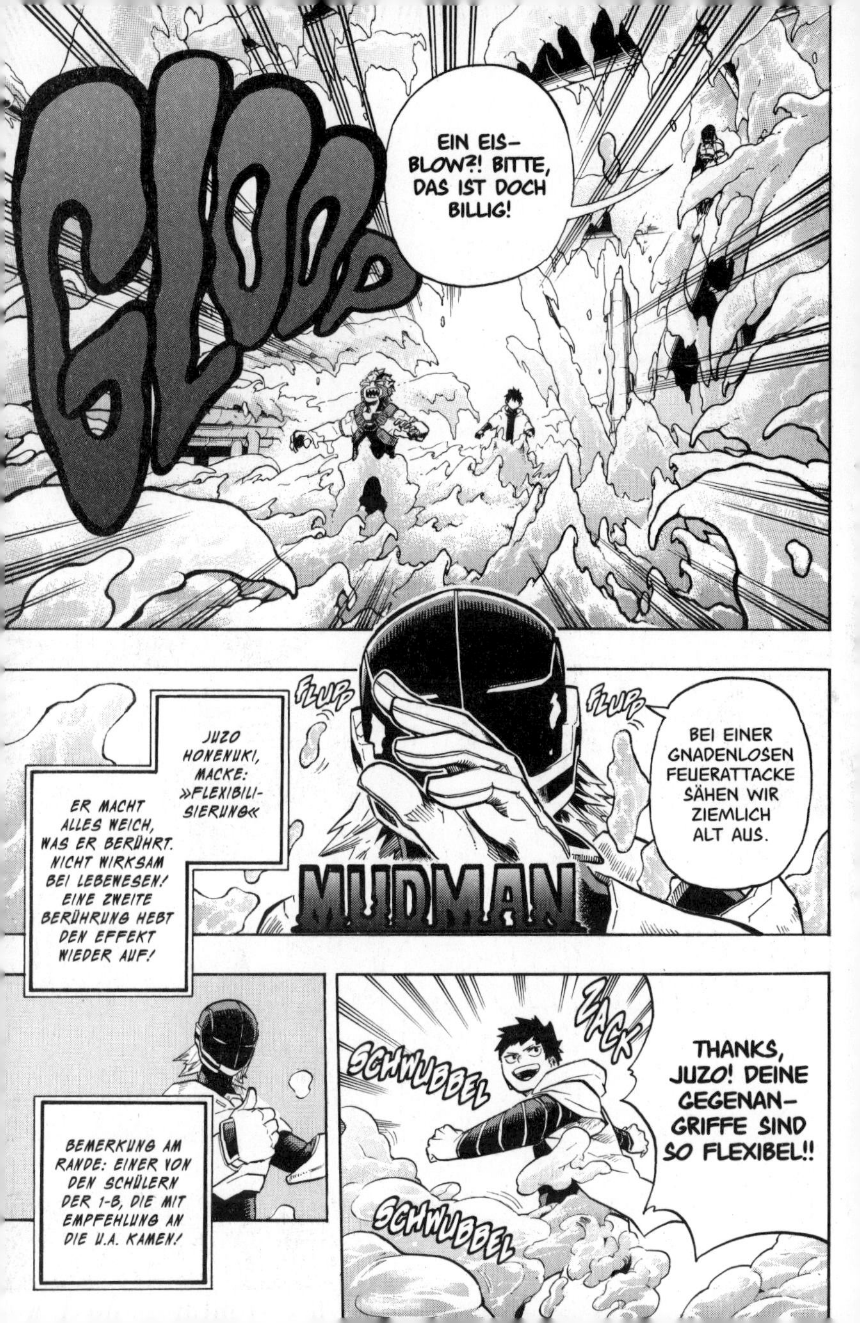
GLOOP
EIN EIS-BLOW?! BITTE, DAS IST DOCH BILLIG!
FLUPP
FLUPP
BEI EINER GNADENLOSEN FEUERATTACKE SÄHEN WIR ZIEMLICH ALT AUS.
JUZO HONENUKI, MACKE: »FLEXIBILISIERUNG«
ER MACHT ALLES WEICH, WAS ER BERÜHRT. NICHT WIRKSAM BEI LEBEWESEN! EINE ZWEITE BERÜHRUNG HEBT DEN EFFEKT WIEDER AUF!
MUDMAN
ZACK
THANKS, JUZO! DEINE GEGENANGRIFFE SIND SO FLEXIBEL!!
SCHWUBBEL
SCHWUBBEL
BEMERKUNG AM RANDE: EINER VON DEN SCHÜLERN DER 1-B, DIE MIT EMPFEHLUNG AN DIE U.A. KAMEN!

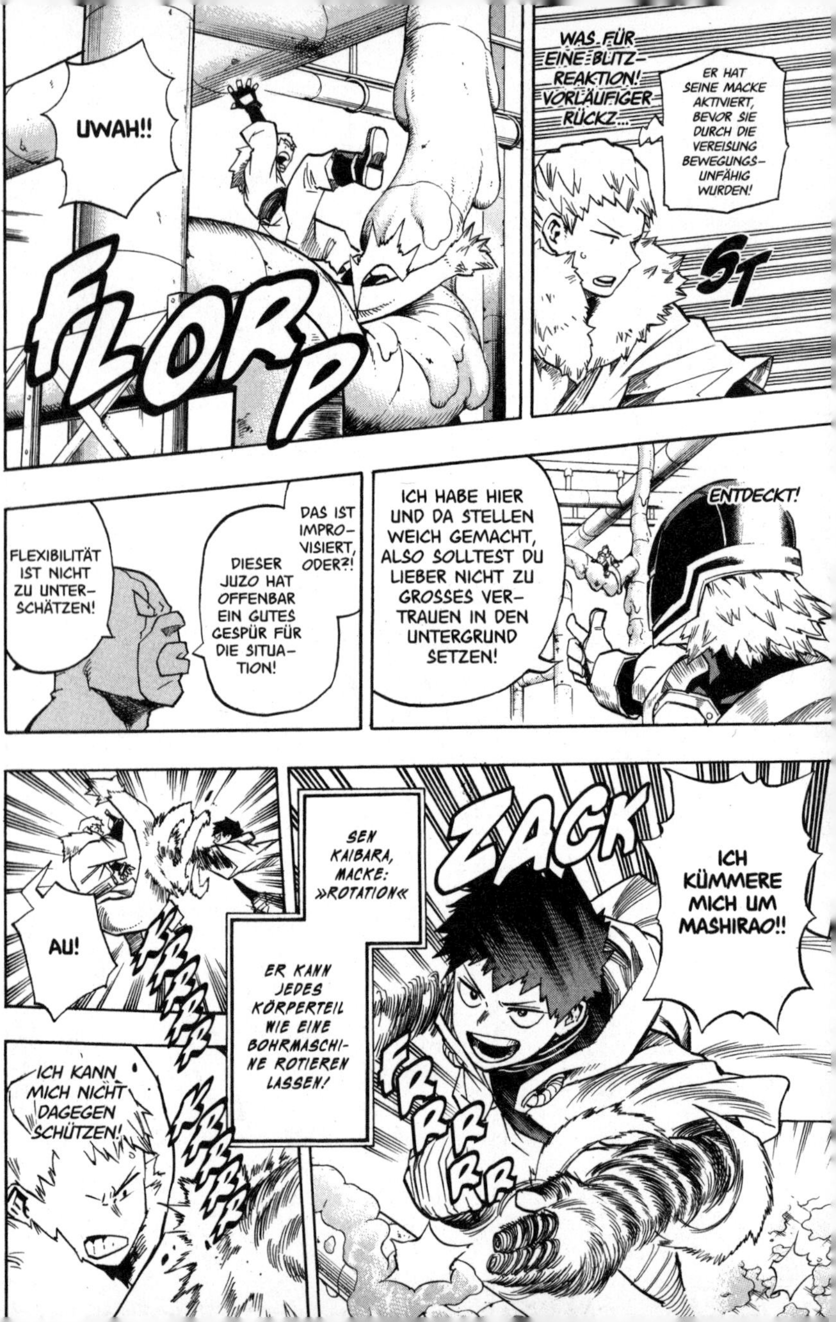

WAS FÜR EINE BLITZ-REAKTION! VORLÄUFIGER RÜCKZ...
ER HAT SEINE MACKE AKTIVIERT, BEVOR SIE DURCH DIE VEREISUNG BEWEGUNGS-UNFÄHIG WURDEN!
ST
UWAH!!
FLORP
ENTDECKT!
ICH HABE HIER UND DA STELLEN WEICH GEMACHT, ALSO SOLLTEST DU LIEBER NICHT ZU GROSSES VER-TRAUEN IN DEN UNTERGRUND SETZEN!
DAS IST IMPRO-VISIERT, ODER?!
DIESER JUZO HAT OFFENBAR EIN GUTES GESPÜR FÜR DIE SITUA-TION!
FLEXIBILITÄT IST NICHT ZU UNTER-SCHÄTZEN!
ICH KÜMMERE MICH UM MASHIRAO!!
ZACK
SEN KAIBARA, MACKE: »ROTATION«
ER KANN JEDES KÖRPERTEIL WIE EINE BOHRMASCHI-NE ROTIEREN LASSEN!
FRRRRR
AU!
ICH KANN MICH NICHT DAGEGEN SCHÜTZEN!

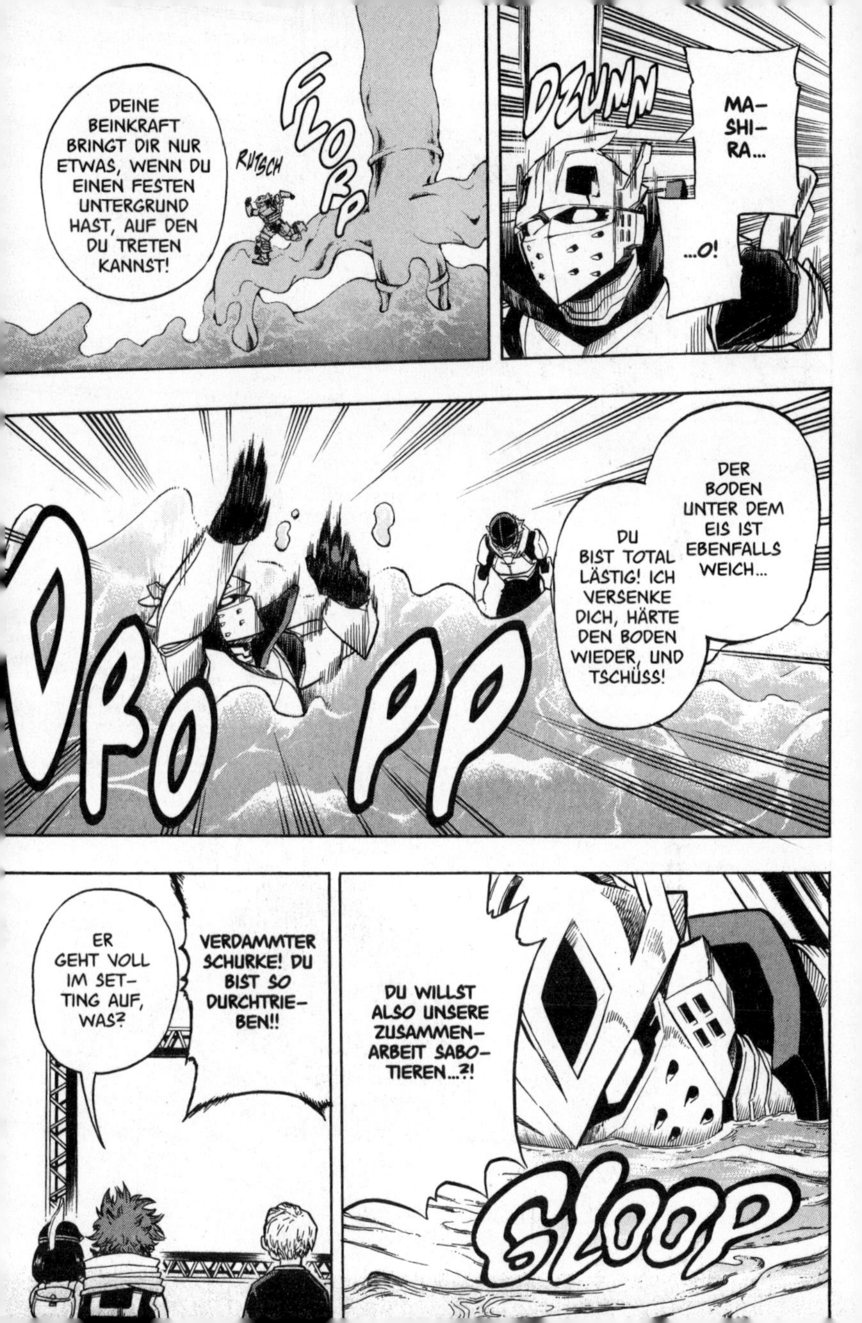
DZUMM
MASHIRA... ...O!
FLOPP
RUTSCH
DEINE BEINKRAFT BRINGT DIR NUR ETWAS, WENN DU EINEN FESTEN UNTERGRUND HAST, AUF DEN DU TRETEN KANNST!
DER BODEN UNTER DEM EIS IST EBENFALLS WEICH...
DU BIST TOTAL LÄSTIG! ICH VERSENKE DICH, HÄRTE DEN BODEN WIEDER, UND TSCHÜSS!
DROPP
DU WILLST ALSO UNSERE ZUSAMMENARBEIT SABOTIEREN...?!
GLOOP
VERDAMMTER SCHURKE! DU BIST SO DURCHTRIEBEN!!
ER GEHT VOLL IM SETTING AUF, WAS?

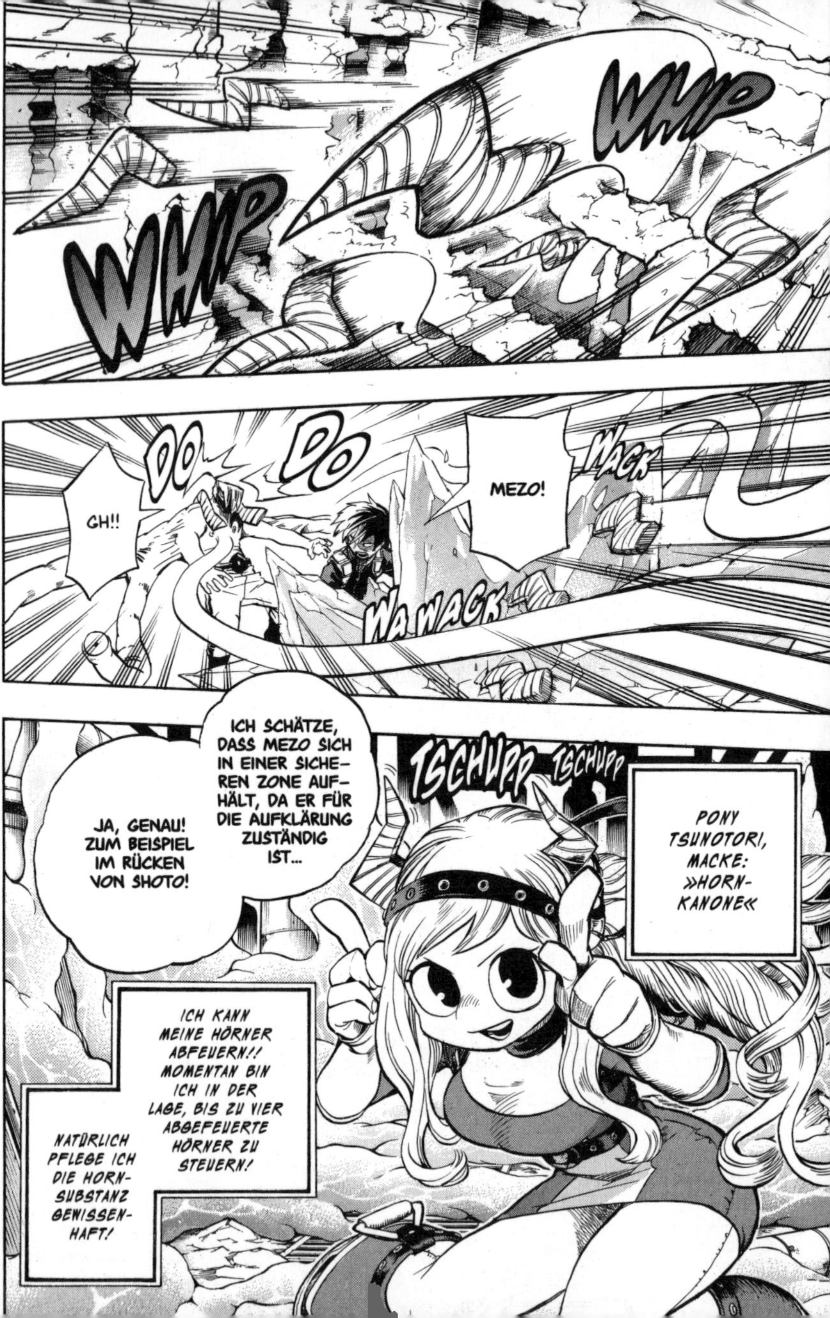
WHIP
WHIP
WACK
MEZO!
DO DO
GH!!
WA WACK
TSCHUPP TSCHUPP
PONY TSUNOTORI, MACKE: »HORN-KANONE«
ICH SCHÄTZE, DASS MEZO SICH IN EINER SICHEREN ZONE AUFHÄLT, DA ER FÜR DIE AUFKLÄRUNG ZUSTÄNDIG IST...
JA, GENAU! ZUM BEISPIEL IM RÜCKEN VON SHOTO!
ICH KANN MEINE HÖRNER ABFEUERN!! MOMENTAN BIN ICH IN DER LAGE, BIS ZU VIER ABGEFEUERTE HÖRNER ZU STEUERN!
NATÜRLICH PFLEGE ICH DIE HORNSUBSTANZ GEWISSENHAFT!

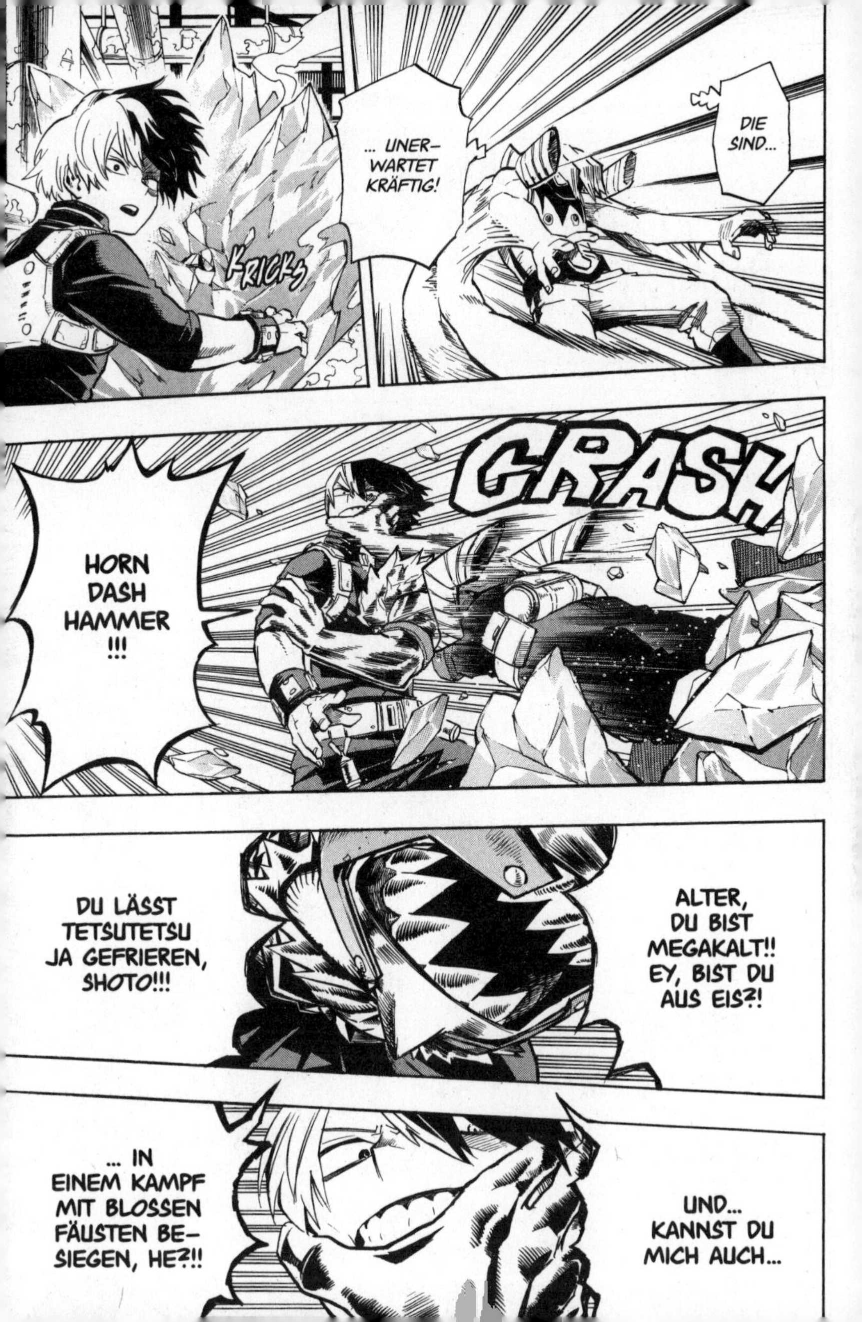
DIE SIND...
... UNER-WARTET KRÄFTIG!
KRICKS
CRASH
HORN DASH HAMMER !!!
ALTER, DU BIST MEGAKALT!! EY, BIST DU AUS EIS?!
DU LÄSST TETSUTETSU JA GEFRIEREN, SHOTO!!!
UND... KANNST DU MICH AUCH...
... IN EINEM KAMPF MIT BLOSSEN FÄUSTEN BE-SIEGEN, HE?!!

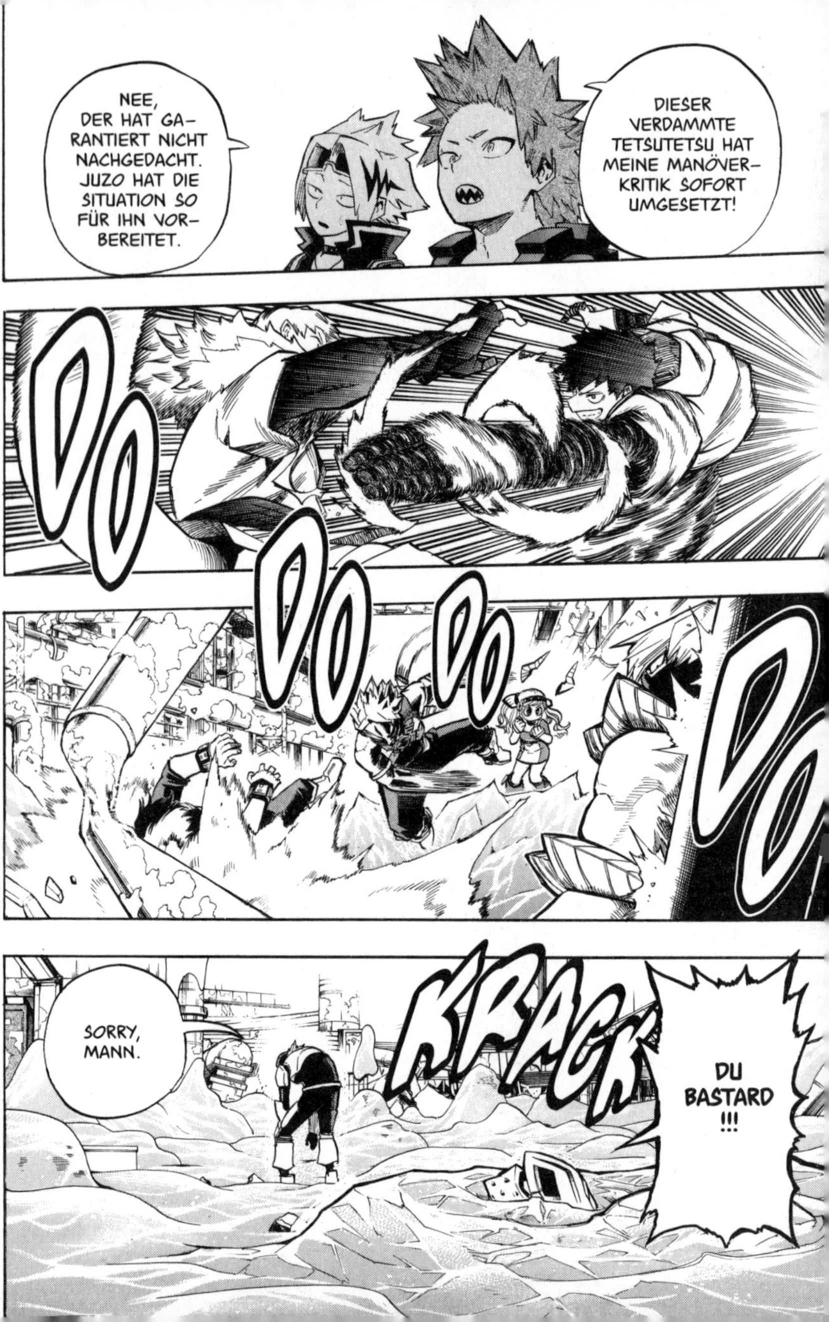
DIESER VERDAMMTE TETSUTETSU HAT MEINE MANÖVERKRITIK SOFORT UMGESETZT!
NEE, DER HAT GARANTIERT NICHT NACHGEDACHT. JUZO HAT DIE SITUATION SO FÜR IHN VORBEREITET.
DU BASTARD!!!
KRACK
SORRY, MANN.

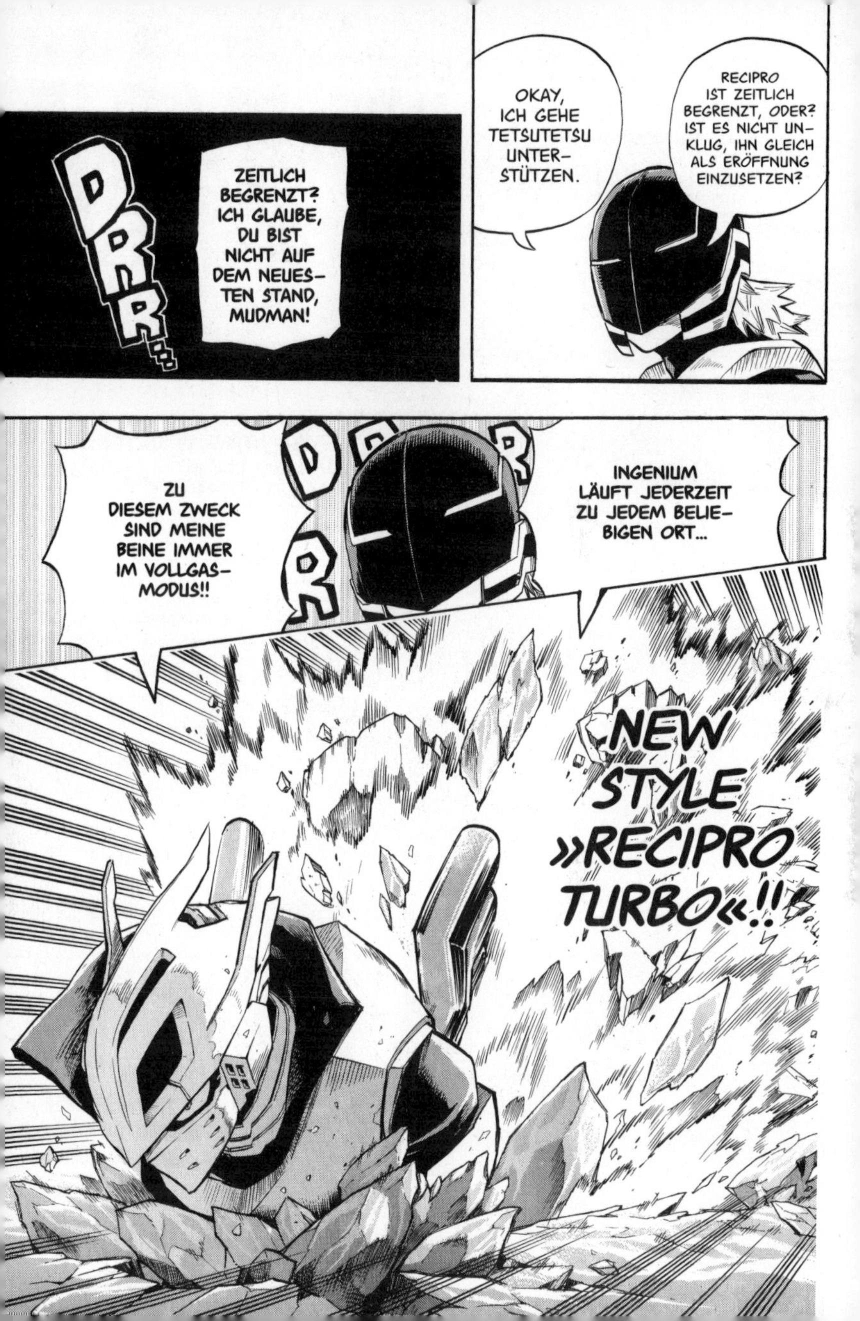

RECIPRO IST ZEITLICH BEGRENZT, ODER? IST ES NICHT UN-KLUG, IHN GLEICH ALS ERÖFFNUNG EINZUSETZEN?
OKAY, ICH GEHE TETSUTETSU UNTER-STÜTZEN.
DRR...
ZEITLICH BEGRENZT? ICH GLAUBE, DU BIST NICHT AUF DEM NEUES-TEN STAND, MUDMAN!
INGENIUM LÄUFT JEDERZEIT ZU JEDEM BELIE-BIGEN ORT...
ZU DIESEM ZWECK SIND MEINE BEINE IMMER IM VOLLGAS-MODUS!!
NEW STYLE »RECIPRO TURBO«!!

SETSUNA TOKAGE (16)

The »Gibt's eine Oberschülerin, die so rumläuft?«

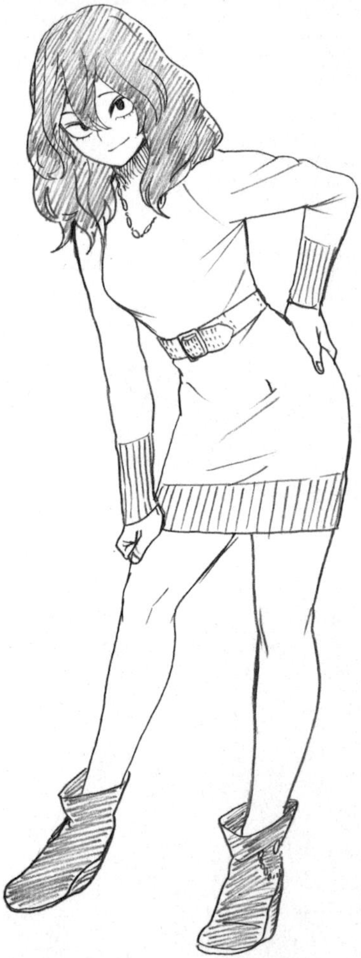

GEBURTSTAG: 13. OKTOBER
GRÖSSE: 1,58 M
MAG: DINOSAURIER

THE ZUSATZINFOS

Ihr Kostüm hat eine Regenerationsfunktion. Ein gewisser Kommandant, der einen wundervollen Blick in die Kamera hat, hat sich deswegen leidenschaftlich Gedanken gemacht. Vielen Dank, Herr Ashihara.

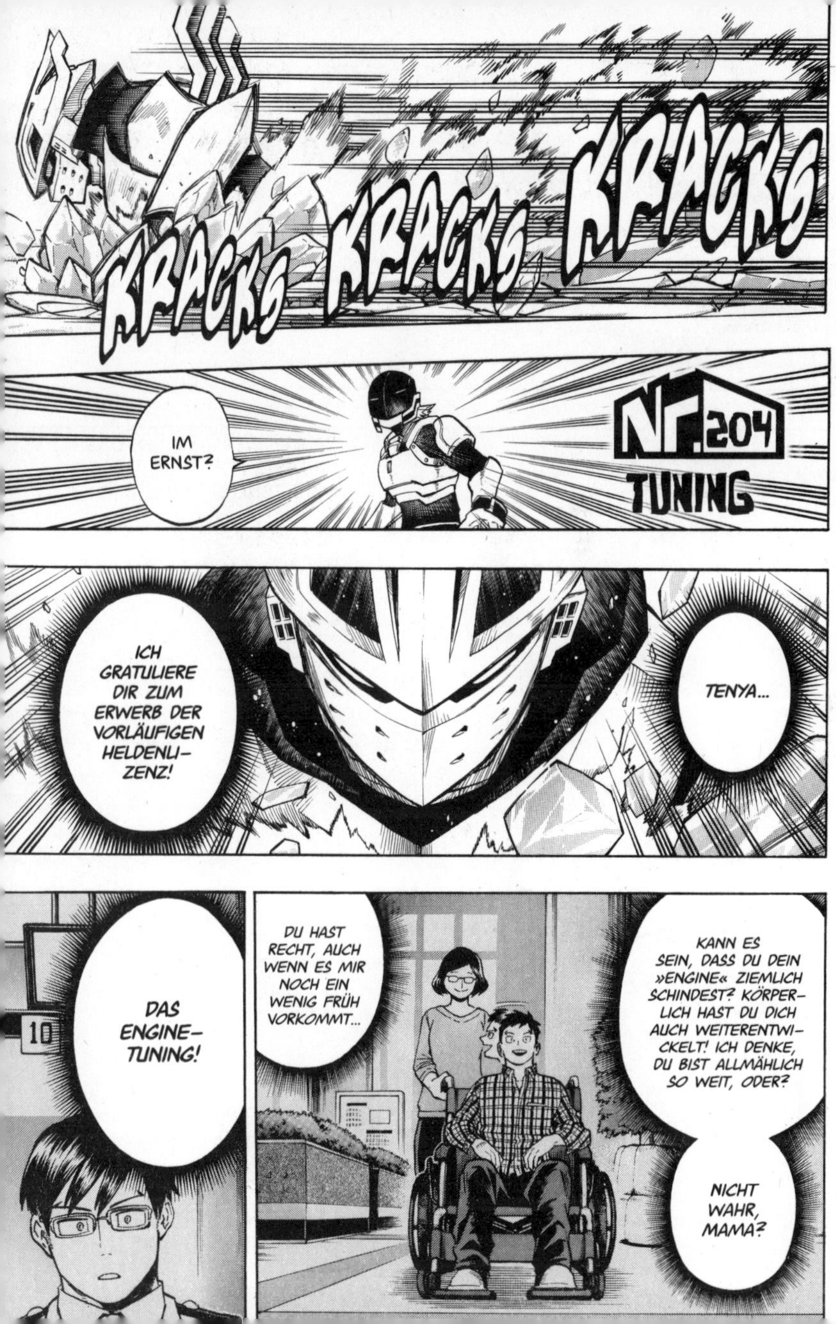
KRACKS KRACKS KRACKS
IM ERNST?
NR. 204
TUNING
TENYA…
ICH GRATULIERE DIR ZUM ERWERB DER VORLÄUFIGEN HELDENLI-ZENZ!
KANN ES SEIN, DASS DU DEIN »ENGINE« ZIEMLICH SCHINDEST? KÖRPER-LICH HAST DU DICH AUCH WEITERENTWI-CKELT! ICH DENKE, DU BIST ALLMÄHLICH SO WEIT, ODER?
NICHT WAHR, MAMA?
DU HAST RECHT, AUCH WENN ES MIR NOCH EIN WENIG FRÜH VORKOMMT…
10
DAS ENGINE-TUNING!

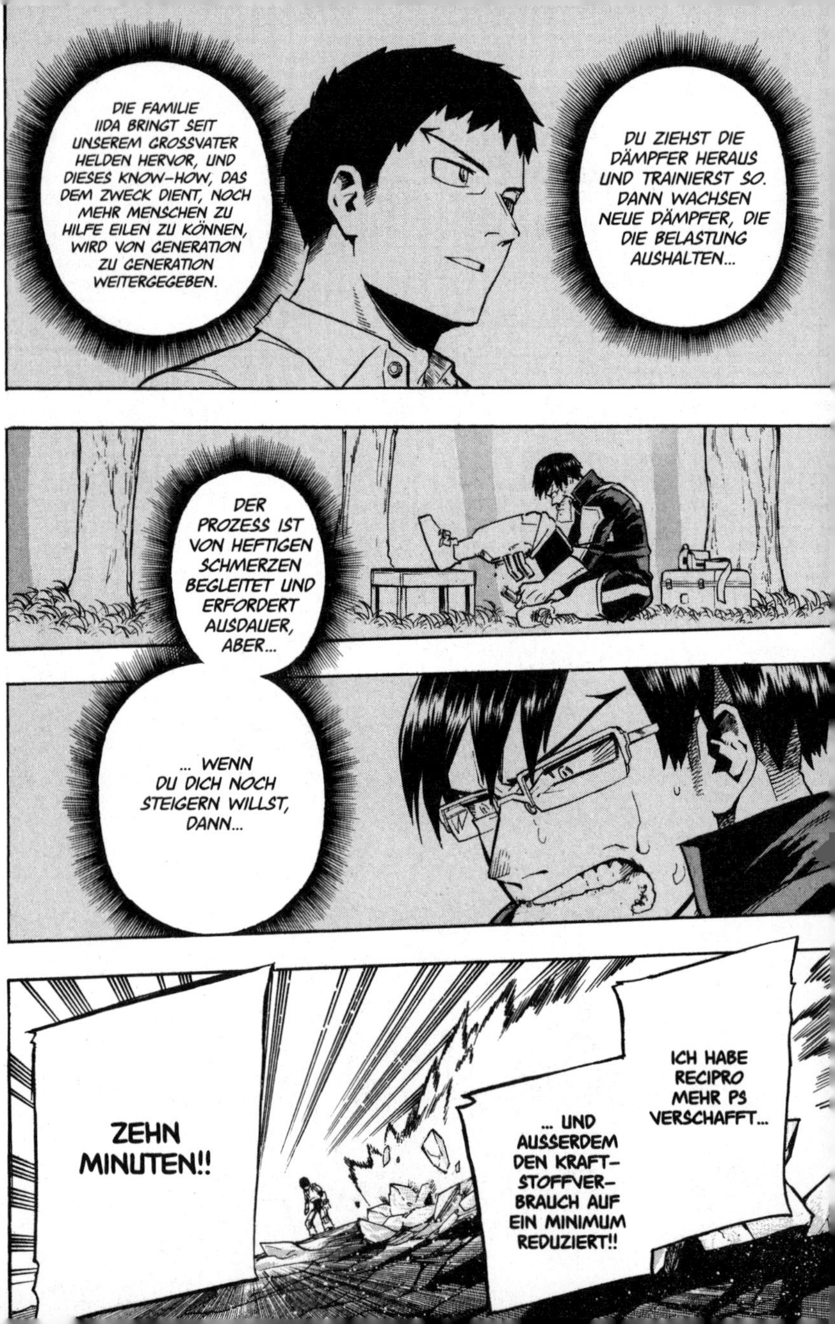

DU ZIEHST DIE DÄMPFER HERAUS UND TRAINIERST SO. DANN WACHSEN NEUE DÄMPFER, DIE DIE BELASTUNG AUSHALTEN...
DIE FAMILIE IIDA BRINGT SEIT UNSEREM GROSSVATER HELDEN HERVOR, UND DIESES KNOW-HOW, DAS DEM ZWECK DIENT, NOCH MEHR MENSCHEN ZU HILFE EILEN ZU KÖNNEN, WIRD VON GENERATION ZU GENERATION WEITERGEGEBEN.
DER PROZESS IST VON HEFTIGEN SCHMERZEN BEGLEITET UND ERFORDERT AUSDAUER, ABER...
... WENN DU DICH NOCH STEIGERN WILLST, DANN...
ICH HABE RECIPRO MEHR PS VERSCHAFFT...
... UND AUSSERDEM DEN KRAFT-STOFFVER-BRAUCH AUF EIN MINIMUM REDUZIERT!!
ZEHN MINUTEN!!

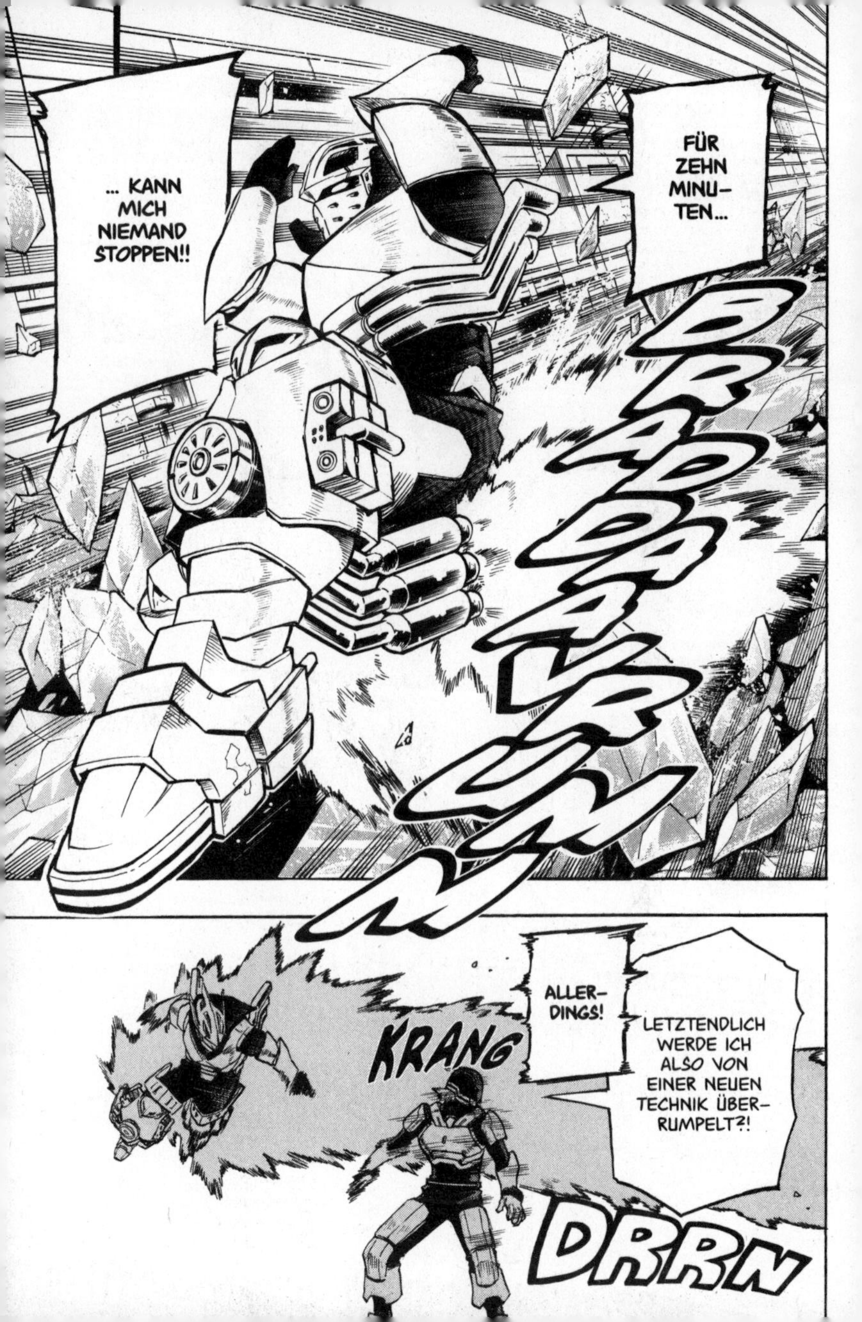
FÜR ZEHN MINUTEN...
... KANN MICH NIEMAND STOPPEN!!
KRANG
ALLERDINGS!
LETZTENDLICH WERDE ICH ALSO VON EINER NEUEN TECHNIK ÜBERRUMPELT?!
DRRN

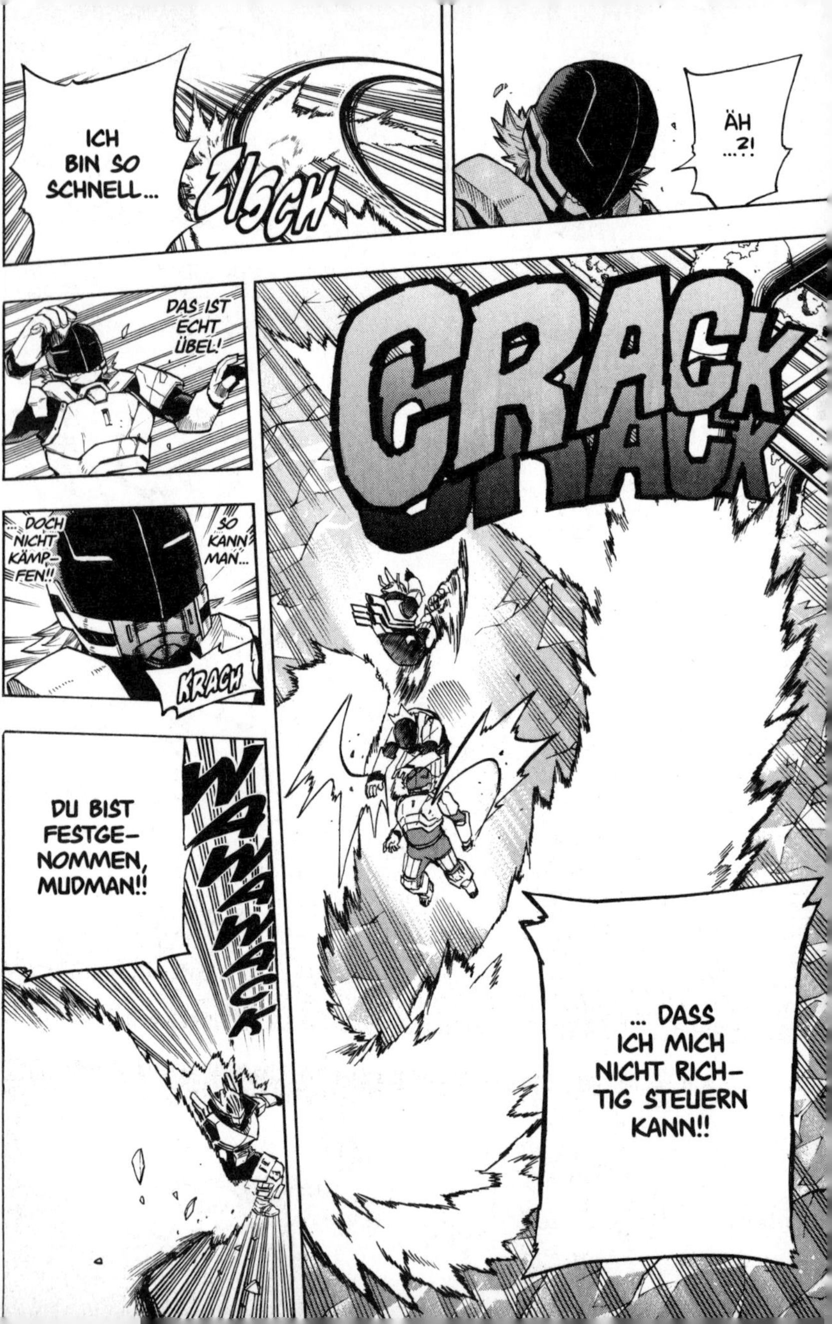
ÄH ...?!
ICH BIN SO SCHNELL ...
ZISCH
DAS IST ECHT ÜBEL!
SO KANN MAN ...
... DOCH NICHT KÄMPFEN!!
KRACH
DU BIST FESTGENOMMEN, MUDMAN!!
WAWAWACK
CRACK
KRACK
... DASS ICH MICH NICHT RICHTIG STEUERN KANN!!

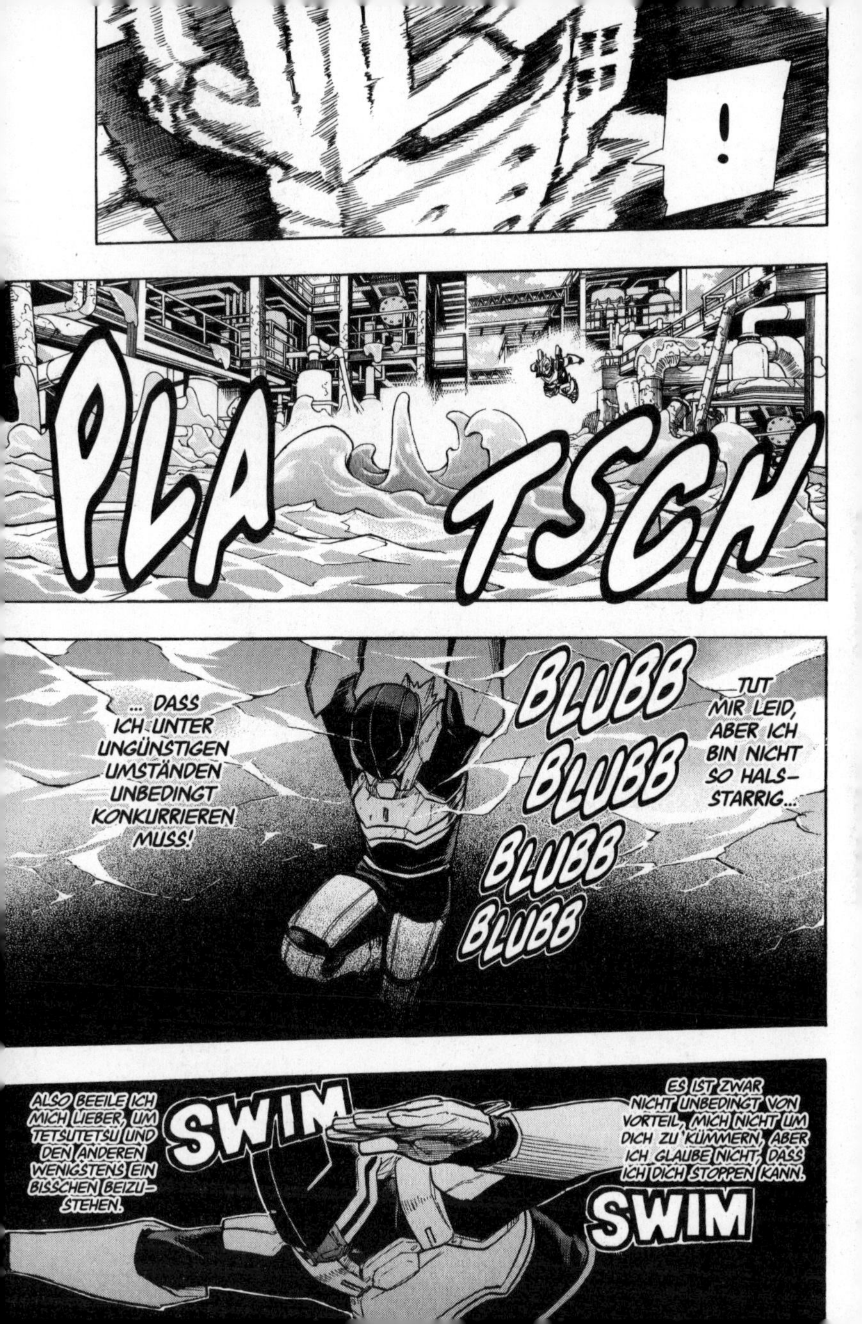
!
PLA TSCH
...TUT MIR LEID, ABER ICH BIN NICHT SO HALS-STARRIG...
BLUBB BLUBB BLUBB BLUBB
... DASS ICH UNTER UNGÜNSTIGEN UMSTÄNDEN UNBEDINGT KONKURRIEREN MUSS!
ES IST ZWAR NICHT UNBEDINGT VON VORTEIL, MICH NICHT UM DICH ZU KÜMMERN, ABER ICH GLAUBE NICHT, DASS ICH DICH STOPPEN KANN.
SWIM
SWIM
ALSO BEEILE ICH MICH LIEBER, UM TETSUTETSU UND DEN ANDEREN WENIGSTENS EIN BISSCHEN BEIZU-STEHEN.

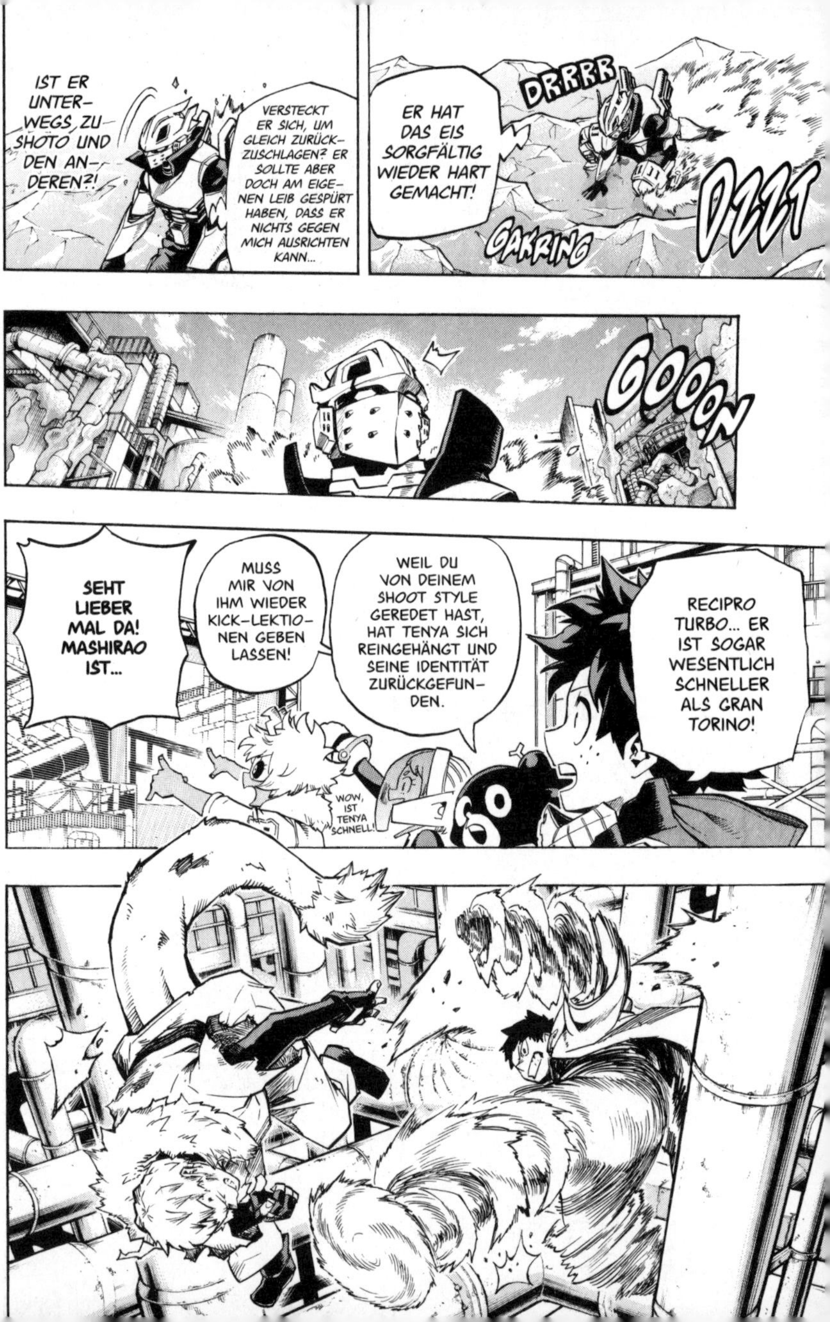
IST ER UNTERWEGS ZU SHOTO UND DEN ANDEREN?!
VERSTECKT ER SICH, UM GLEICH ZURÜCKZUSCHLAGEN? ER SOLLTE ABER DOCH AM EIGENEN LEIB GESPÜRT HABEN, DASS ER NICHTS GEGEN MICH AUSRICHTEN KANN...
ER HAT DAS EIS SORGFÄLTIG WIEDER HART GEMACHT!
DRRRR
DZZT
GAKRING
GOOON
SEHT LIEBER MAL DA! MASHIRAO IST...
MUSS MIR VON IHM WIEDER KICK-LEKTIONEN GEBEN LASSEN!
WOW, IST TENYA SCHNELL!
WEIL DU VON DEINEM SHOOT STYLE GEREDET HAST, HAT TENYA SICH REINGEHÄNGT UND SEINE IDENTITÄT ZURÜCKGEFUNDEN.
RECIPRO TURBO... ER IST SOGAR WESENTLICH SCHNELLER ALS GRAN TORINO!

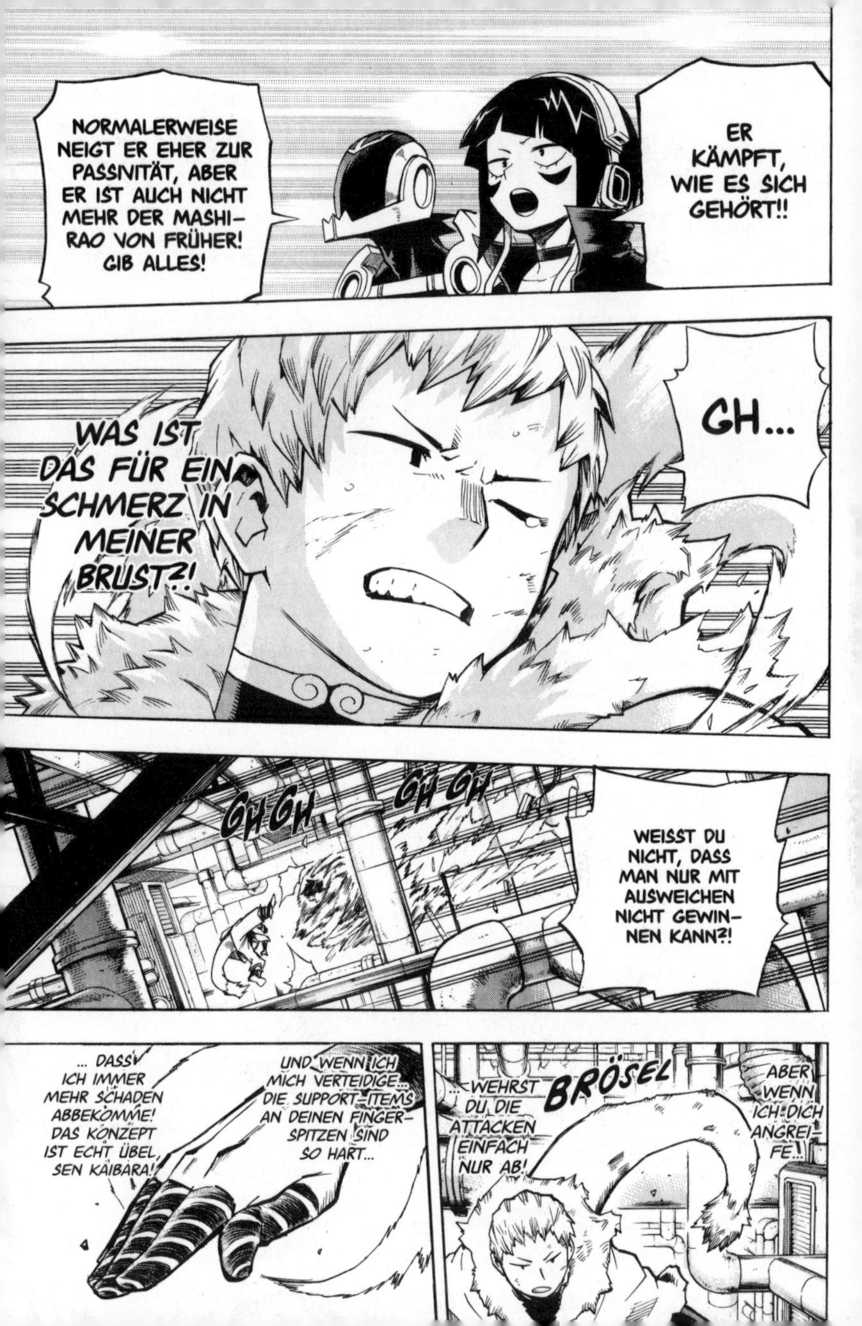
ER KÄMPFT, WIE ES SICH GEHÖRT!!
NORMALERWEISE NEIGT ER EHER ZUR PASSIVITÄT, ABER ER IST AUCH NICHT MEHR DER MASHIRAO VON FRÜHER! GIB ALLES!
GH...
WAS IST DAS FÜR EIN SCHMERZ IN MEINER BRUST?!
WEISST DU NICHT, DASS MAN NUR MIT AUSWEICHEN NICHT GEWINNEN KANN?!
GH GH
GH GH
ABER WENN ICH DICH ANGREIFE...
BRÖSEL
... WEHRST DU DIE ATTACKEN EINFACH NUR AB!
UND WENN ICH MICH VERTEIDIGE... DIE SUPPORT-ITEMS AN DEINEN FINGERSPITZEN SIND SO HART...
... DASS ICH IMMER MEHR SCHADEN ABBEKOMME! DAS KONZEPT IST ECHT ÜBEL, SEN KAIBARA!

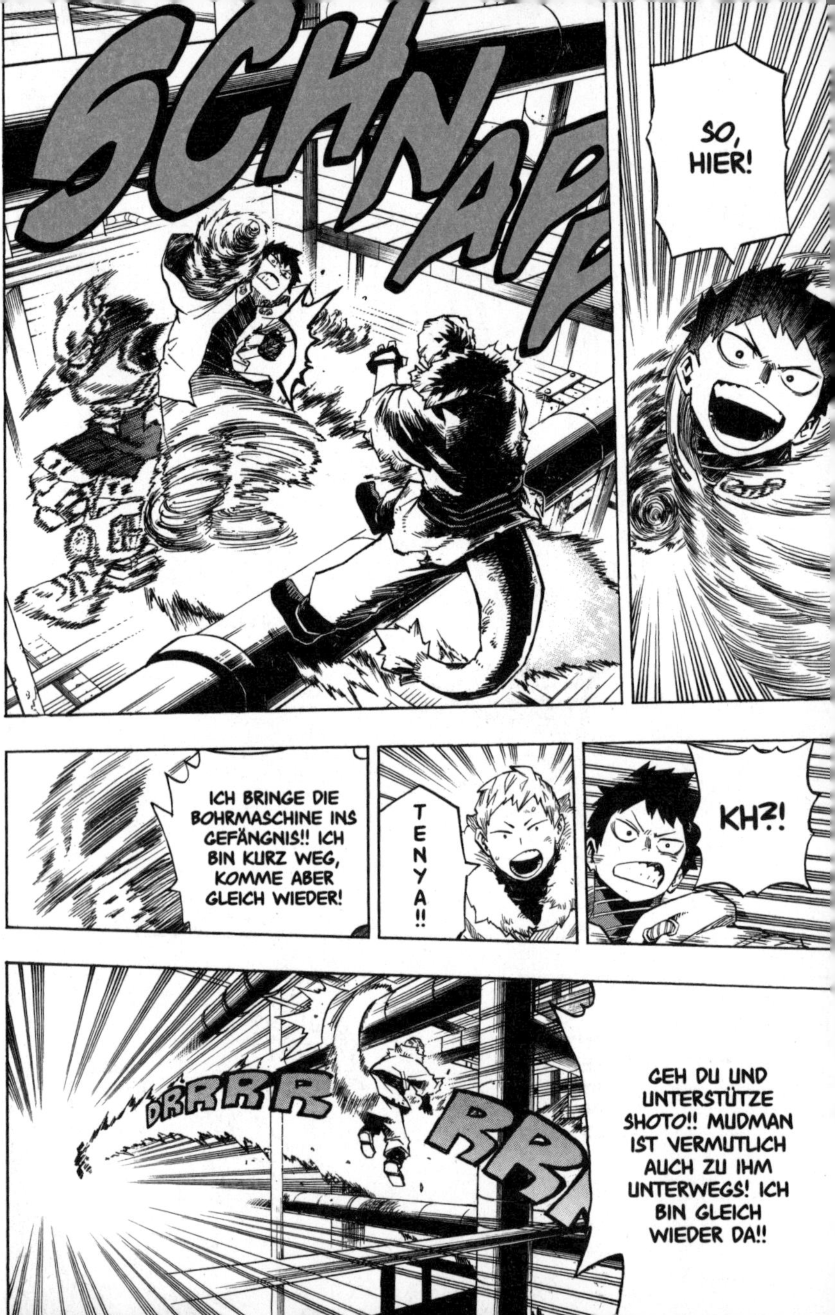
SO, HIER!
SCHNAPP
KH?!
TENYA!!
ICH BRINGE DIE BOHRMASCHINE INS GEFÄNGNIS!! ICH BIN KURZ WEG, KOMME ABER GLEICH WIEDER!
GEH DU UND UNTERSTÜTZE SHOTO!! MUDMAN IST VERMUTLICH AUCH ZU IHM UNTERWEGS! ICH BIN GLEICH WIEDER DA!!
DRRRRRRR

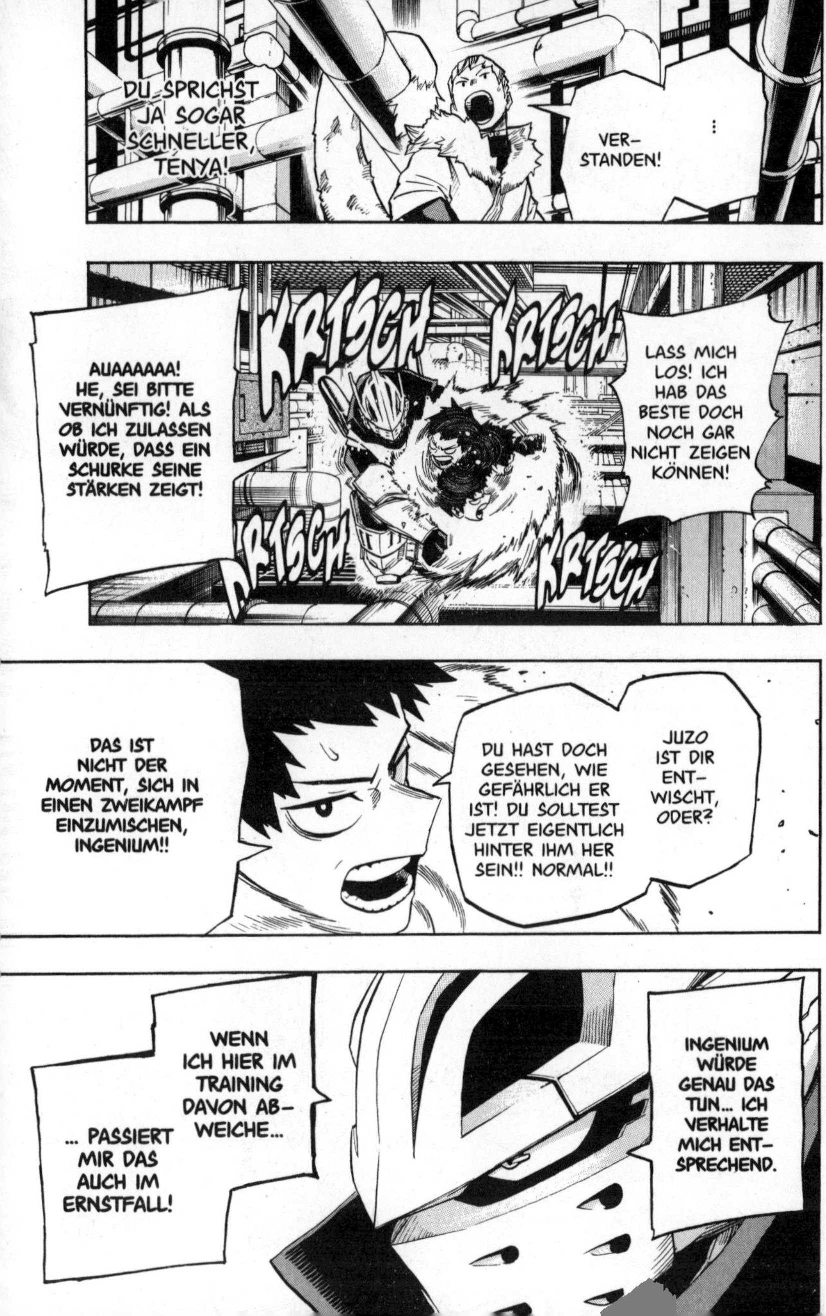
…
VERSTANDEN!
DU SPRICHST JA SOGAR SCHNELLER, TENYA!
KRISCH
KRISCH
LASS MICH LOS! ICH HAB DAS BESTE DOCH NOCH GAR NICHT ZEIGEN KÖNNEN!
AUAAAAAA! HE, SEI BITTE VERNÜNFTIG! ALS OB ICH ZULASSEN WÜRDE, DASS EIN SCHURKE SEINE STÄRKEN ZEIGT!
KRISCH
KRISCH
JUZO IST DIR ENTWISCHT, ODER?
DU HAST DOCH GESEHEN, WIE GEFÄHRLICH ER IST! DU SOLLTEST JETZT EIGENTLICH HINTER IHM HER SEIN!! NORMAL!!
DAS IST NICHT DER MOMENT, SICH IN EINEN ZWEIKAMPF EINZUMISCHEN, INGENIUM!!
INGENIUM WÜRDE GENAU DAS TUN… ICH VERHALTE MICH ENTSPRECHEND.
WENN ICH HIER IM TRAINING DAVON ABWEICHE…
… PASSIERT MIR DAS AUCH IM ERNSTFALL!

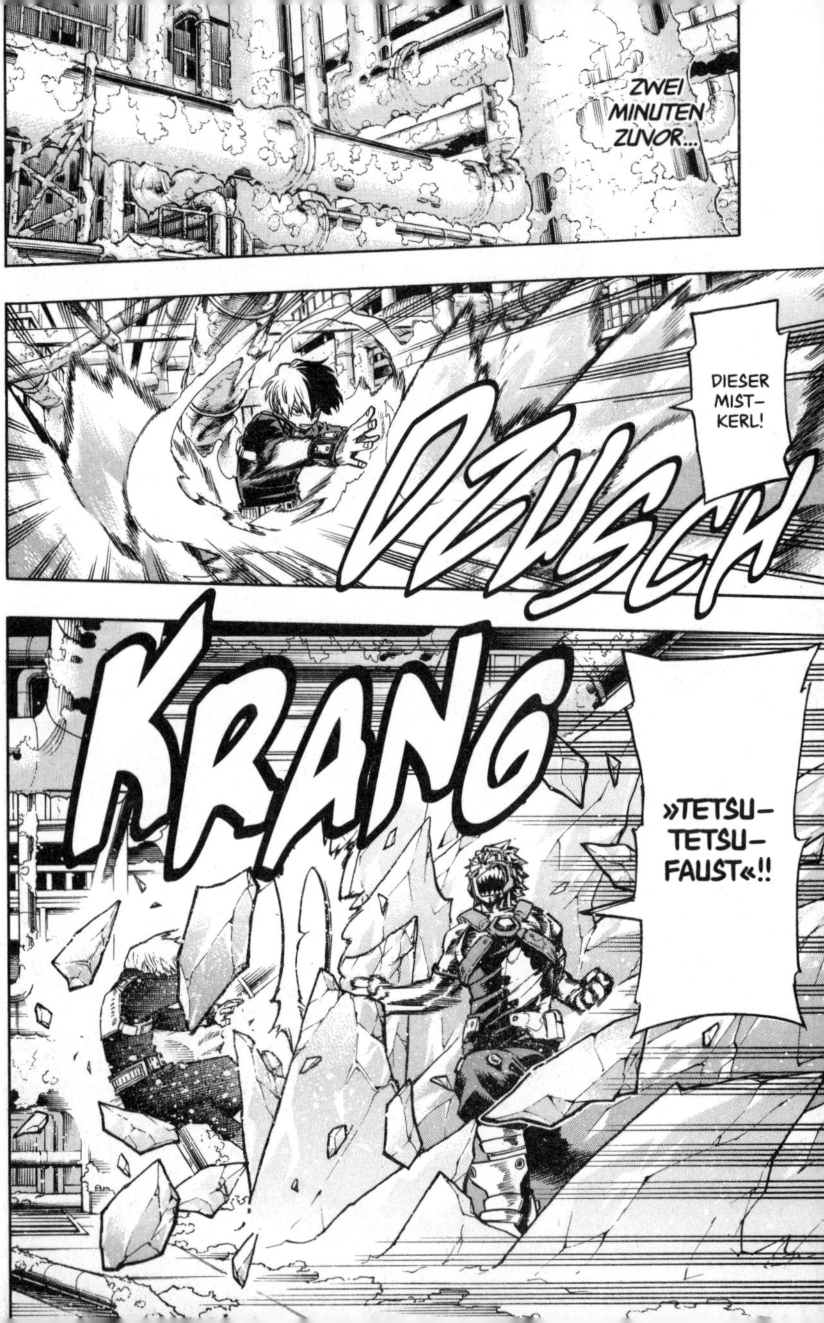
ZWEI MINUTEN ZUVOR...
DIESER MIST-KERL!
DZUSCH
»TETSU-TETSU-FAUST«!!
KRANG

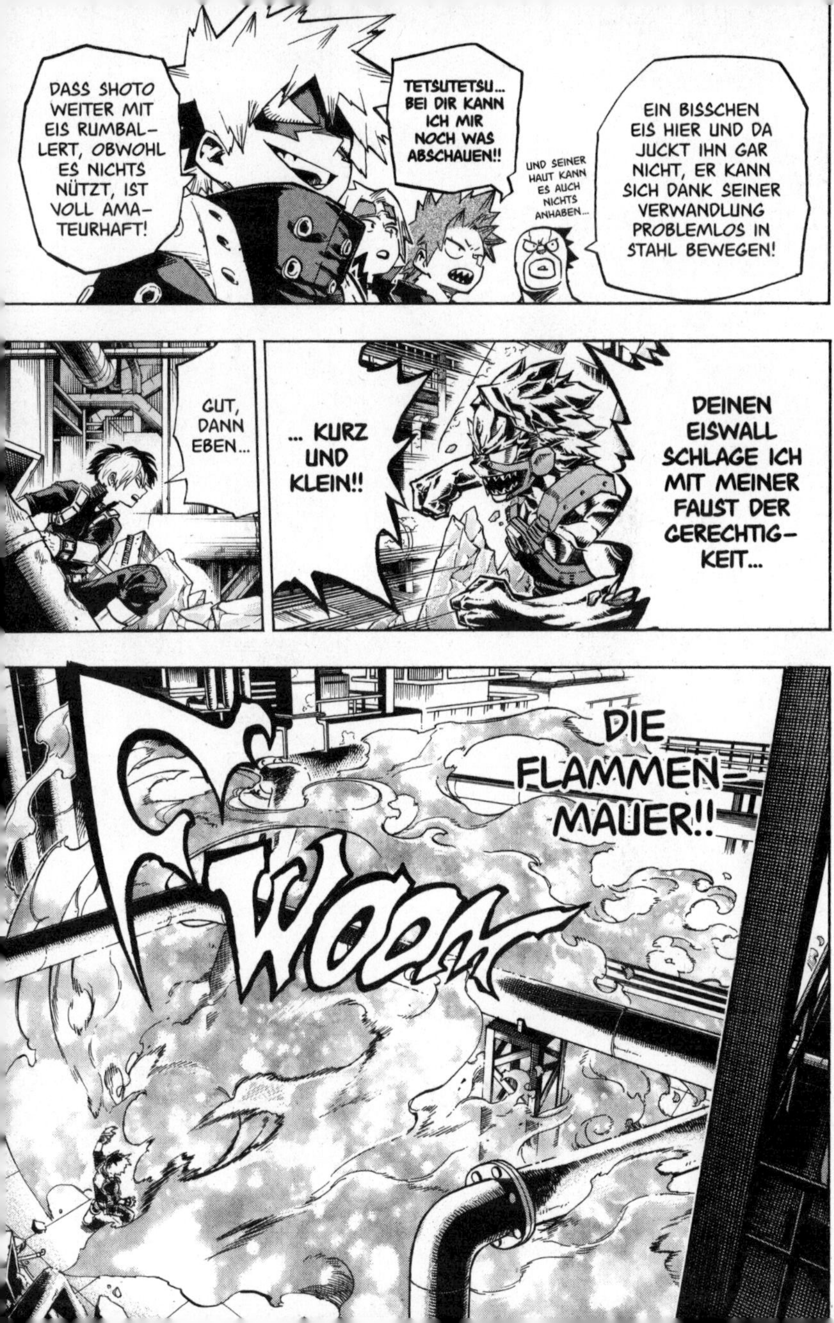
DASS SHOTO WEITER MIT EIS RUMBAL-LERT, OBWOHL ES NICHTS NÜTZT, IST VOLL AMA-TEURHAFT!
TETSUTETSU... BEI DIR KANN ICH MIR NOCH WAS ABSCHAUEN!!
UND SEINER HAUT KANN ES AUCH NICHTS ANHABEN...
EIN BISSCHEN EIS HIER UND DA JUCKT IHN GAR NICHT, ER KANN SICH DANK SEINER VERWANDLUNG PROBLEMLOS IN STAHL BEWEGEN!
GUT, DANN EBEN...
... KURZ UND KLEIN!!
DEINEN EISWALL SCHLAGE ICH MIT MEINER FAUST DER GERECHTIG-KEIT...
DIE FLAMMEN-MAUER!!
WOON

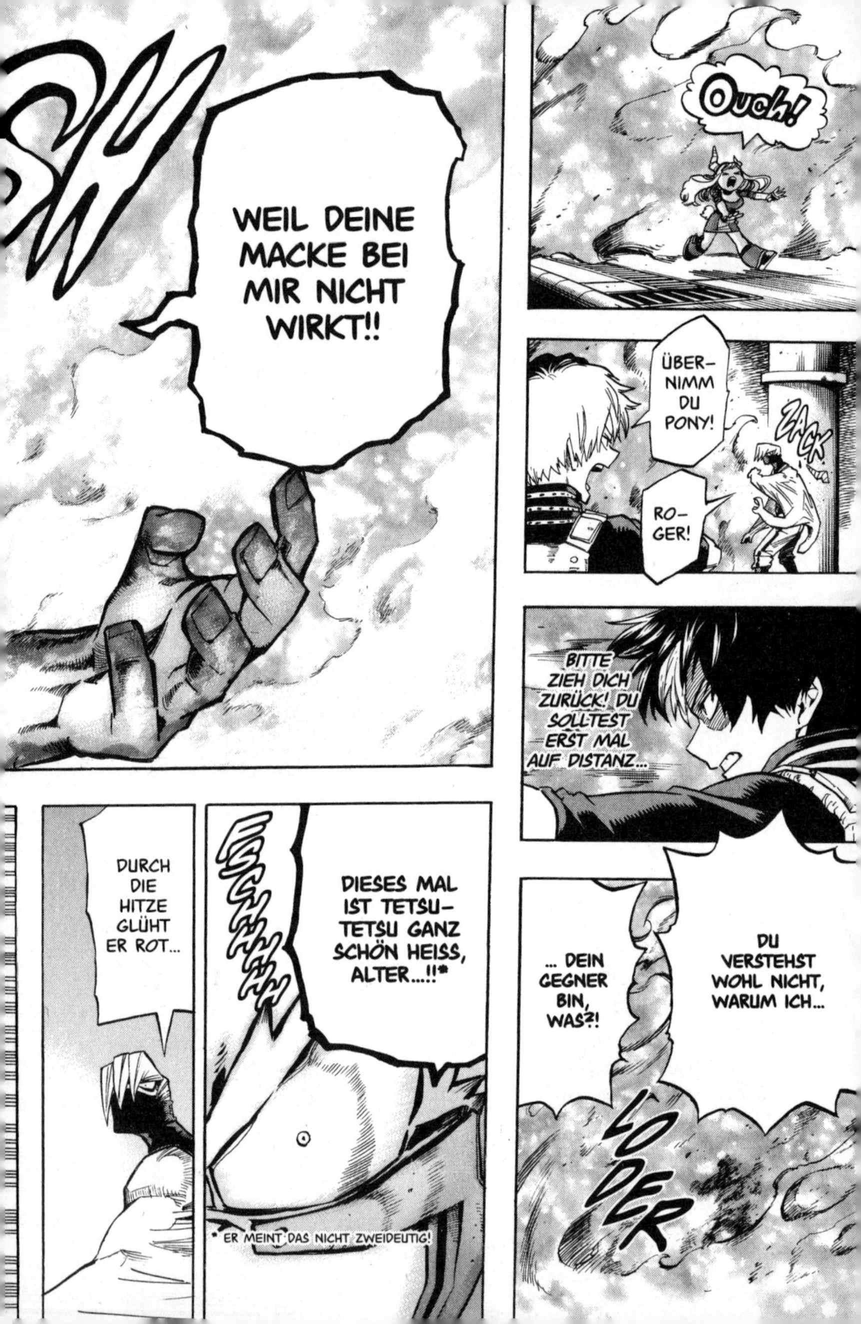
Ouch!
ÜBERNIMM DU PONY!
ZACK
ROGER!
BITTE ZIEH DICH ZURÜCK! DU SOLLTEST ERST MAL AUF DISTANZ...
DU VERSTEHST WOHL NICHT, WARUM ICH...
... DEIN GEGNER BIN, WAS?!
LODER
WEIL DEINE MACKE BEI MIR NICHT WIRKT!!
DIESES MAL IST TETSUTETSU GANZ SCHÖN HEISS, ALTER...!!*
DURCH DIE HITZE GLÜHT ER ROT...
* ER MEINT DAS NICHT ZWEIDEUTIG!

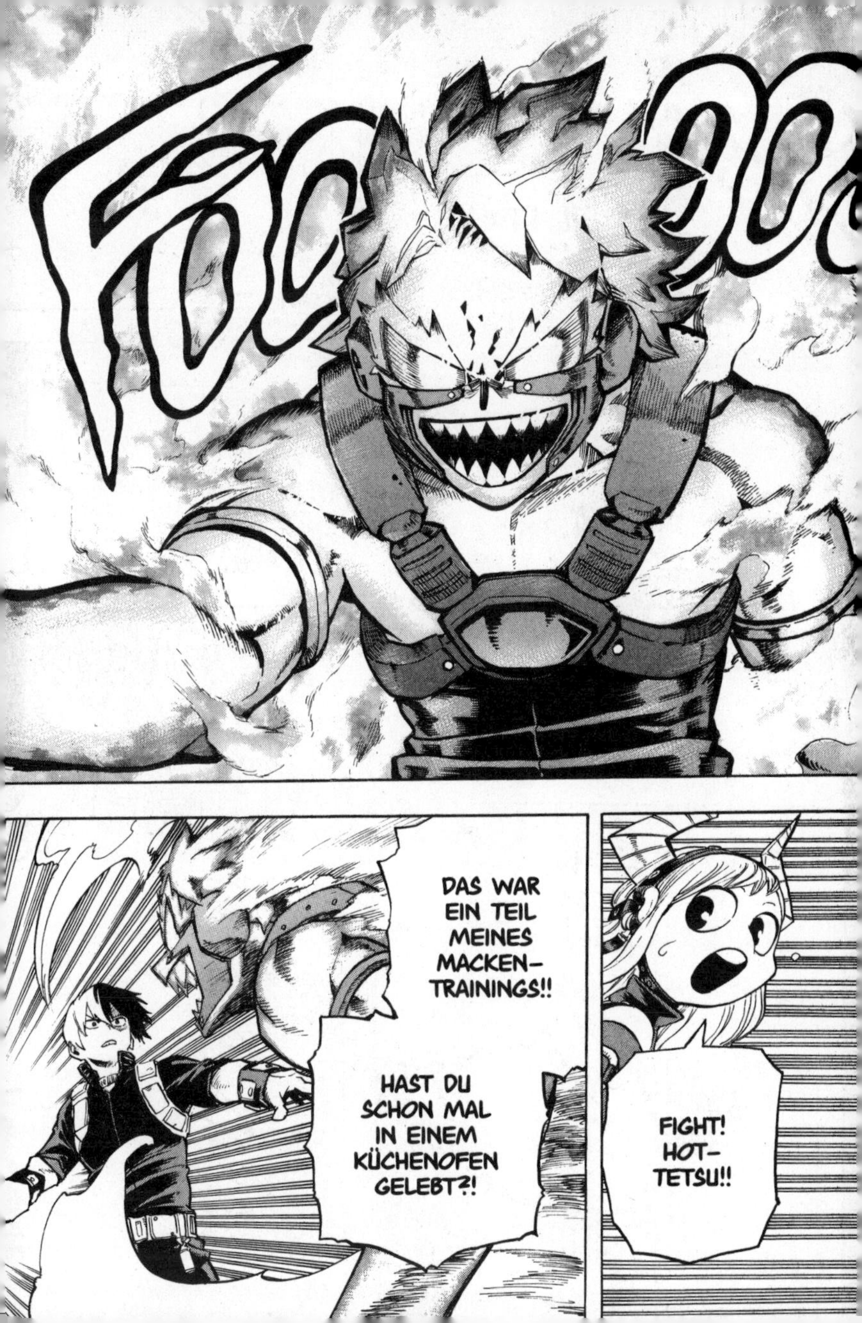
FIGHT! HOT-TETSU!!
DAS WAR EIN TEIL MEINES MACKEN-TRAININGS!!
HAST DU SCHON MAL IN EINEM KÜCHENOFEN GELEBT?!

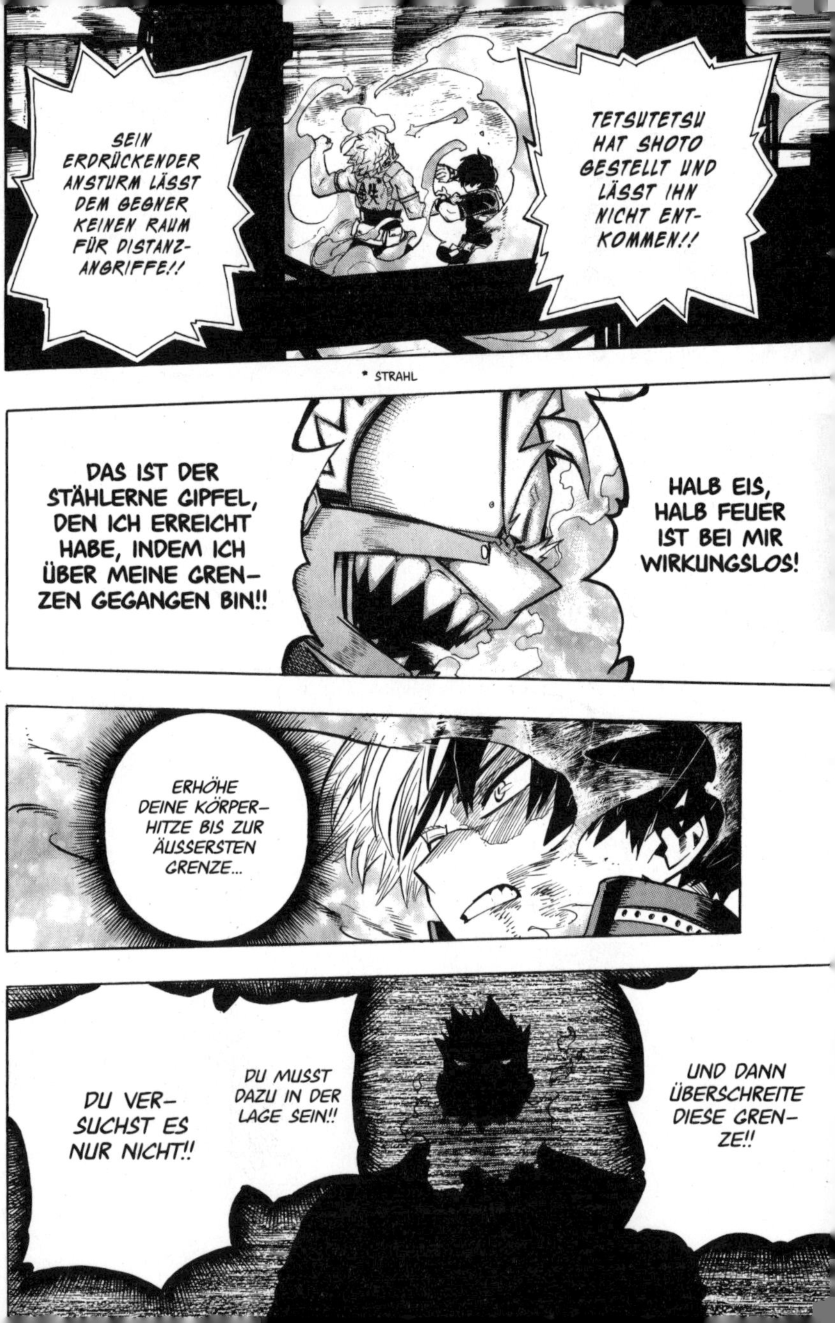
TETSUTETSU HAT SHOTO GESTELLT UND LÄSST IHN NICHT ENT-KOMMEN!!
SEIN ERDRÜCKENDER ANSTURM LÄSST DEM GEGNER KEINEN RAUM FÜR DISTANZ-ANGRIFFE!!
* STRAHL
HALB EIS, HALB FEUER IST BEI MIR WIRKUNGSLOS!
DAS IST DER STÄHLERNE GIPFEL, DEN ICH ERREICHT HABE, INDEM ICH ÜBER MEINE GREN-ZEN GEGANGEN BIN!!
ERHÖHE DEINE KÖRPER-HITZE BIS ZUR ÄUSSERSTEN GRENZE...
UND DANN ÜBERSCHREITE DIESE GREN-ZE!!
DU MUSST DAZU IN DER LAGE SEIN!!
DU VER-SUCHST ES NUR NICHT!!

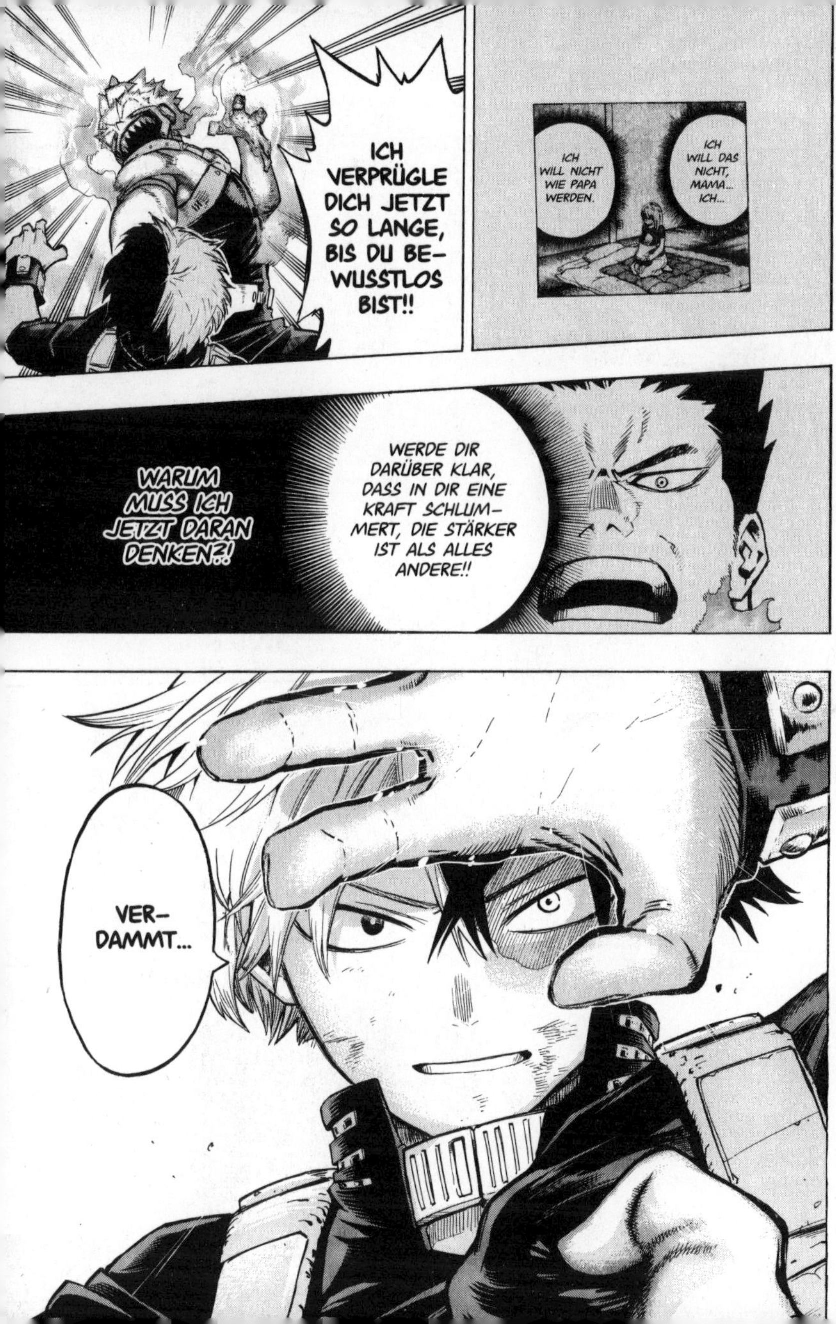
ICH WILL DAS NICHT, MAMA... ICH...
ICH WILL NICHT WIE PAPA WERDEN.
ICH VERPRÜGLE DICH JETZT SO LANGE, BIS DU BE-WUSSTLOS BIST!!
WERDE DIR DARÜBER KLAR, DASS IN DIR EINE KRAFT SCHLUM-MERT, DIE STÄRKER IST ALS ALLES ANDERE!!
WARUM MUSS ICH JETZT DARAN DENKEN?!
VER-DAMMT...

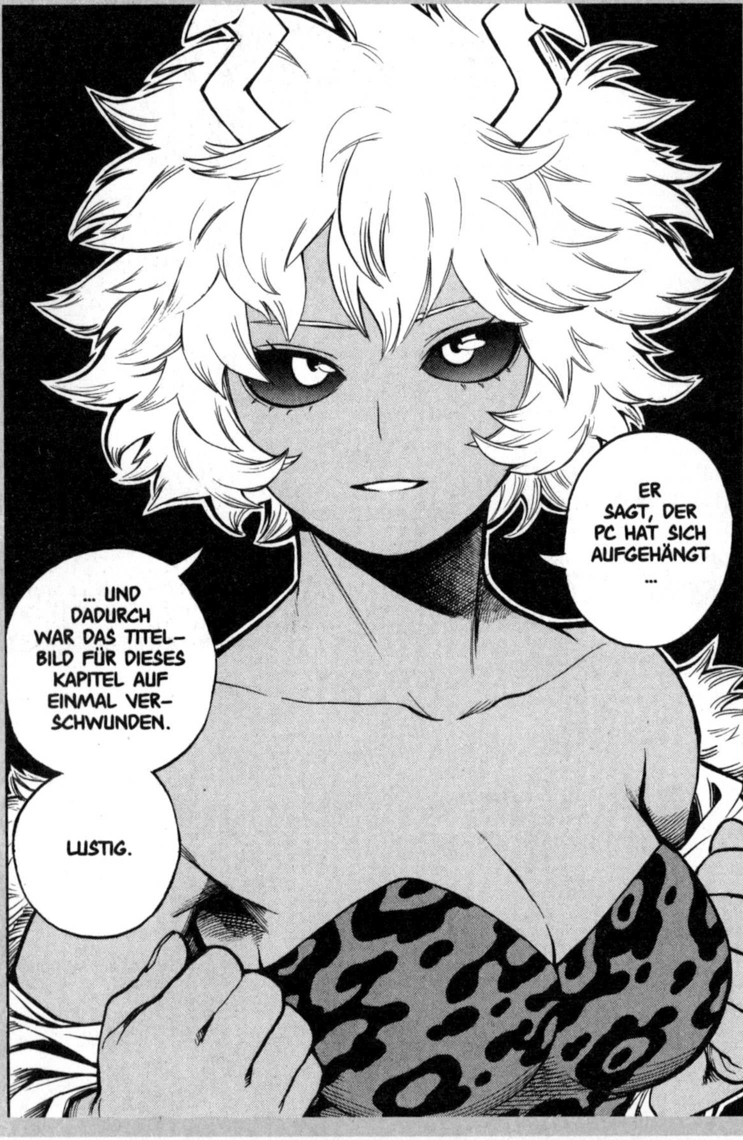
ER SAGT, DER PC HAT SICH AUFGEHÄNGT ...
... UND DADURCH WAR DAS TITEL-BILD FÜR DIESES KAPITEL AUF EINMAL VER-SCHWUNDEN.
LUSTIG.

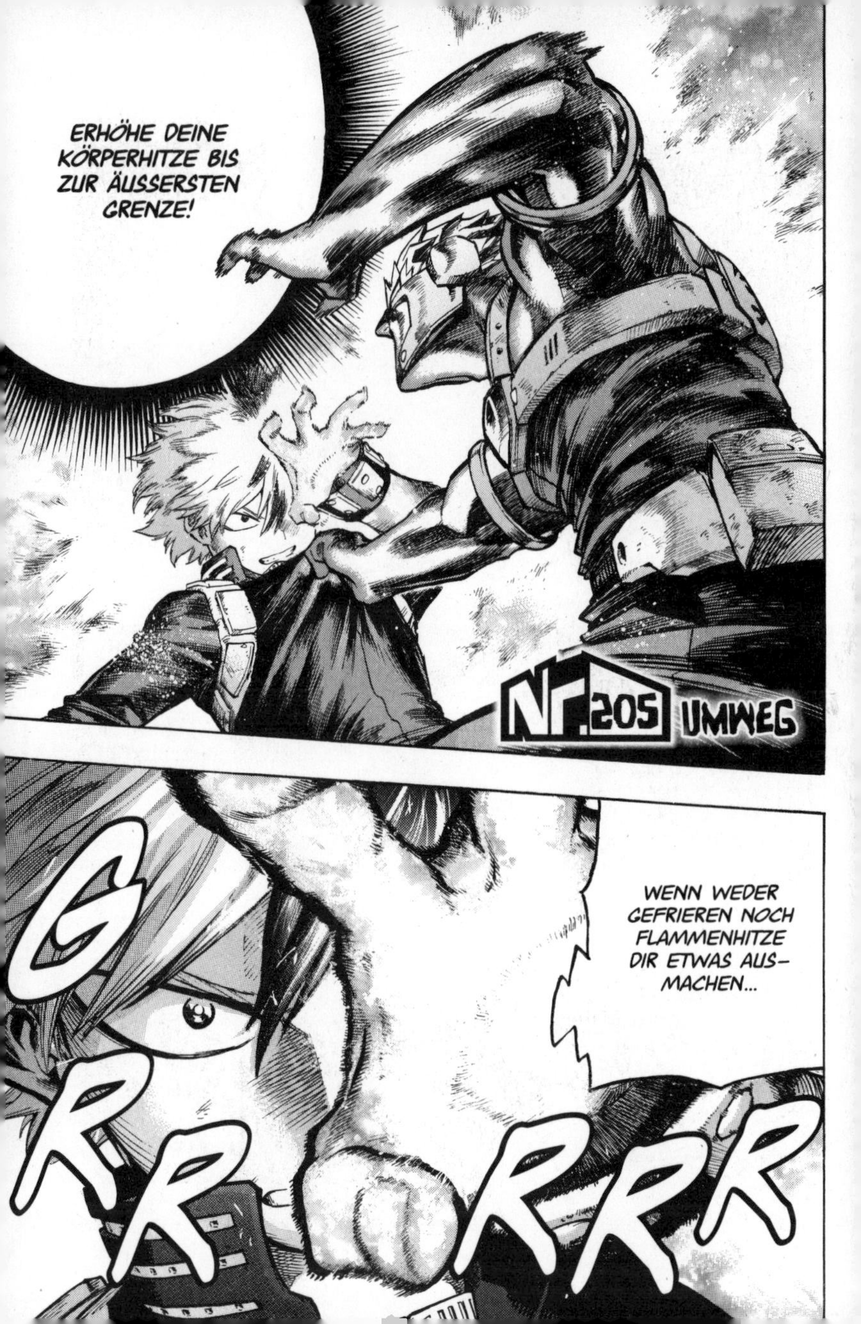
ERHÖHE DEINE KÖRPERHITZE BIS ZUR ÄUSSERSTEN GRENZE!
NR. 205 UMWEG
WENN WEDER GEFRIEREN NOCH FLAMMENHITZE DIR ETWAS AUS-MACHEN...
GRRRRR

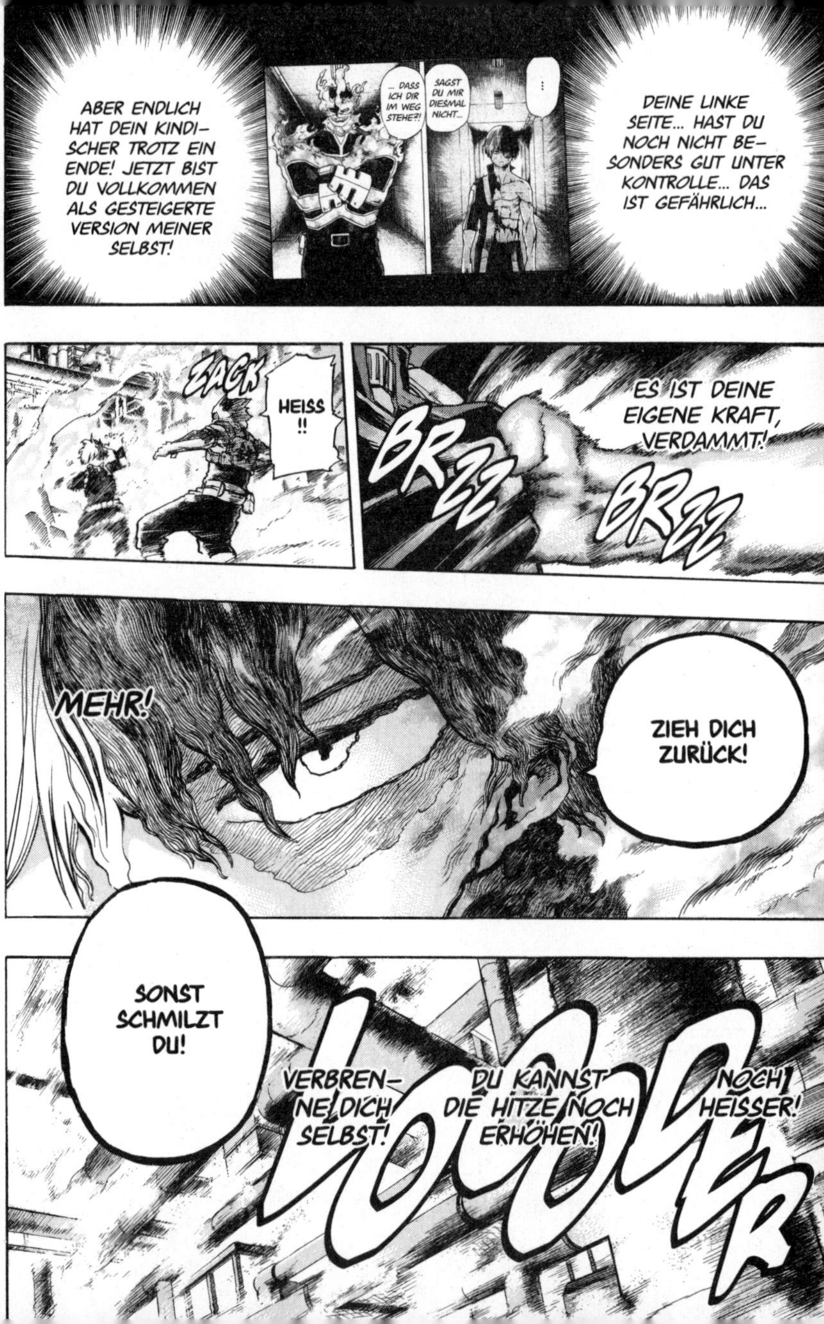

DEINE LINKE SEITE... HAST DU NOCH NICHT BESONDERS GUT UNTER KONTROLLE... DAS IST GEFÄHRLICH...
...
SAGST DU MIR DIESMAL NICHT...
... DASS ICH DIR IM WEG STEHE?!
ABER ENDLICH HAT DEIN KINDISCHER TROTZ EIN ENDE! JETZT BIST DU VOLLKOMMEN ALS GESTEIGERTE VERSION MEINER SELBST!
ES IST DEINE EIGENE KRAFT, VERDAMMT!
BRZZ
BRZZ
HEISS!!
ZACK
ZIEH DICH ZURÜCK!
MEHR!
SONST SCHMILZT DU!
NOCH HEISSER!
DU KANNST DIE HITZE NOCH ERHÖHEN!
VERBRENNE DICH SELBST!

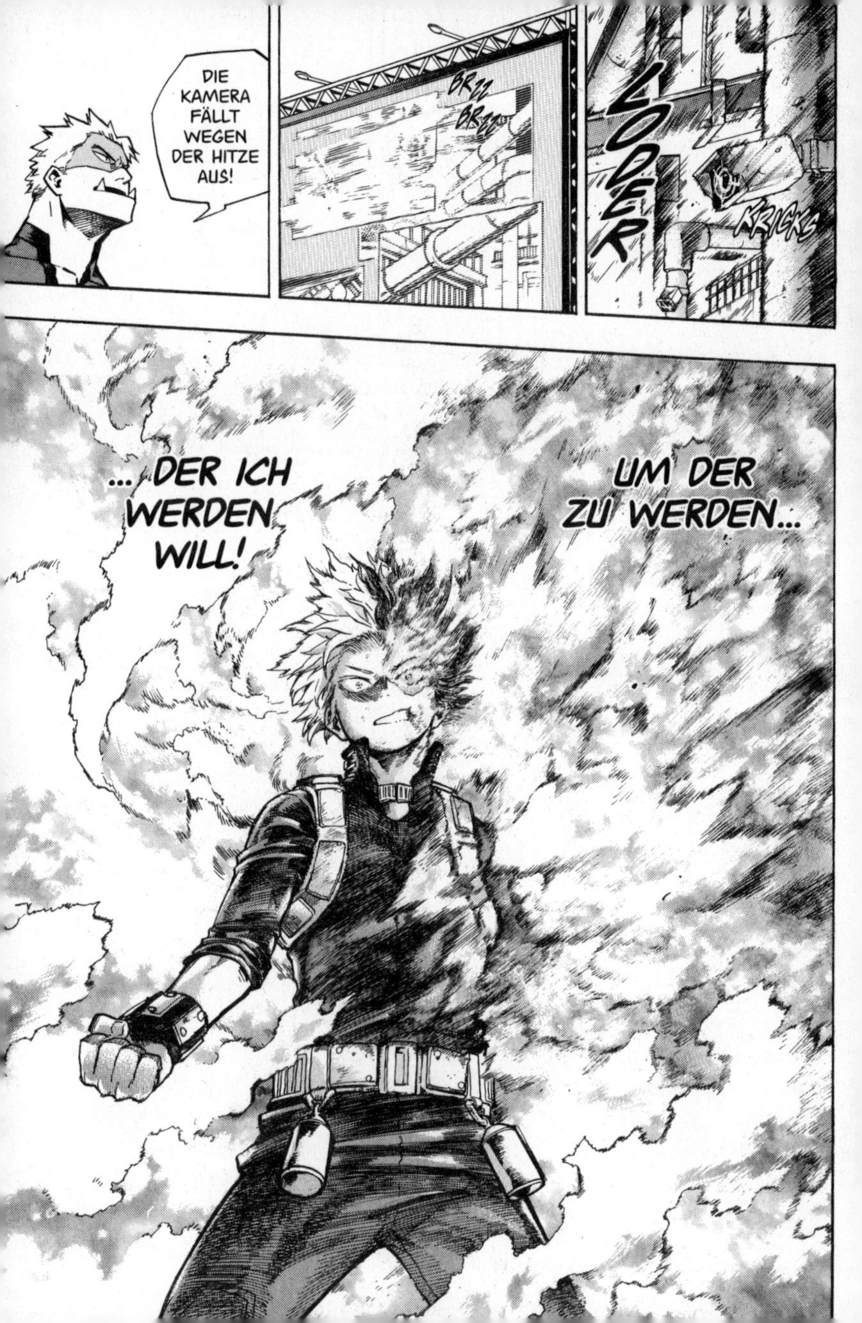
LODER
KRICKS
BRZZ BRZZ
DIE KAMERA FÄLLT WEGEN DER HITZE AUS!
UM DER ZU WERDEN...
... DER ICH WERDEN WILL!

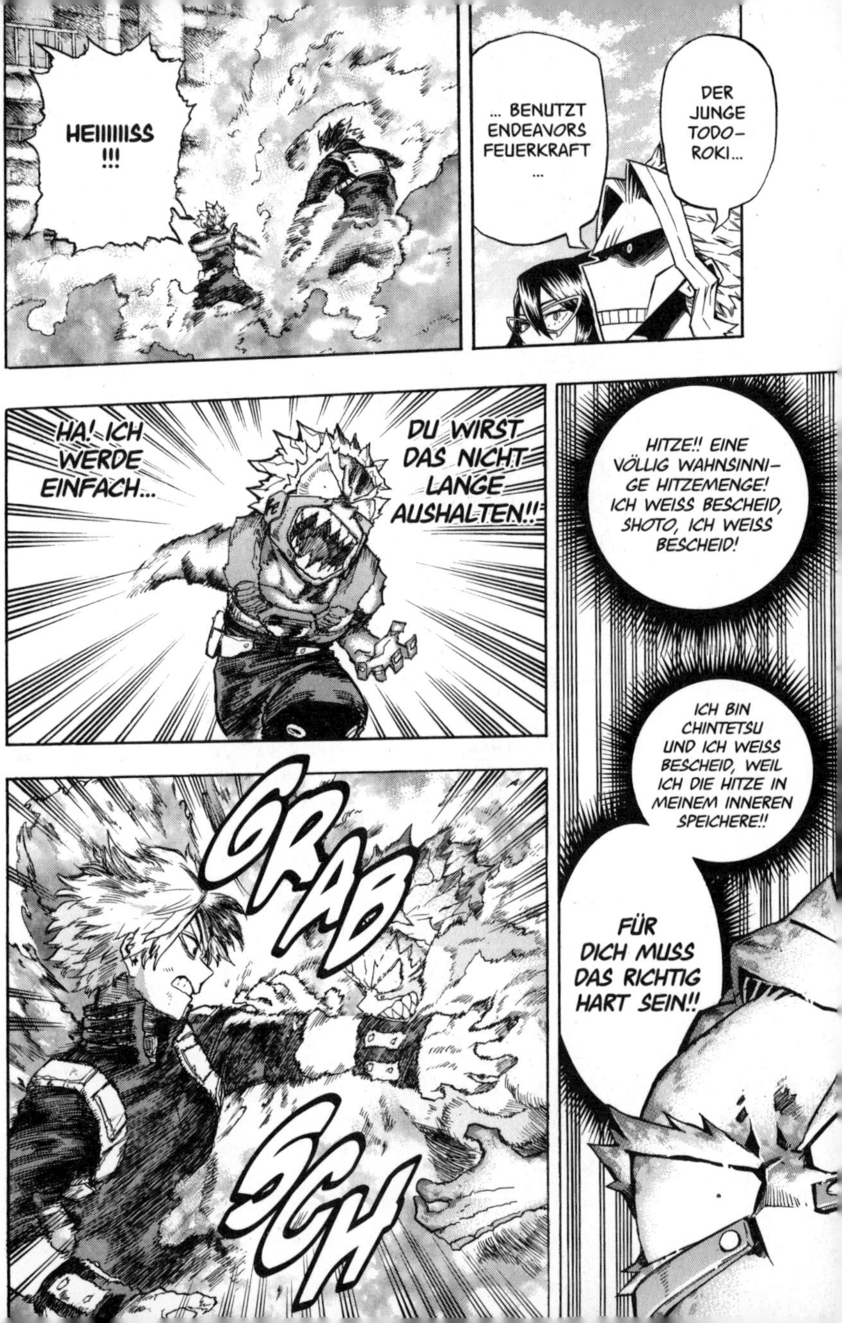

DER JUNGE TODO-ROKI…
… BENUTZT ENDEAVORS FEUERKRAFT …
HEIIIIISS !!!
DU WIRST DAS NICHT LANGE AUSHALTEN!!
HA! ICH WERDE EINFACH…
HITZE!! EINE VÖLLIG WAHNSINNI-GE HITZEMENGE! ICH WEISS BESCHEID, SHOTO, ICH WEISS BESCHEID!
ICH BIN CHINTETSU UND ICH WEISS BESCHEID, WEIL ICH DIE HITZE IN MEINEM INNEREN SPEICHERE!!
GRAB
FÜR DICH MUSS DAS RICHTIG HART SEIN!!
GGH

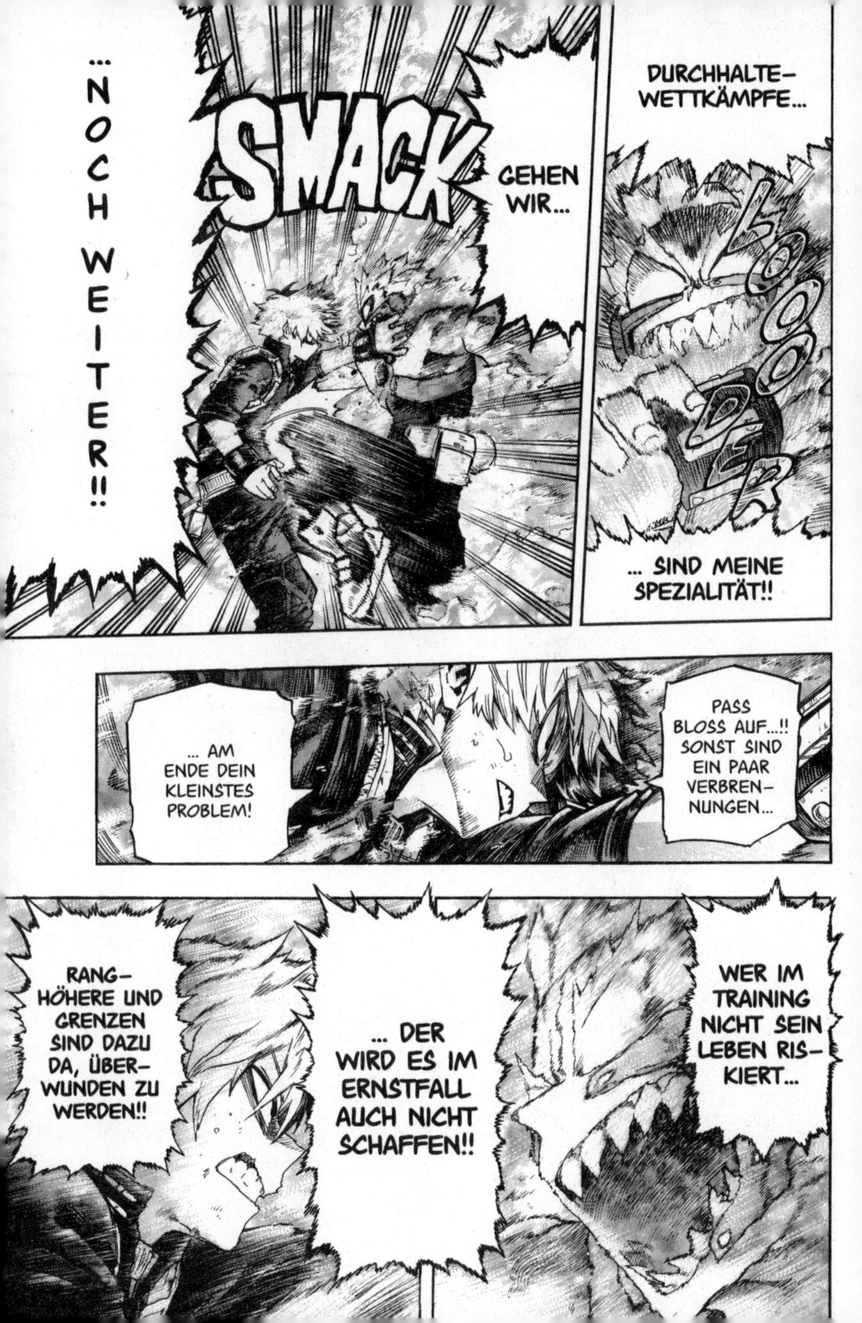
DURCHHALTE-WETTKÄMPFE...
... SIND MEINE SPEZIALITÄT!!
GEHEN WIR...
SMACK
...NOCH WEITER!!
PASS BLOSS AUF...!! SONST SIND EIN PAAR VERBRENNUNGEN...
... AM ENDE DEIN KLEINSTES PROBLEM!
WER IM TRAINING NICHT SEIN LEBEN RISKIERT...
... DER WIRD ES IM ERNSTFALL AUCH NICHT SCHAFFEN!!
RANGHÖHERE UND GRENZEN SIND DAZU DA, ÜBERWUNDEN ZU WERDEN!!

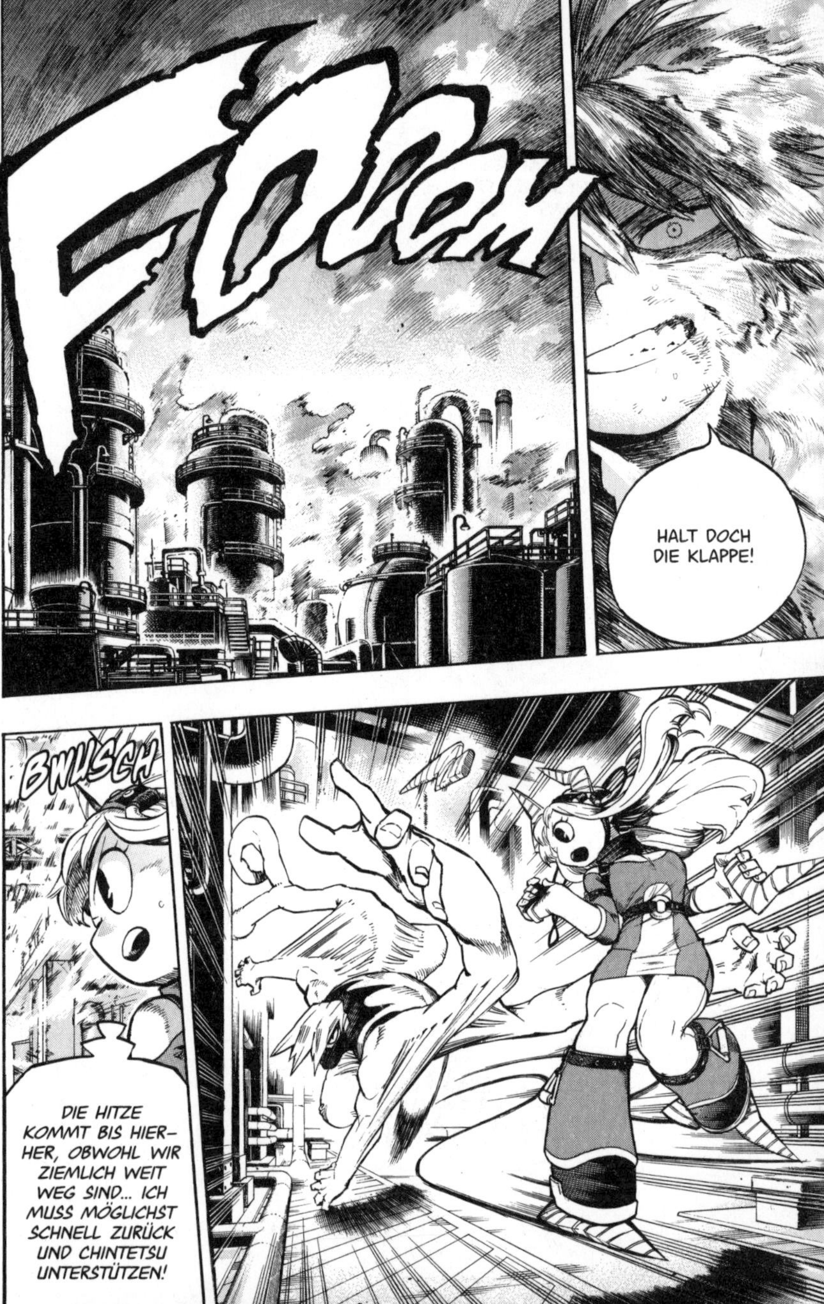
HALT DOCH DIE KLAPPE!
BWUSCH
DIE HITZE KOMMT BIS HIER-HER, OBWOHL WIR ZIEMLICH WEIT WEG SIND… ICH MUSS MÖGLICHST SCHNELL ZURÜCK UND CHINTETSU UNTERSTÜTZEN!

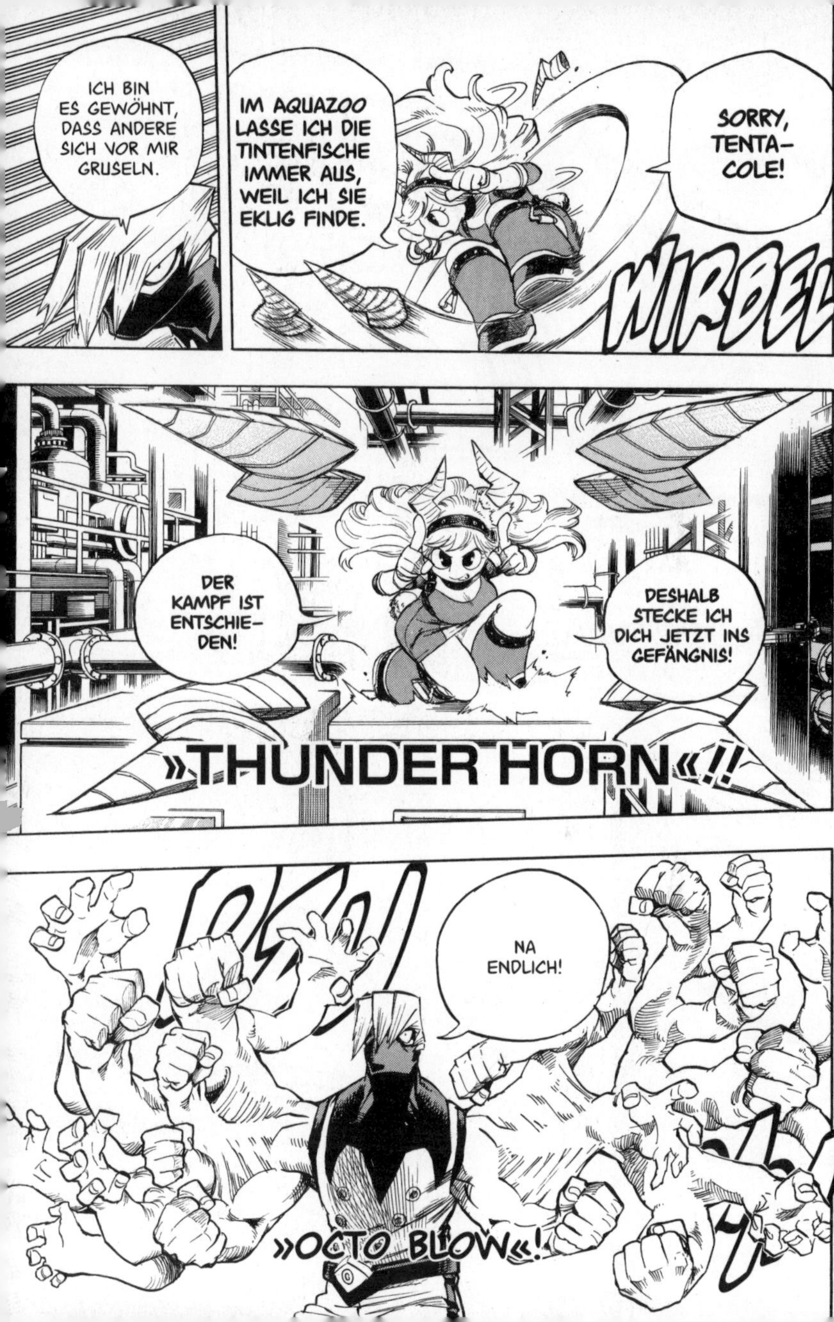
ICH BIN ES GEWÖHNT, DASS ANDERE SICH VOR MIR GRUSELN.
IM AQUAZOO LASSE ICH DIE TINTENFISCHE IMMER AUS, WEIL ICH SIE EKLIG FINDE.
SORRY, TENTA-COLE!
WIRBEL
DER KAMPF IST ENTSCHIE-DEN!
DESHALB STECKE ICH DICH JETZT INS GEFÄNGNIS!
»THUNDER HORN«!!
NA ENDLICH!
»OCTO BLOW«!

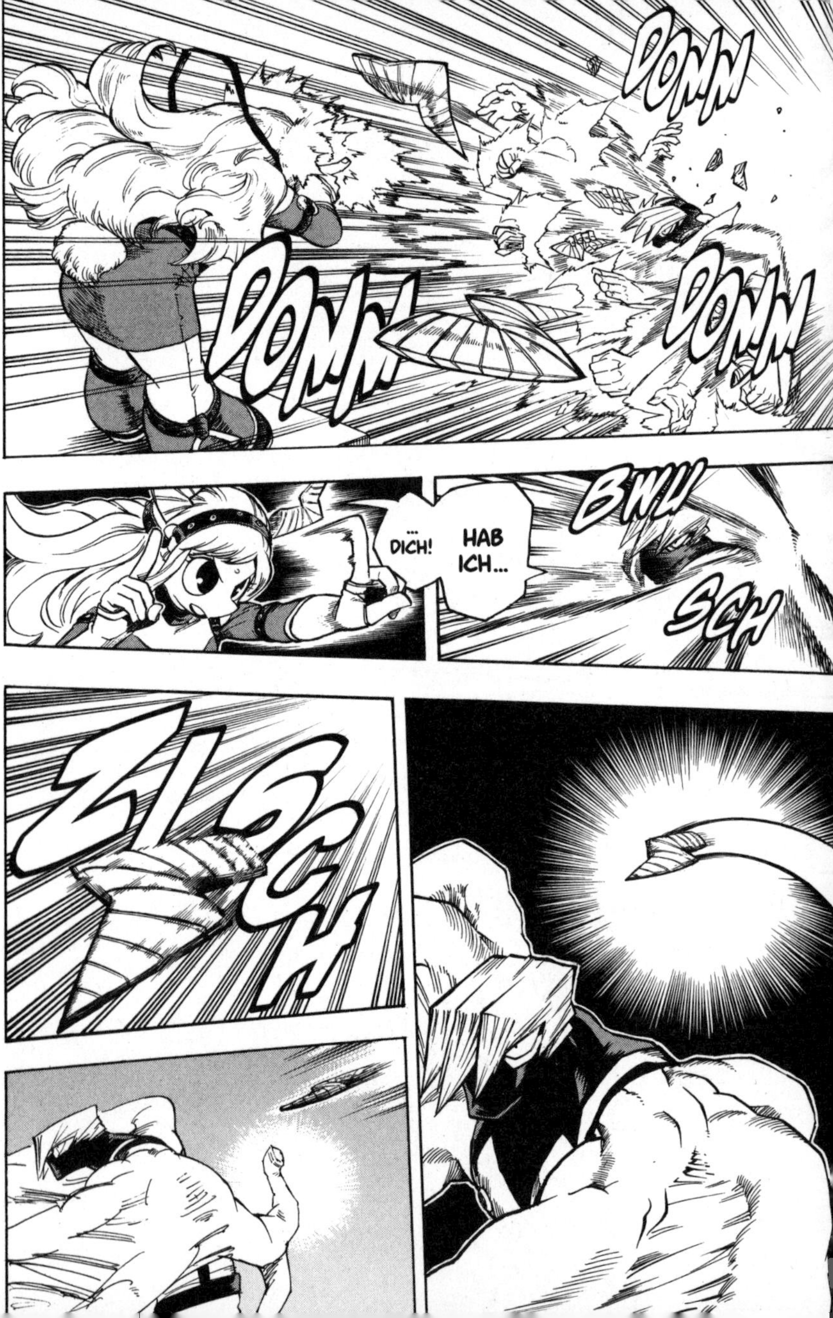
DOMM
DOMM
DOMM
BWU
SCH
HAB ICH...
...DICH!
ZLOCH

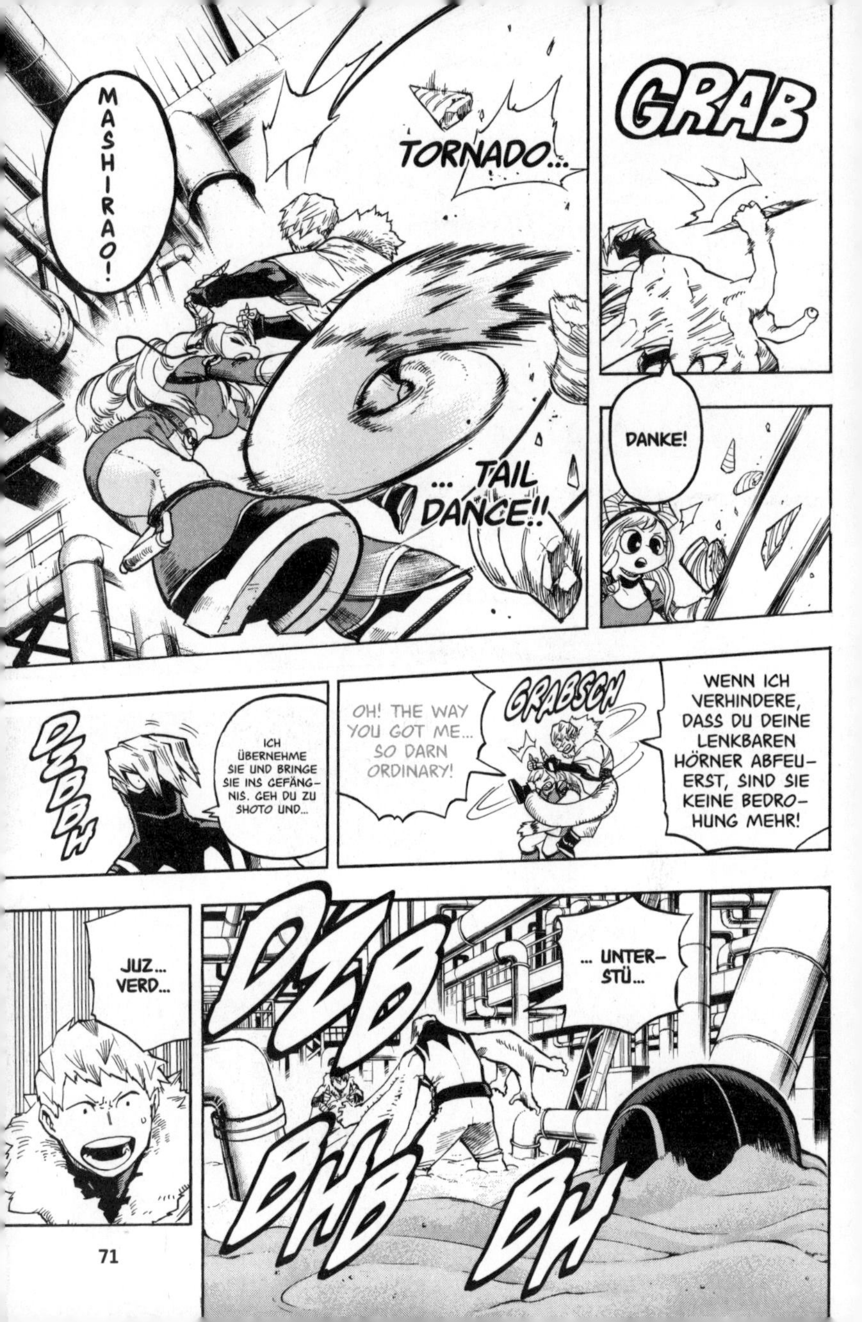
MASHIRAO!
TORNADO...
... TAIL DANCE!!
GRAB
DANKE!
WENN ICH VERHINDERE, DASS DU DEINE LENKBAREN HÖRNER ABFEUERST, SIND SIE KEINE BEDROHUNG MEHR!
GRABSCH
OH! THE WAY YOU GOT ME... SO DARN ORDINARY!
ICH ÜBERNEHME SIE UND BRINGE SIE INS GEFÄNGNIS. GEH DU ZU SHOTO UND...
DZDDDH
... UNTERSTÜ...
JUZ... VERD...
DZB
DHB
BH

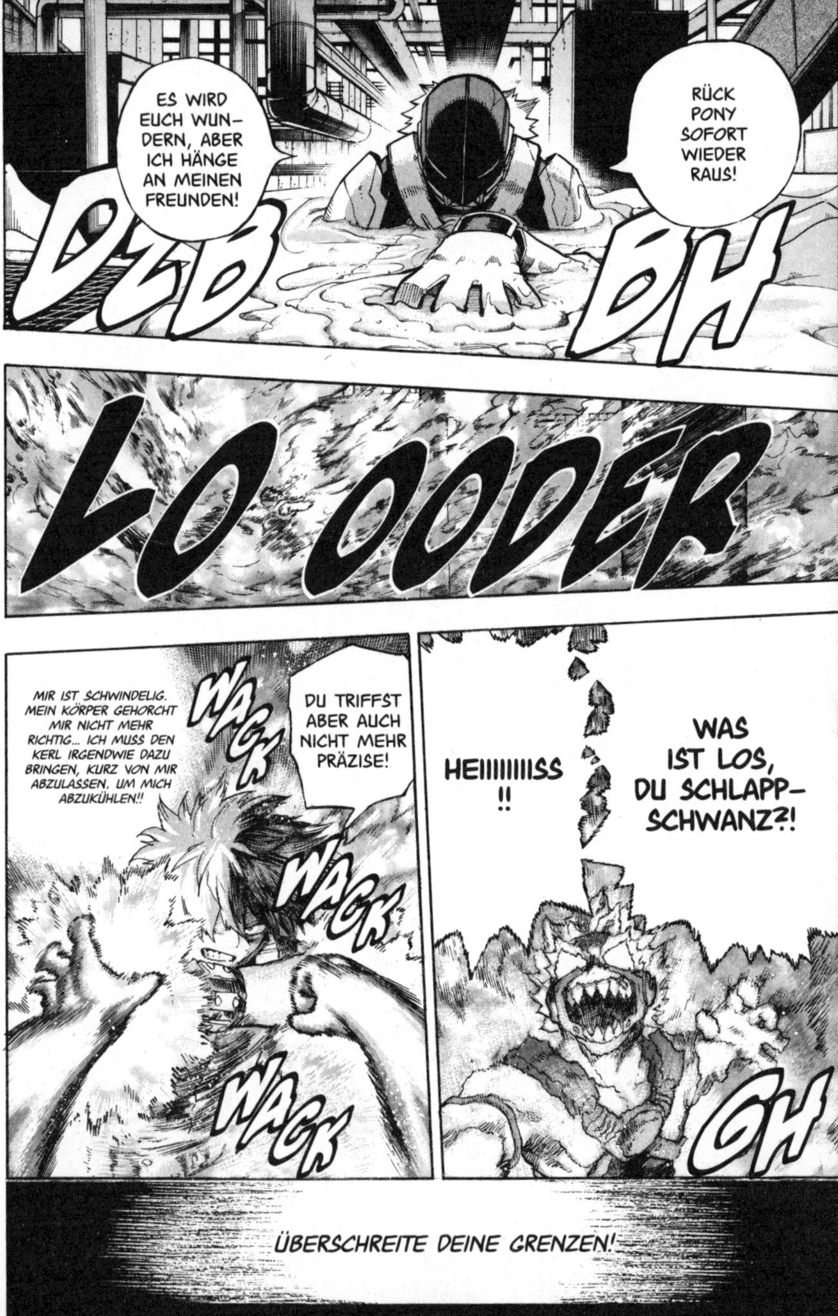
RÜCK PONY SOFORT WIEDER RAUS!
ES WIRD EUCH WUNDERN, ABER ICH HÄNGE AN MEINEN FREUNDEN!
WAS IST LOS, DU SCHLAPP-SCHWANZ?!
HEIIIIIIIISS!!
DU TRIFFST ABER AUCH NICHT MEHR PRÄZISE!
MIR IST SCHWINDELIG. MEIN KÖRPER GEHORCHT MIR NICHT MEHR RICHTIG... ICH MUSS DEN KERL IRGENDWIE DAZU BRINGEN, KURZ VON MIR ABZULASSEN, UM MICH ABZUKÜHLEN!!
WACK
WACK
WACK
ÜBERSCHREITE DEINE GRENZEN!

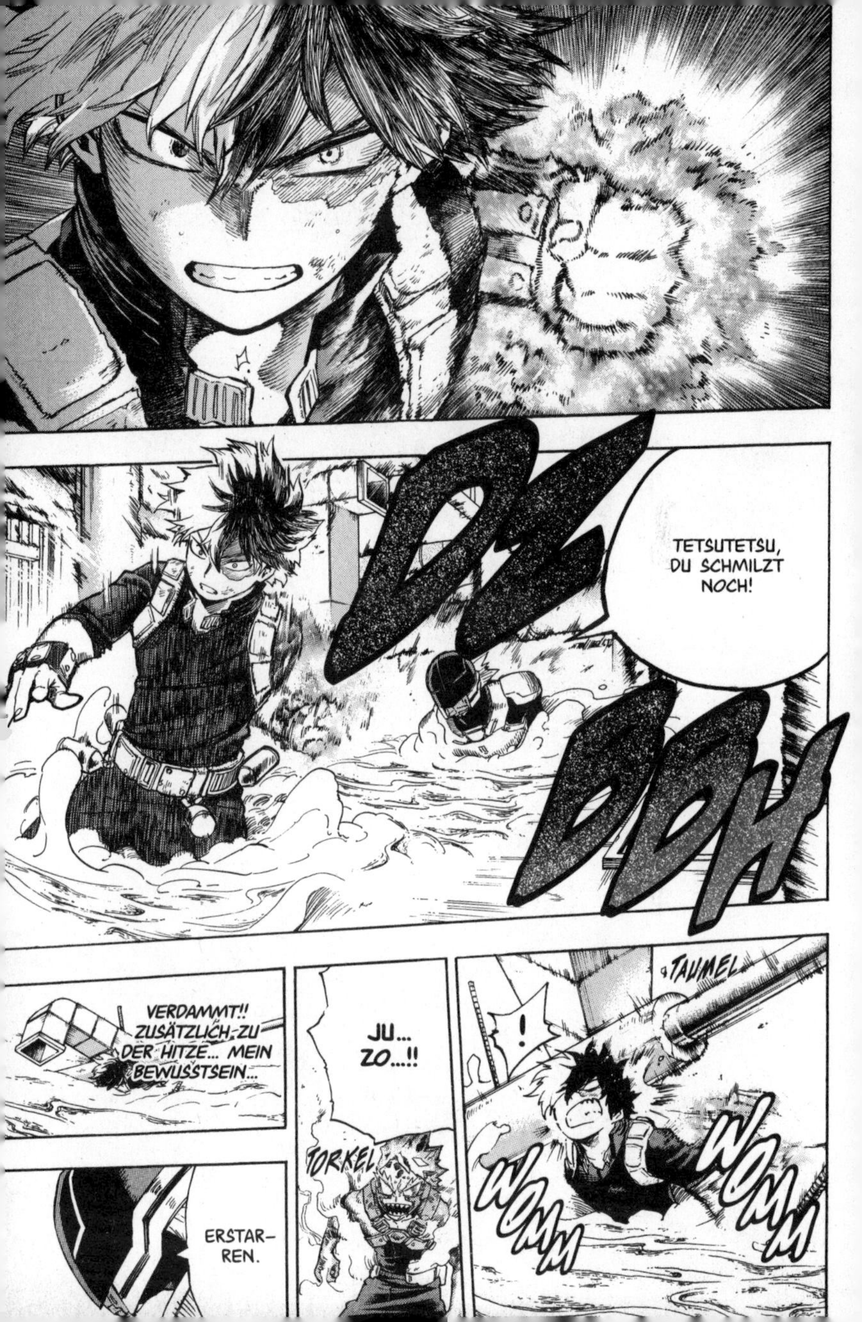

TETSUTETSU, DU SCHMILZT NOCH!
DOOOH
VERDAMMT!! ZUSÄTZLICH ZU DER HITZE... MEIN BEWUSSTSEIN...
ERSTARREN.
JU... ZO...!!
TORKEL
TAUMEL
!
WOMM
WOMM

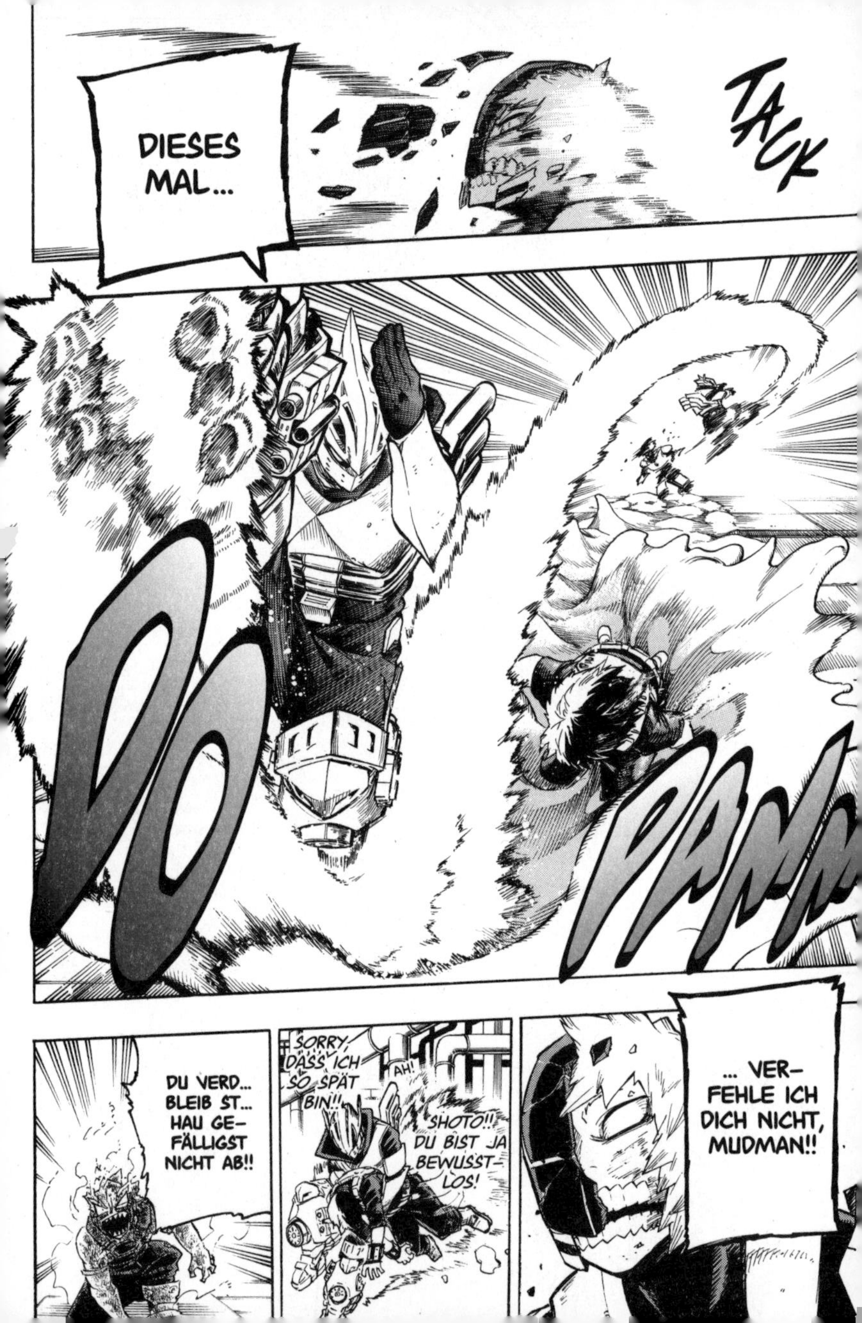
TACK
DIESES MAL...
... VERFEHLE ICH DICH NICHT, MUDMAN!!
SORRY, DASS ICH SO SPÄT BIN!!
AH!
SHOTO!! DU BIST JA BEWUSSTLOS!
DU VERD... BLEIB ST... HAU GEFÄLLIGST NICHT AB!!

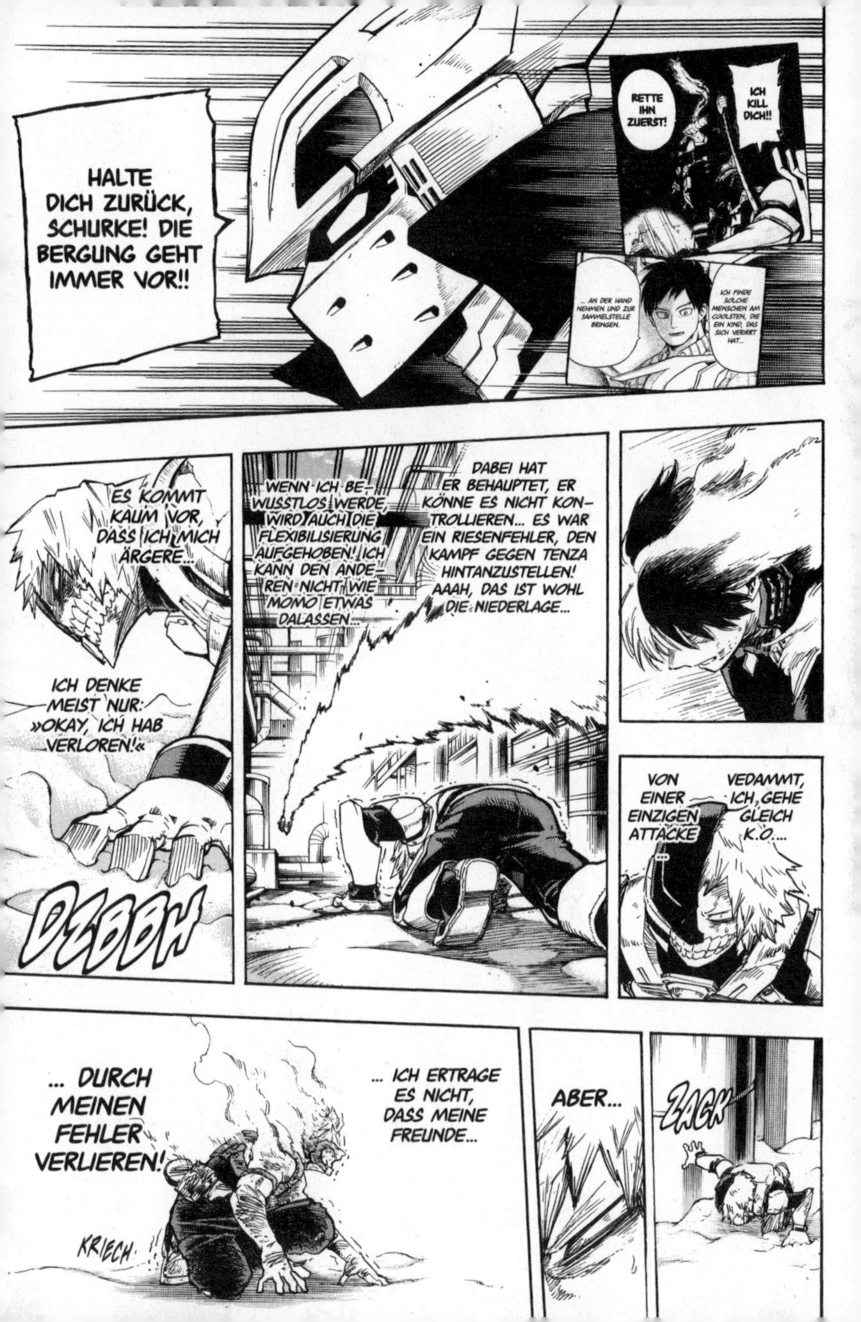
ICH KILL DICH!!
RETTE IHN ZUERST!
ICH FINDE SOLCHE MENSCHEN AM COOLSTEN, DIE EIN KIND, DAS SICH VERIRRT HAT...
... AN DER HAND NEHMEN UND ZUR SAMMELSTELLE BRINGEN.
HALTE DICH ZURÜCK, SCHURKE! DIE BERGUNG GEHT IMMER VOR!!
DABEI HAT ER BEHAUPTET, ER KÖNNE ES NICHT KON-TROLLIEREN... ES WAR EIN RIESENFEHLER, DEN KAMPF GEGEN TENZA HINTANZUSTELLEN! AAAH, DAS IST WOHL DIE NIEDERLAGE...
WENN ICH BE-WUSSTLOS WERDE, WIRD AUCH DIE FLEXIBILISIERUNG AUFGEHOBEN! ICH KANN DEN ANDE-REN NICHT WIE MOMO ETWAS DALASSEN...
ES KOMMT KAUM VOR, DASS ICH MICH ÄRGERE...
ICH DENKE MEIST NUR: »OKAY, ICH HAB VERLOREN!«
DZBBH
VEDAMMT, ICH GEHE GLEICH K.O....
VON EINER EINZIGEN ATTACKE
...
ZACK
ABER...
... ICH ERTRAGE ES NICHT, DASS MEINE FREUNDE...
... DURCH MEINEN FEHLER VERLIEREN!
KRIECH

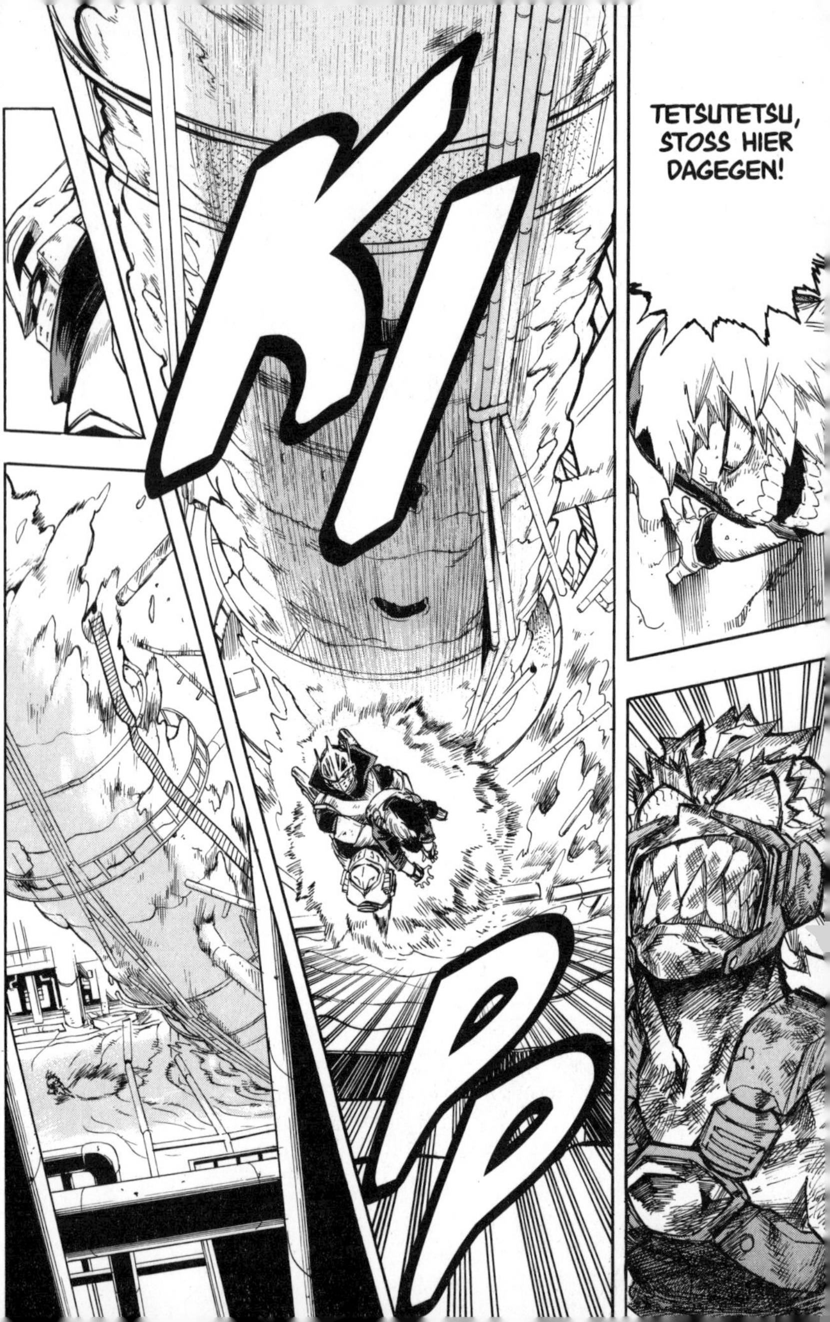
TETSUTETSU, STOSS HIER DAGEGEN!

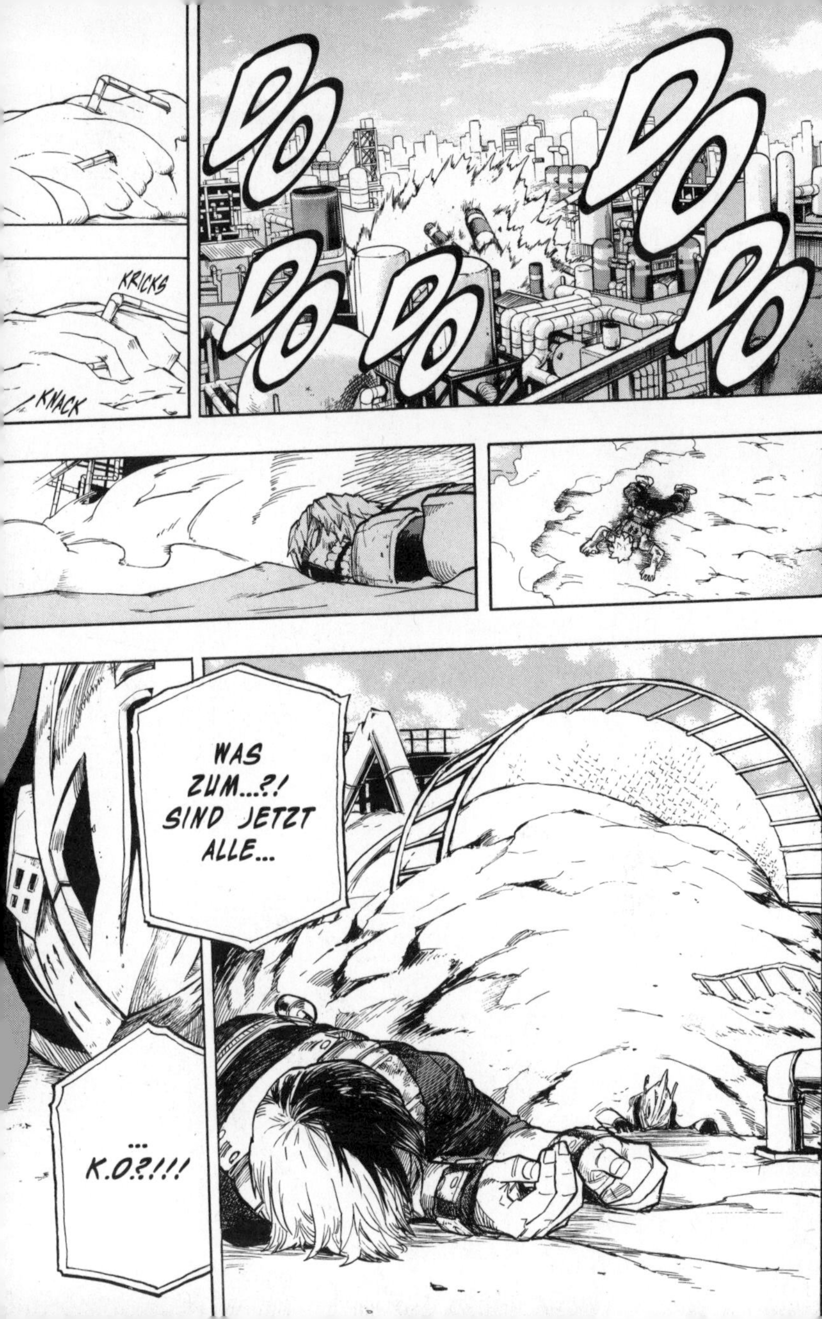
DO DO DO DO
DO DO DO DO
KRICKS
KNACK
WAS ZUM...?! SIND JETZT ALLE...
... K.O?!!!

TOGARU KAMAKIRI (15)

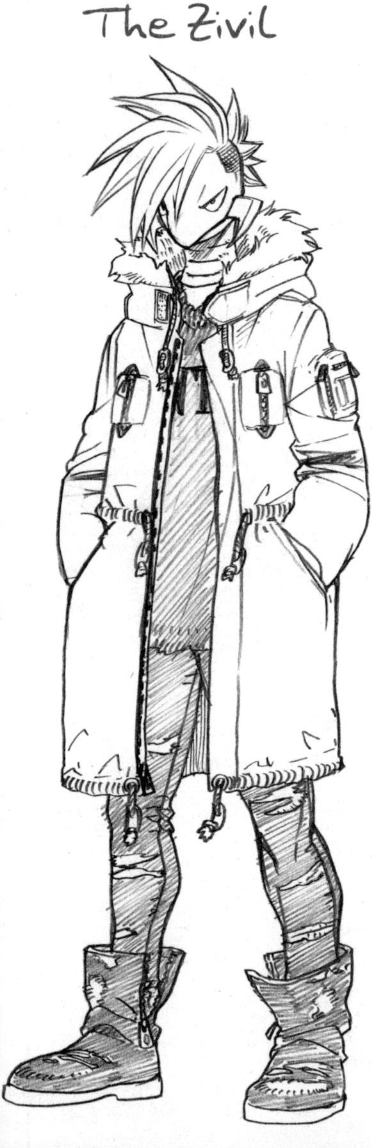

GEBURTSTAG: 7. JANUAR
GRÖSSE: 1,89 M
MAG: INSEKTEN SAMMELN

THE TOGARU

Vor langer Zeit habe ich unter dem Eindruck von Fabres »Souvenirs Entomologiques« mit dem Insektensammeln angefangen. Eines Tages entdeckte ich mitten auf der Straße eine Gottesanbeterin und dachte: »Yesss!« Sofort nahm ich sie mit zwei Fingern am Rumpf hoch, und da sah ich, dass aus ihrem Bauch ein langes, dünnes Etwas herausschlängelte, das wie Insektenkot aussah. Ich zog es heraus und staunte, wie lang es war. Länger als die Gottesanbeterin selbst. Es war ein Saitenwurm, ein Parasit. Warum schreibe ich so was?

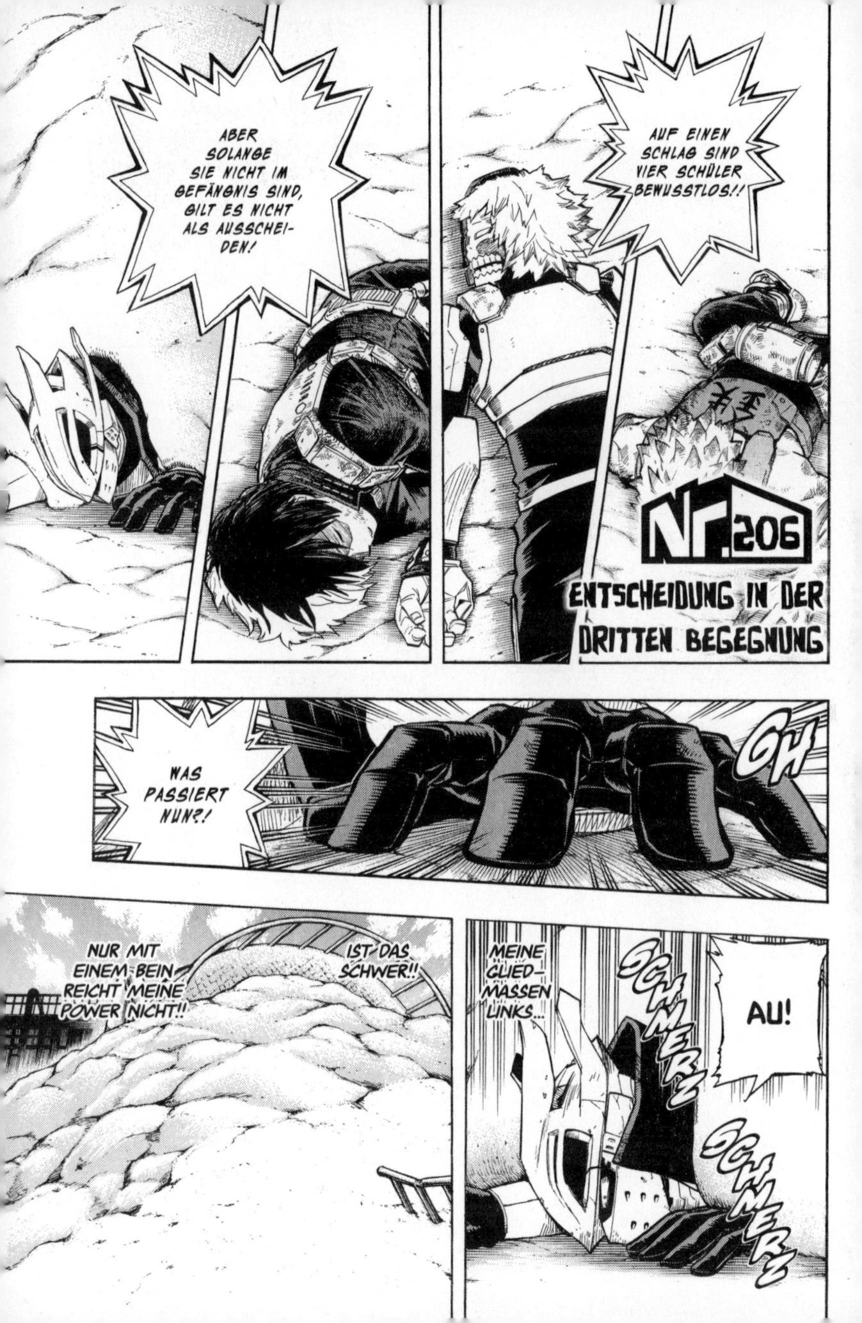
AUF EINEN SCHLAG SIND VIER SCHÜLER BEWUSSTLOS!!
ABER SOLANGE SIE NICHT IM GEFÄNGNIS SIND, GILT ES NICHT ALS AUSSCHEIDEN!
NR. 206
ENTSCHEIDUNG IN DER DRITTEN BEGEGNUNG
GH
WAS PASSIERT NUN?!
AU!
SCHMERZ
SCHMERZ
MEINE GLIEDMASSEN LINKS...
IST DAS SCHWER!!
NUR MIT EINEM BEIN REICHT MEINE POWER NICHT!!

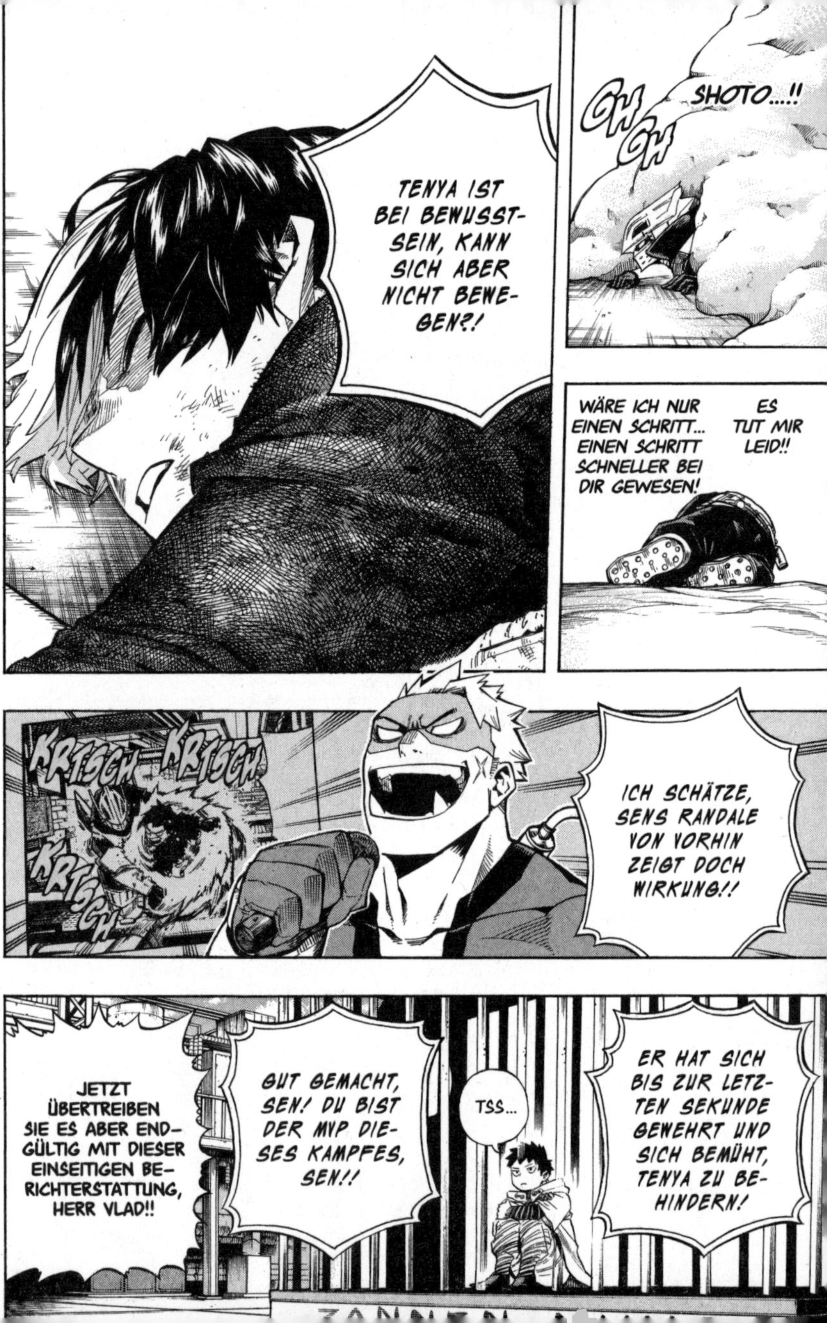

SHOTO...!!
WÄRE ICH NUR EINEN SCHRITT... EINEN SCHRITT SCHNELLER BEI DIR GEWESEN!
ES TUT MIR LEID!!
TENYA IST BEI BEWUSST-SEIN, KANN SICH ABER NICHT BEWE-GEN?!
ICH SCHÄTZE, SENS RANDALE VON VORHIN ZEIGT DOCH WIRKUNG!!
KRISCH KRISCH
KRISCH
ER HAT SICH BIS ZUR LETZ-TEN SEKUNDE GEWEHRT UND SICH BEMÜHT, TENYA ZU BE-HINDERN!
TSS...
GUT GEMACHT, SEN! DU BIST DER MVP DIE-SES KAMPFES, SEN!!
JETZT ÜBERTREIBEN SIE ES ABER END-GÜLTIG MIT DIESER EINSEITIGEN BE-RICHTERSTATTUNG, HERR VLAD!!

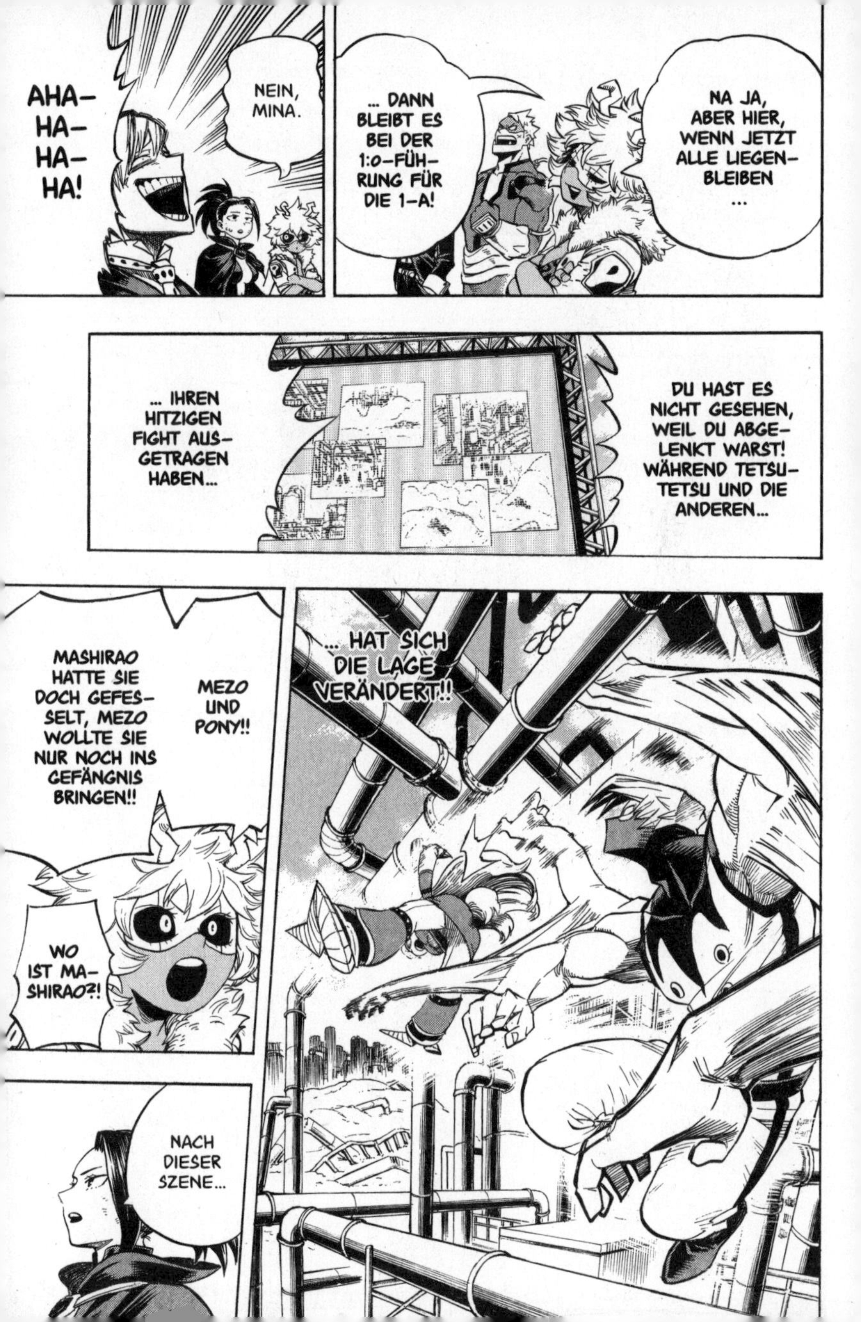
NA JA, ABER HIER, WENN JETZT ALLE LIEGEN-BLEIBEN ...
... DANN BLEIBT ES BEI DER 1:0-FÜHRUNG FÜR DIE 1-A!
NEIN, MINA.
AHA-HA-HA-HA!
DU HAST ES NICHT GESEHEN, WEIL DU ABGE-LENKT WARST! WÄHREND TETSU-TETSU UND DIE ANDEREN...
... IHREN HITZIGEN FIGHT AUS-GETRAGEN HABEN...
... HAT SICH DIE LAGE VERÄNDERT!!
MEZO UND PONY!!
MASHIRAO HATTE SIE DOCH GEFES-SELT, MEZO WOLLTE SIE NUR NOCH INS GEFÄNGNIS BRINGEN!!
WO IST MA-SHIRAO?!
NACH DIESER SZENE...

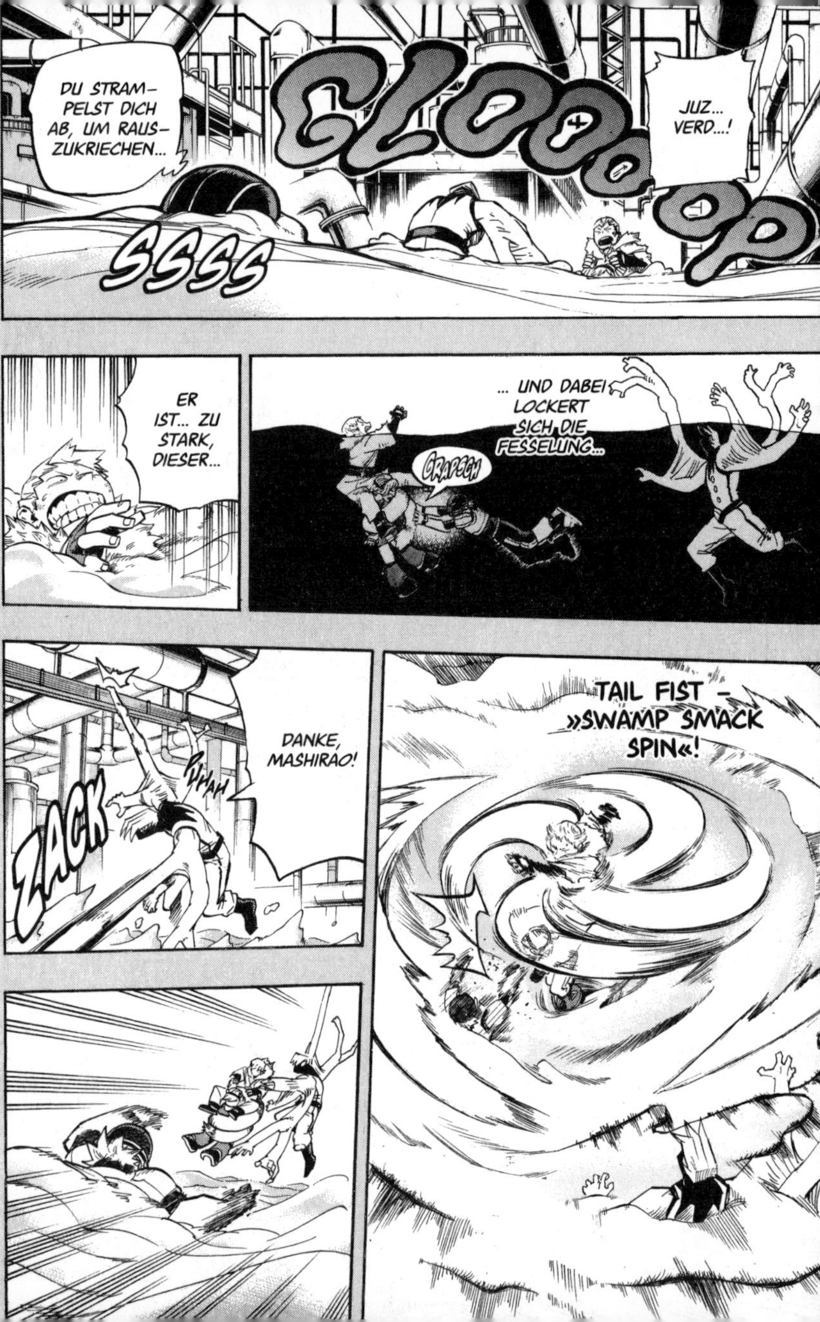

JUZ... VERD...!
GLOOOOOP
DU STRAMPELST DICH AB, UM RAUSZUKRIECHEN...
SSSS
... UND DABEI LOCKERT SICH DIE FESSELUNG...
CRAPSCH
ER IST... ZU STARK, DIESER...
TAIL FIST – »SWAMP SMACK SPIN«!
DANKE, MASHIRAO!
PUHAH
ZACK

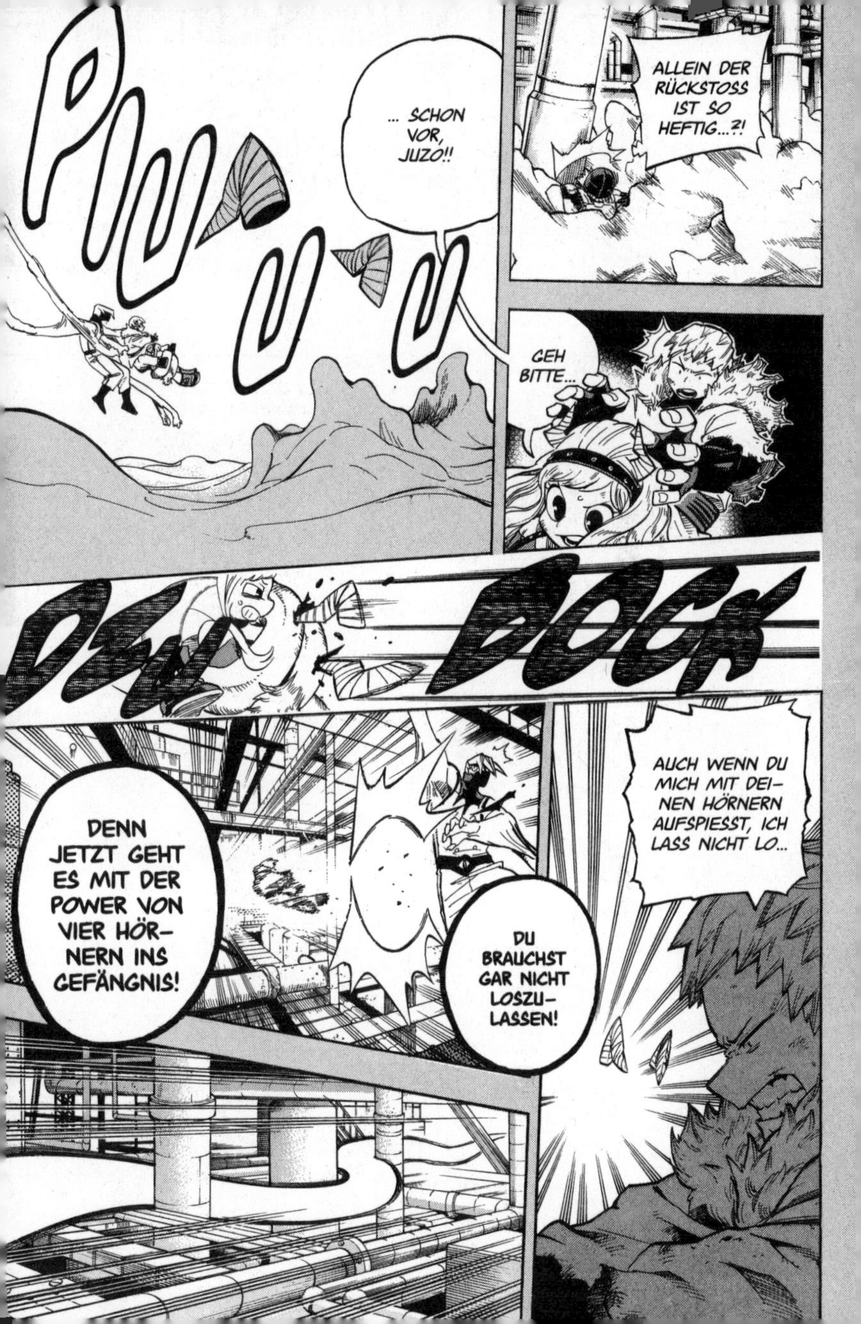
ALLEIN DER RÜCKSTOSS IST SO HEFTIG...?!
GEH BITTE...
... SCHON VOR, JUZO!!
DOCK
AUCH WENN DU MICH MIT DEI-NEN HÖRNERN AUFSPIESST, ICH LASS NICHT LO...
DU BRAUCHST GAR NICHT LOSZU-LASSEN!
DENN JETZT GEHT ES MIT DER POWER VON VIER HÖR-NERN INS GEFÄNGNIS!

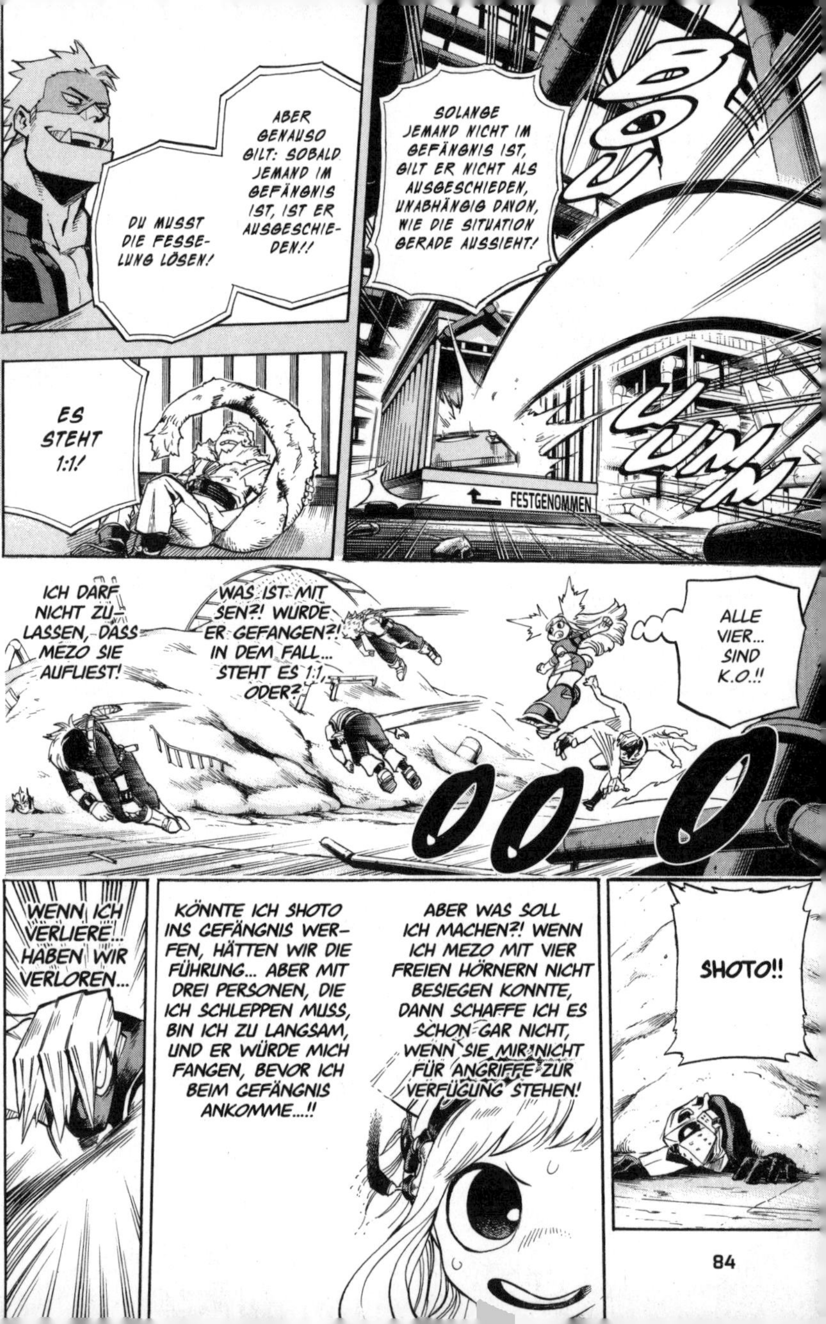

SOLANGE JEMAND NICHT IM GEFÄNGNIS IST, GILT ER NICHT ALS AUSGESCHIEDEN, UNABHÄNGIG DAVON, WIE DIE SITUATION GERADE AUSSIEHT!
WUMM
FESTGENOMMEN
ABER GENAUSO GILT: SOBALD JEMAND IM GEFÄNGNIS IST, IST ER AUSGESCHIEDEN!!
DU MUSST DIE FESSELUNG LÖSEN!
ES STEHT 1:1!
ALLE VIER... SIND K.O.!!
WAS IST MIT SEN?! WURDE ER GEFANGEN?! IN DEM FALL... STEHT ES 1:1, ODER?
ICH DARF NICHT ZULASSEN, DASS MEZO SIE AUFLIEST!
SHOTO!!
ABER WAS SOLL ICH MACHEN?! WENN ICH MEZO MIT VIER FREIEN HÖRNERN NICHT BESIEGEN KONNTE, DANN SCHAFFE ICH ES SCHON GAR NICHT, WENN SIE MIR NICHT FÜR ANGRIFFE ZUR VERFÜGUNG STEHEN!
KÖNNTE ICH SHOTO INS GEFÄNGNIS WERFEN, HÄTTEN WIR DIE FÜHRUNG... ABER MIT DREI PERSONEN, DIE ICH SCHLEPPEN MUSS, BIN ICH ZU LANGSAM, UND ER WÜRDE MICH FANGEN, BEVOR ICH BEIM GEFÄNGNIS ANKOMME...!!
WENN ICH VERLIERE... HABEN WIR VERLOREN...

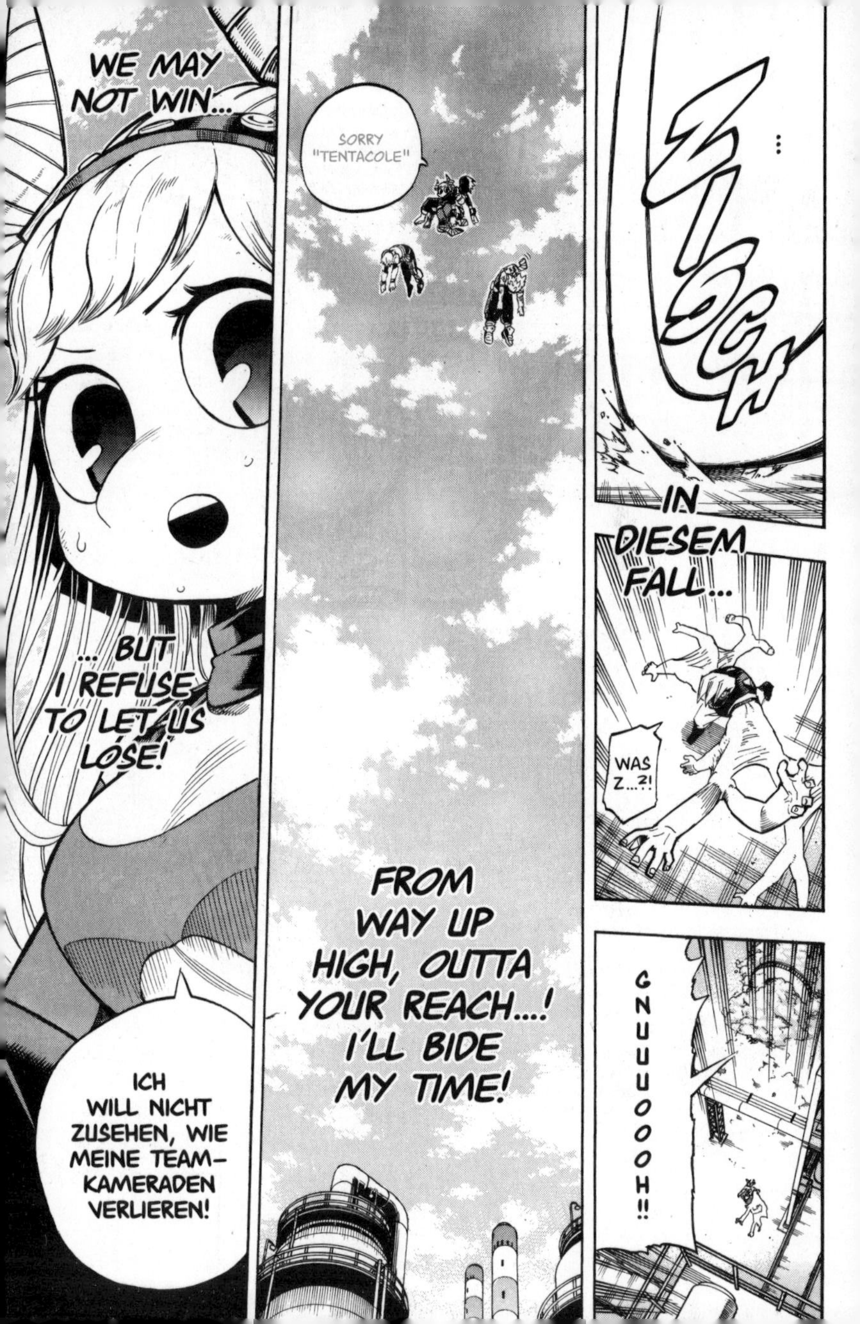

...
IN DIESEM FALL...
WAS Z...?!
GNUUUUOOOOOH!!
SORRY "TENTACOLE"
FROM WAY UP HIGH, OUTTA YOUR REACH...! I'LL BIDE MY TIME!
WE MAY NOT WIN...
... BUT I REFUSE TO LET US LOSE!
ICH WILL NICHT ZUSEHEN, WIE MEINE TEAM-KAMERADEN VERLIEREN!

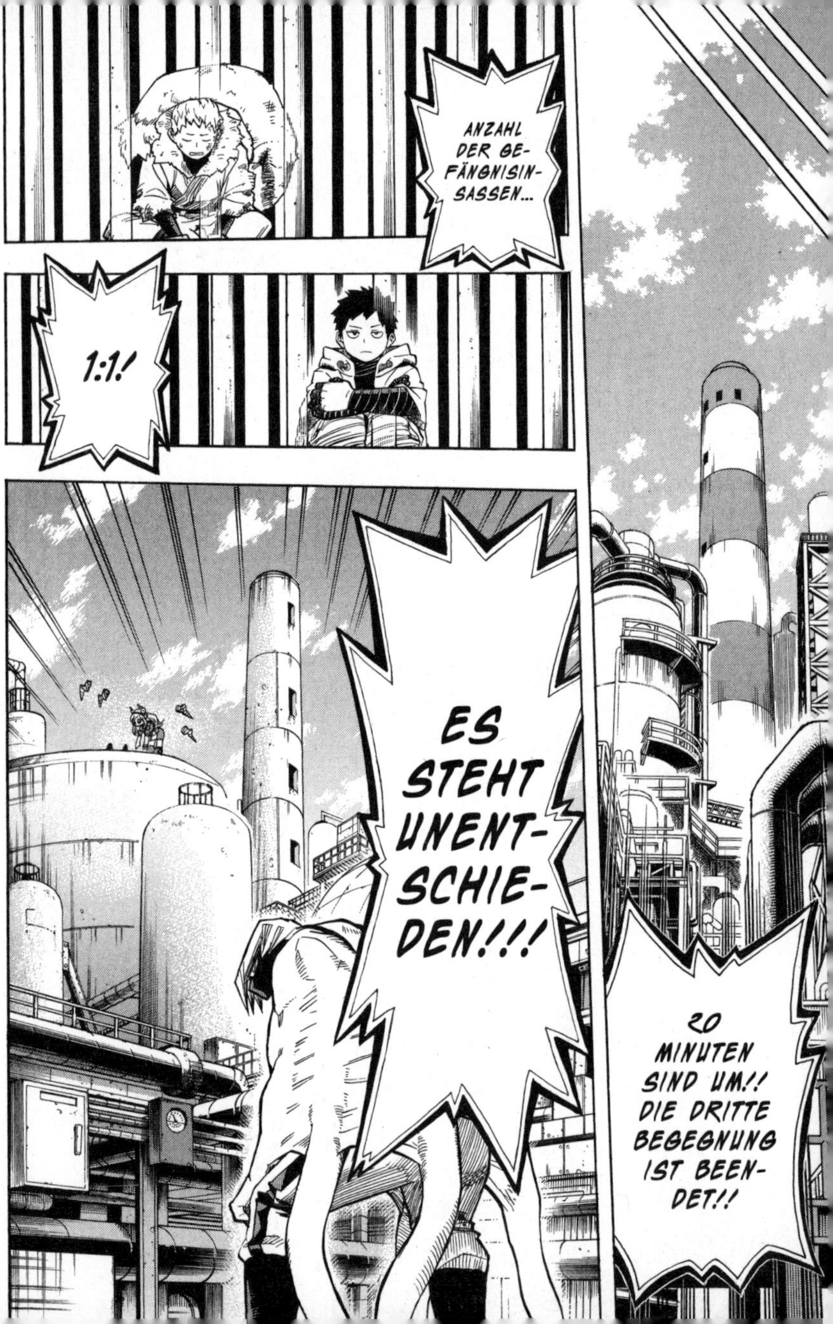
ANZAHL DER GE-FÄNGNISIN-SASSEN...
1:1!
20 MINUTEN SIND UM!! DIE DRITTE BEGEGNUNG IST BEEN-DET!!
ES STEHT UNENT-SCHIE-DEN!!!

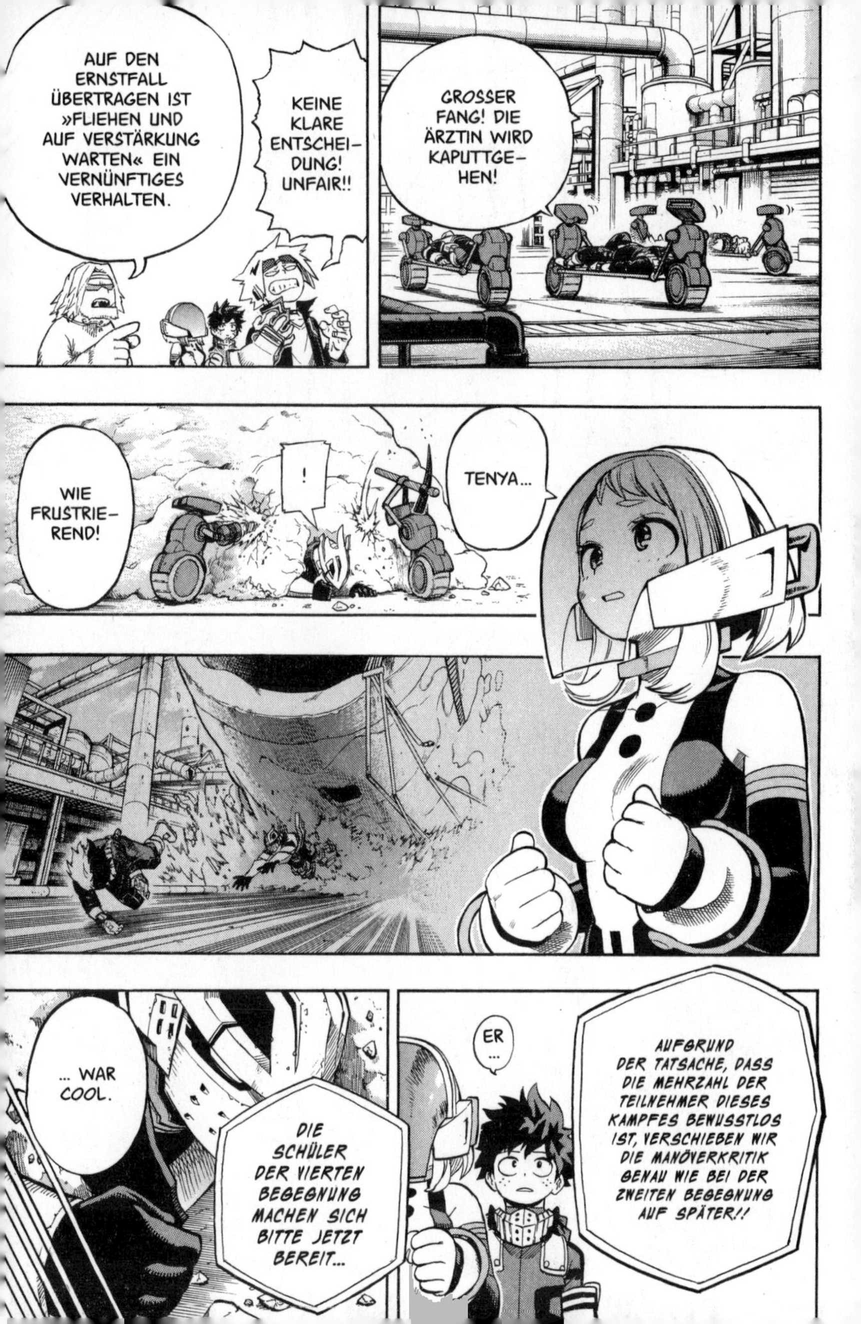
GROSSER FANG! DIE ÄRZTIN WIRD KAPUTTGE-HEN!
KEINE KLARE ENTSCHEI-DUNG! UNFAIR!!
AUF DEN ERNSTFALL ÜBERTRAGEN IST »FLIEHEN UND AUF VERSTÄRKUNG WARTEN« EIN VERNÜNFTIGES VERHALTEN.
TENYA...
!
WIE FRUSTRIE-REND!
... WAR COOL.
ER ...
AUFGRUND DER TATSACHE, DASS DIE MEHRZAHL DER TEILNEHMER DIESES KAMPFES BEWUSSTLOS IST, VERSCHIEBEN WIR DIE MANÖVERKRITIK GENAU WIE BEI DER ZWEITEN BEGEGNUNG AUF SPÄTER!!
DIE SCHÜLER DER VIERTEN BEGEGNUNG MACHEN SICH BITTE JETZT BEREIT...

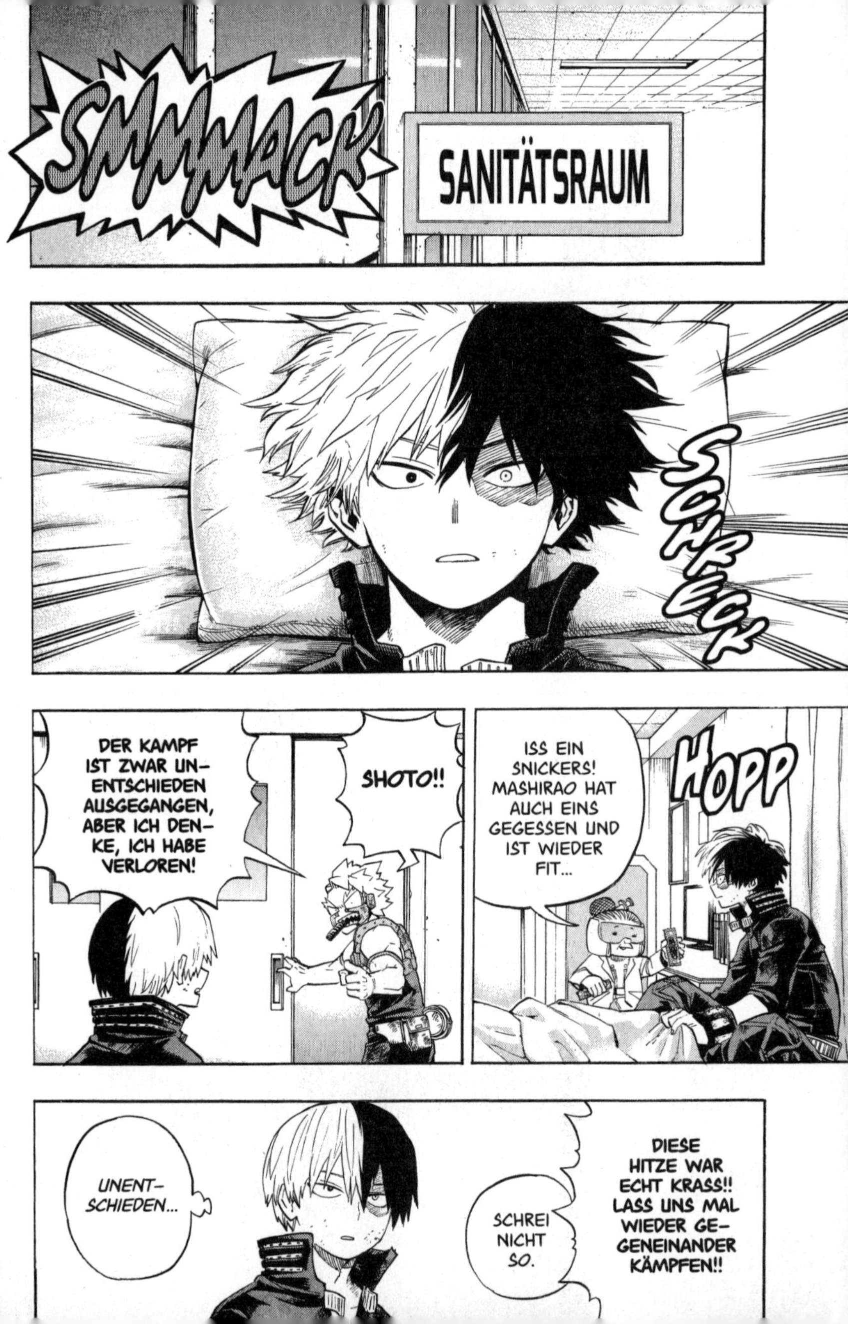
SMMACK
SANITÄTSRAUM
SCHRECK
HOPP
ISS EIN SNICKERS! MASHIRAO HAT AUCH EINS GEGESSEN UND IST WIEDER FIT...
SHOTO!!
DER KAMPF IST ZWAR UN-ENTSCHIEDEN AUSGEGANGEN, ABER ICH DEN-KE, ICH HABE VERLOREN!
DIESE HITZE WAR ECHT KRASS!! LASS UNS MAL WIEDER GE-GENEINANDER KÄMPFEN!!
SCHREI NICHT SO.
UNENT-SCHIEDEN...

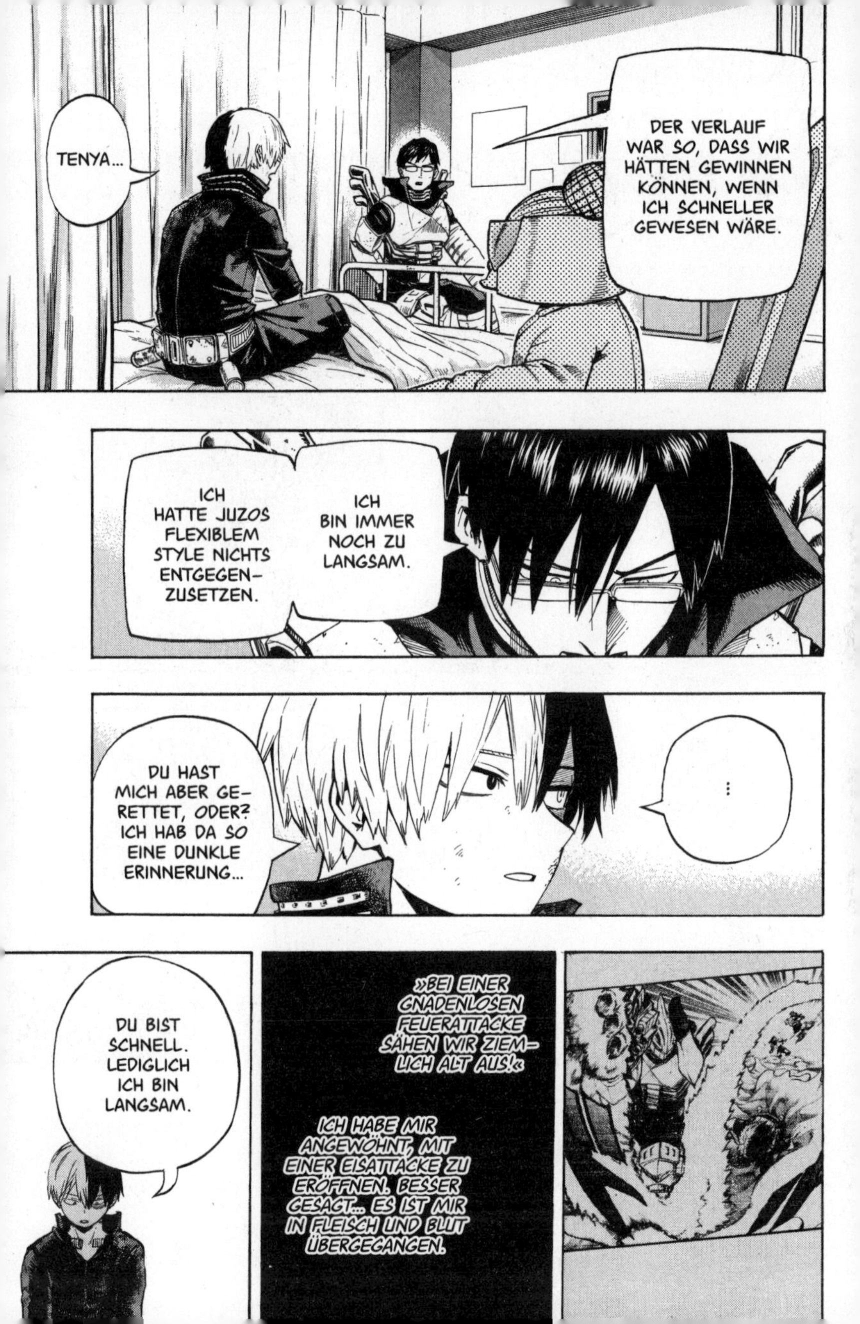
DER VERLAUF WAR SO, DASS WIR HÄTTEN GEWINNEN KÖNNEN, WENN ICH SCHNELLER GEWESEN WÄRE.
TENYA...
ICH BIN IMMER NOCH ZU LANGSAM.
ICH HATTE JUZOS FLEXIBLEM STYLE NICHTS ENTGEGEN-ZUSETZEN.
...
DU HAST MICH ABER GE-RETTET, ODER? ICH HAB DA SO EINE DUNKLE ERINNERUNG...
»BEI EINER GNADENLOSEN FEUERATTACKE SÄHEN WIR ZIEM-LICH ALT AUS!«
ICH HABE MIR ANGEWÖHNT, MIT EINER EISATTACKE ZU ERÖFFNEN. BESSER GESAGT... ES IST MIR IN FLEISCH UND BLUT ÜBERGEGANGEN.
DU BIST SCHNELL. LEDIGLICH ICH BIN LANGSAM.

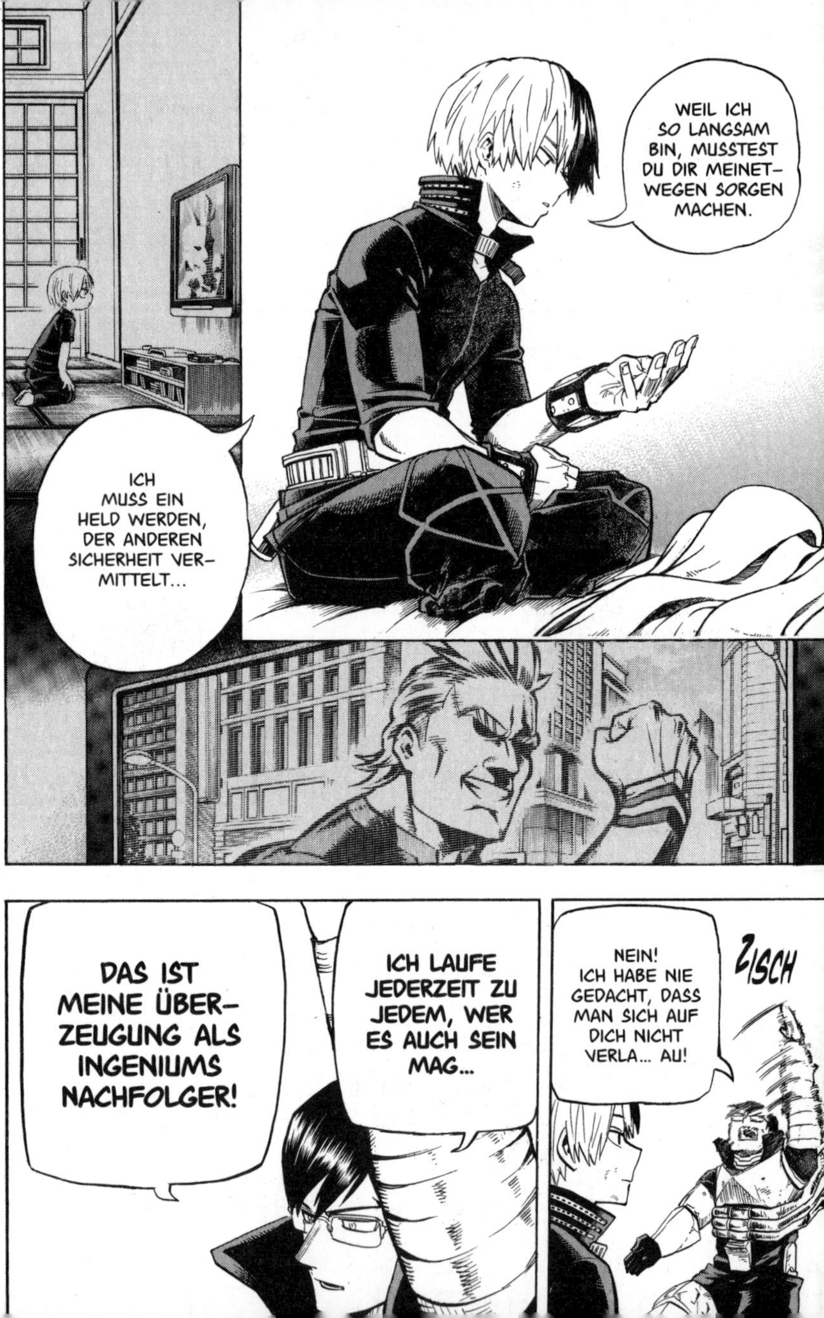
WEIL ICH SO LANGSAM BIN, MUSSTEST DU DIR MEINET-WEGEN SORGEN MACHEN.
ICH MUSS EIN HELD WERDEN, DER ANDEREN SICHERHEIT VER-MITTELT...
NEIN! ICH HABE NIE GEDACHT, DASS MAN SICH AUF DICH NICHT VERLA... AU!
ZISCH
ICH LAUFE JEDERZEIT ZU JEDEM, WER ES AUCH SEIN MAG...
DAS IST MEINE ÜBER-ZEUGUNG ALS INGENIUMS NACHFOLGER!

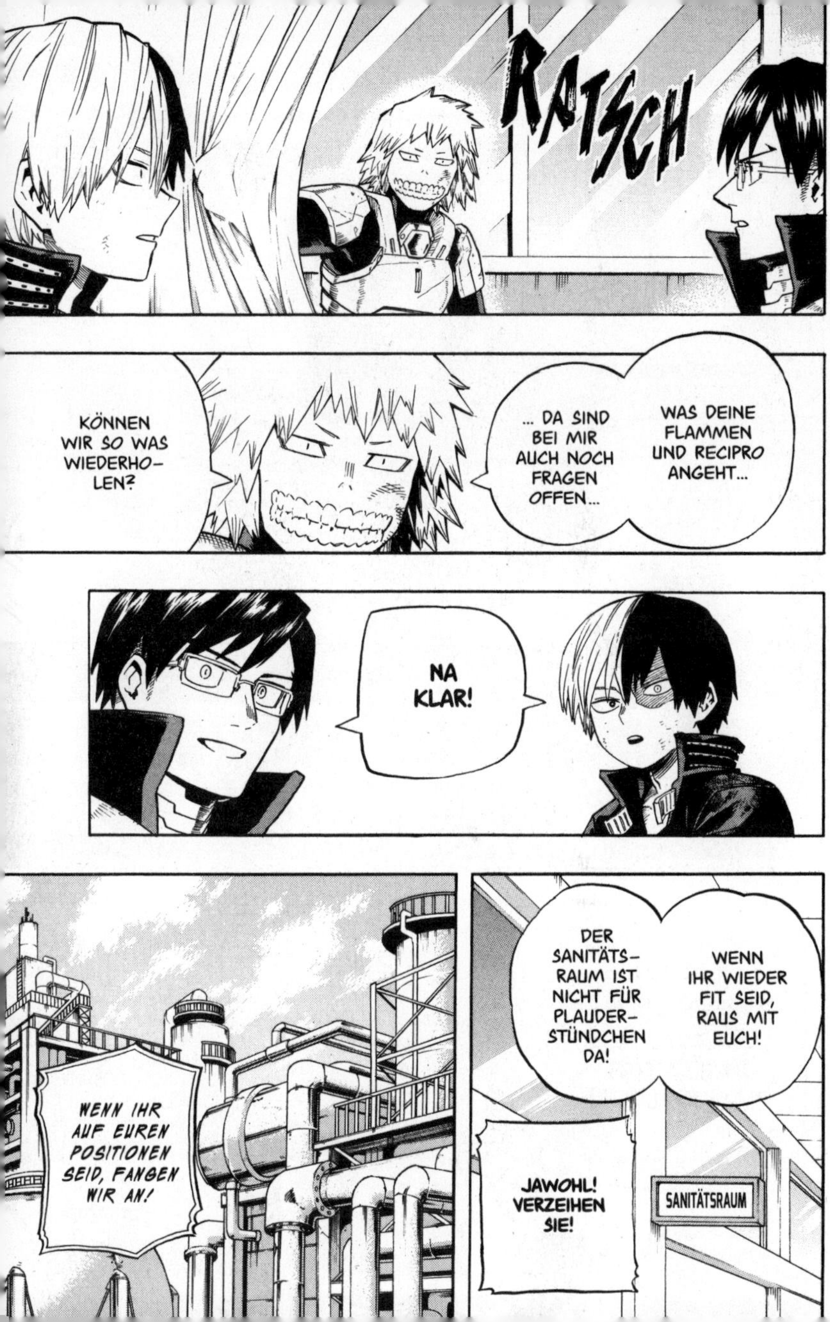
RATSCH
WAS DEINE FLAMMEN UND RECIPRO ANGEHT...
... DA SIND BEI MIR AUCH NOCH FRAGEN OFFEN...
KÖNNEN WIR SO WAS WIEDERHO- LEN?
NA KLAR!
WENN IHR WIEDER FIT SEID, RAUS MIT EUCH!
DER SANITÄTS- RAUM IST NICHT FÜR PLAUDER- STÜNDCHEN DA!
JAWOHL! VERZEIHEN SIE!
SANITÄTSRAUM
WENN IHR AUF EUREN POSITIONEN SEID, FANGEN WIR AN!

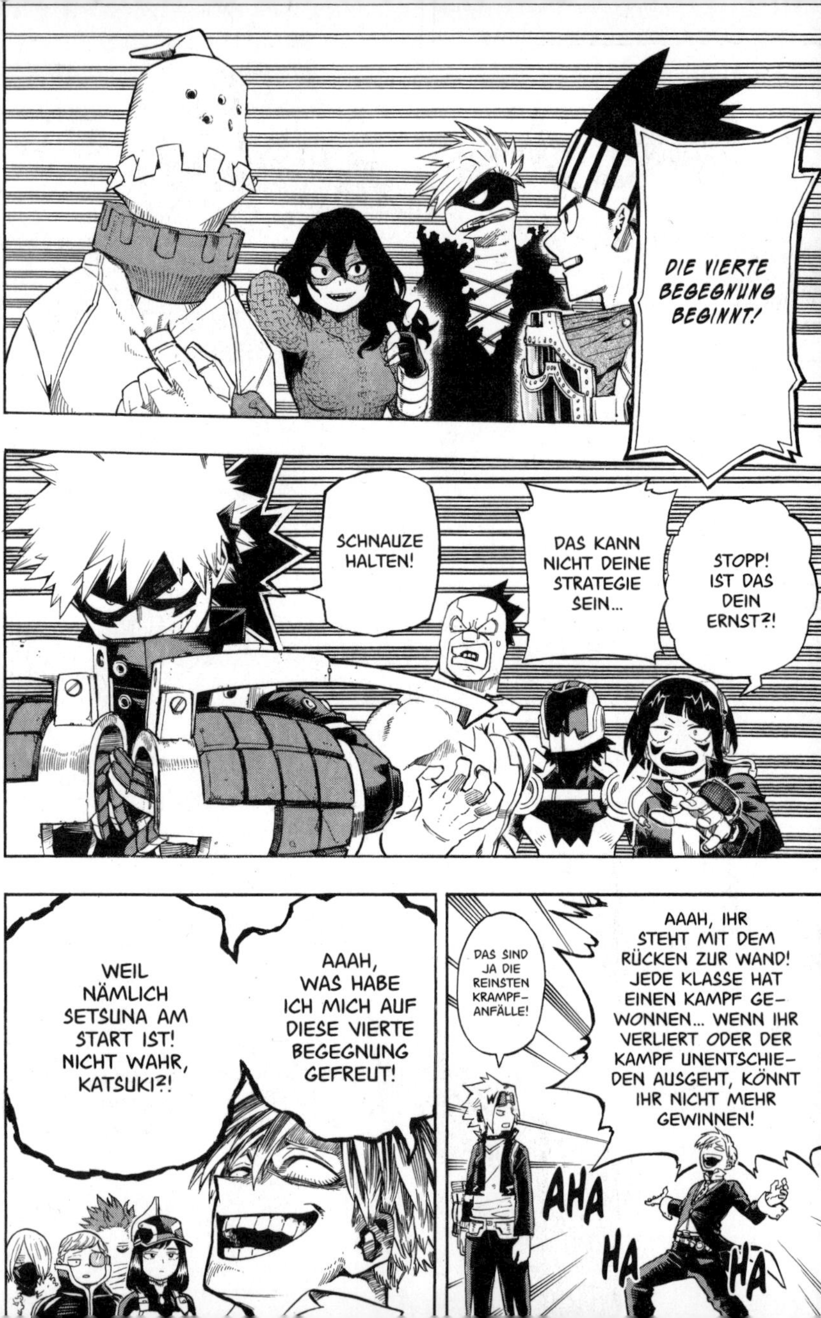
DIE VIERTE BEGEGNUNG BEGINNT!
STOPP! IST DAS DEIN ERNST?!
DAS KANN NICHT DEINE STRATEGIE SEIN...
SCHNAUZE HALTEN!
AAAH, IHR STEHT MIT DEM RÜCKEN ZUR WAND! JEDE KLASSE HAT EINEN KAMPF GEWONNEN... WENN IHR VERLIERT ODER DER KAMPF UNENTSCHIEDEN AUSGEHT, KÖNNT IHR NICHT MEHR GEWINNEN!
AHA HA HA
DAS SIND JA DIE REINSTEN KRAMPFANFÄLLE!
AAAH, WAS HABE ICH MICH AUF DIESE VIERTE BEGEGNUNG GEFREUT!
WEIL NÄMLICH SETSUNA AM START IST! NICHT WAHR, KATSUKI?!

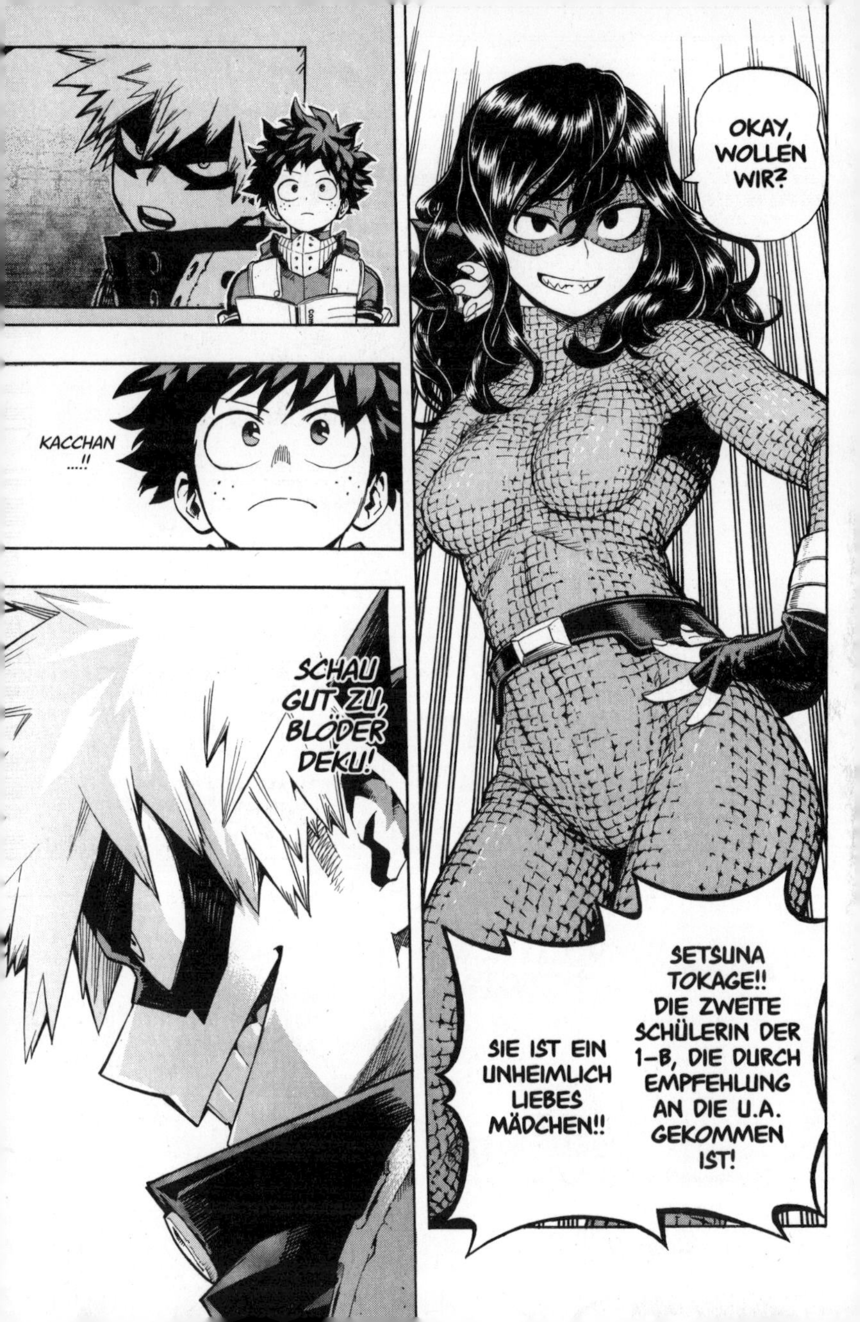
OKAY, WOLLEN WIR?
SETSUNA TOKAGE!! DIE ZWEITE SCHÜLERIN DER 1-B, DIE DURCH EMPFEHLUNG AN DIE U.A. GEKOMMEN IST!
SIE IST EIN UNHEIMLICH LIEBES MÄDCHEN!!
KACCHAN ...!!
SCHAU GUT ZU, BLÖDER DEKU!

THE HELDENNAMEN

Die Heldennamen der 1-B hatte ich mit Logos vorgestellt.
In der dritten Begegnung gab es allerdings keine Vorstellung des ganzen Teams. Es sah so aus, als könnte ich in dem Kapitel keine genügend großen Panels für alle erübrigen, deshalb habe ich mich dafür entschieden, vernünftig zu sein und sie im Sammelband vorzustellen. Beim letzten Band dachte ich insgeheim, dass es schrecklich chaotisch aussieht, wenn man in kleine Panels Texte, Charaktere und Namen hineinquetscht. Apropos letzter Band, dort ist Itsukas Heldenname als einziger nicht aufgetaucht, und das liegt an, ihr wisst schon… Also, ich hab es mit Pauken und Trompeten vergessen!
Es gibt einfach gar keinen Grund dafür. So, jetzt ist mein Herz wieder ganz ruhig.

ITSUKA KENDO a.k.a.
BATTLE FIST
【バトルフィスト】

SETSUNA TOKAGE a.k.a.
LIZARDY
【リザーディ】

TOGARU KAMAKIRI a.k.a.
JACK MANTIS
【ジャックマンティス】

KOJIRO BONDO a.k.a.
PLAMO
【プラモ】

YOSETSU AWASE a.k.a.
WELDER
【ウェルダー】

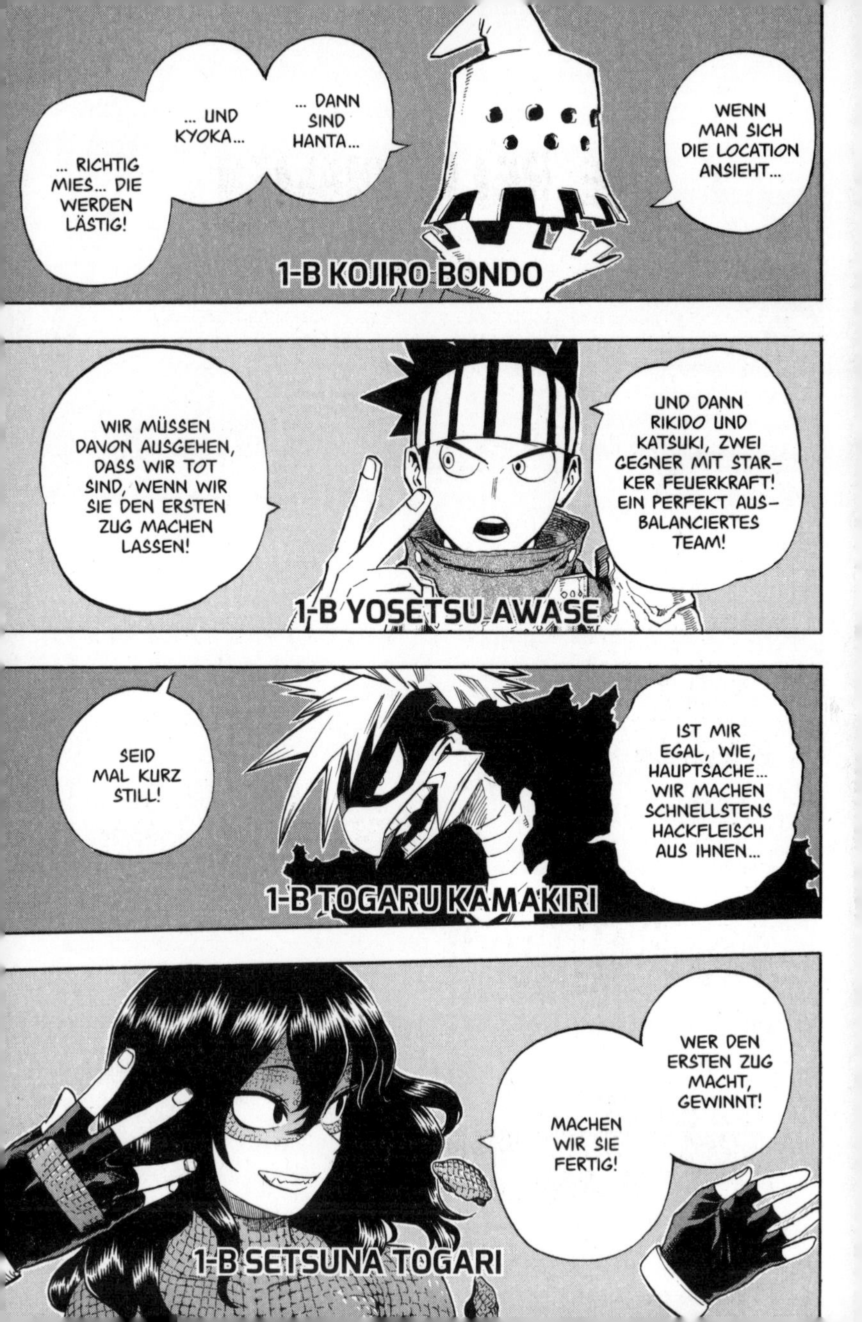
WENN MAN SICH DIE LOCATION ANSIEHT...
... DANN SIND HANTA...
... UND KYOKA...
... RICHTIG MIES... DIE WERDEN LÄSTIG!
1-B KOJIRO BONDO
UND DANN RIKIDO UND KATSUKI, ZWEI GEGNER MIT STARKER FEUERKRAFT! EIN PERFEKT AUSBALANCIERTES TEAM!
WIR MÜSSEN DAVON AUSGEHEN, DASS WIR TOT SIND, WENN WIR SIE DEN ERSTEN ZUG MACHEN LASSEN!
1-B YOSETSU AWASE
IST MIR EGAL, WIE, HAUPTSACHE... WIR MACHEN SCHNELLSTENS HACKFLEISCH AUS IHNEN...
SEID MAL KURZ STILL!
1-B TOGARU KAMAKIRI
WER DEN ERSTEN ZUG MACHT, GEWINNT!
MACHEN WIR SIE FERTIG!
1-B SETSUNA TOGARI

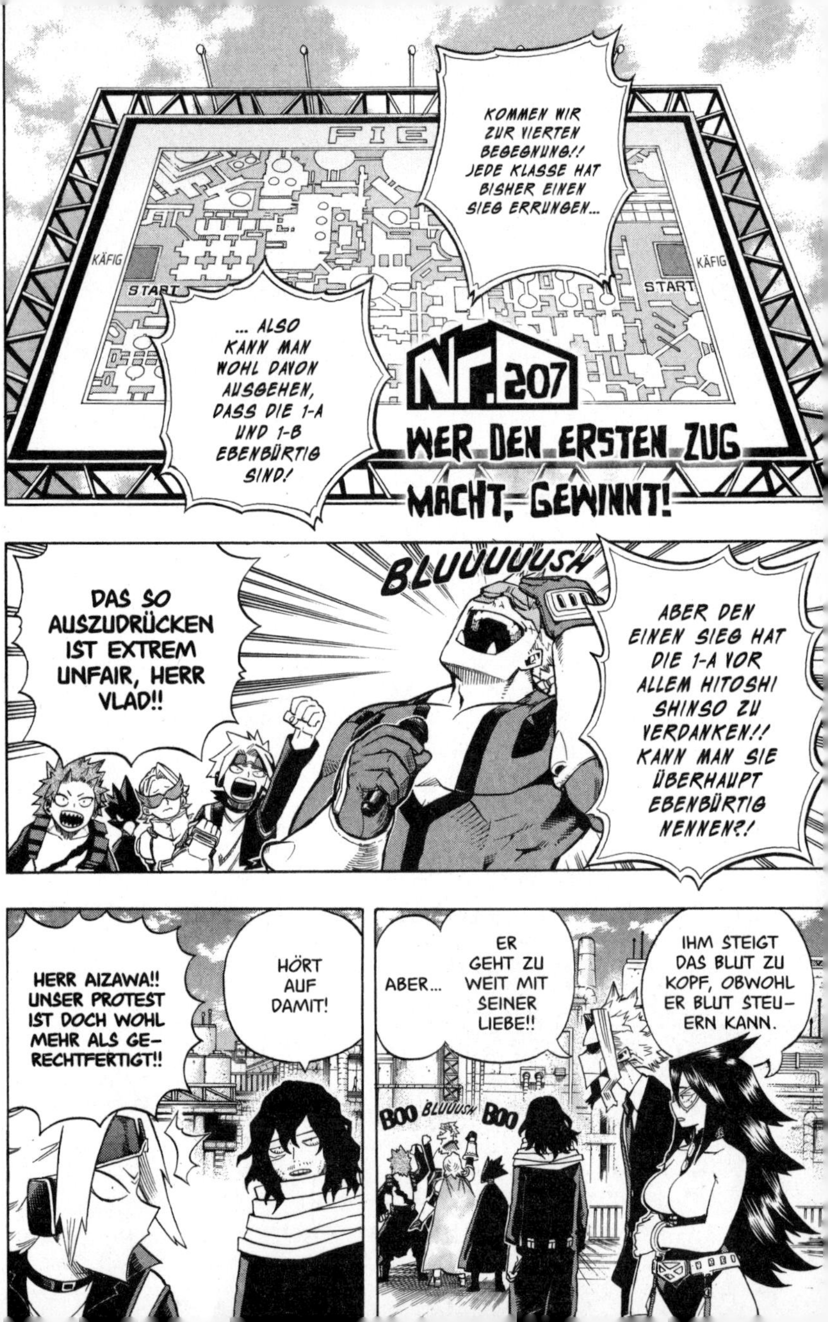
FIE
KÄFIG
START
KÄFIG
START
KOMMEN WIR ZUR VIERTEN BEGEGNUNG!! JEDE KLASSE HAT BISHER EINEN SIEG ERRUNGEN …
… ALSO KANN MAN WOHL DAVON AUSGEHEN, DASS DIE 1-A UND 1-B EBENBÜRTIG SIND!
Nr. 207
WER DEN ERSTEN ZUG MACHT, GEWINNT!
ABER DEN EINEN SIEG HAT DIE 1-A VOR ALLEM HITOSHI SHINSO ZU VERDANKEN!! KANN MAN SIE ÜBERHAUPT EBENBÜRTIG NENNEN?!
BLUUUUUSH
DAS SO AUSZUDRÜCKEN IST EXTREM UNFAIR, HERR VLAD!!
IHM STEIGT DAS BLUT ZU KOPF, OBWOHL ER BLUT STEU-ERN KANN.
ER GEHT ZU WEIT MIT SEINER LIEBE!!
ABER …
BOO BLUUUSH BOO
HÖRT AUF DAMIT!
HERR AIZAWA!! UNSER PROTEST IST DOCH WOHL MEHR ALS GE-RECHTFERTIGT!!

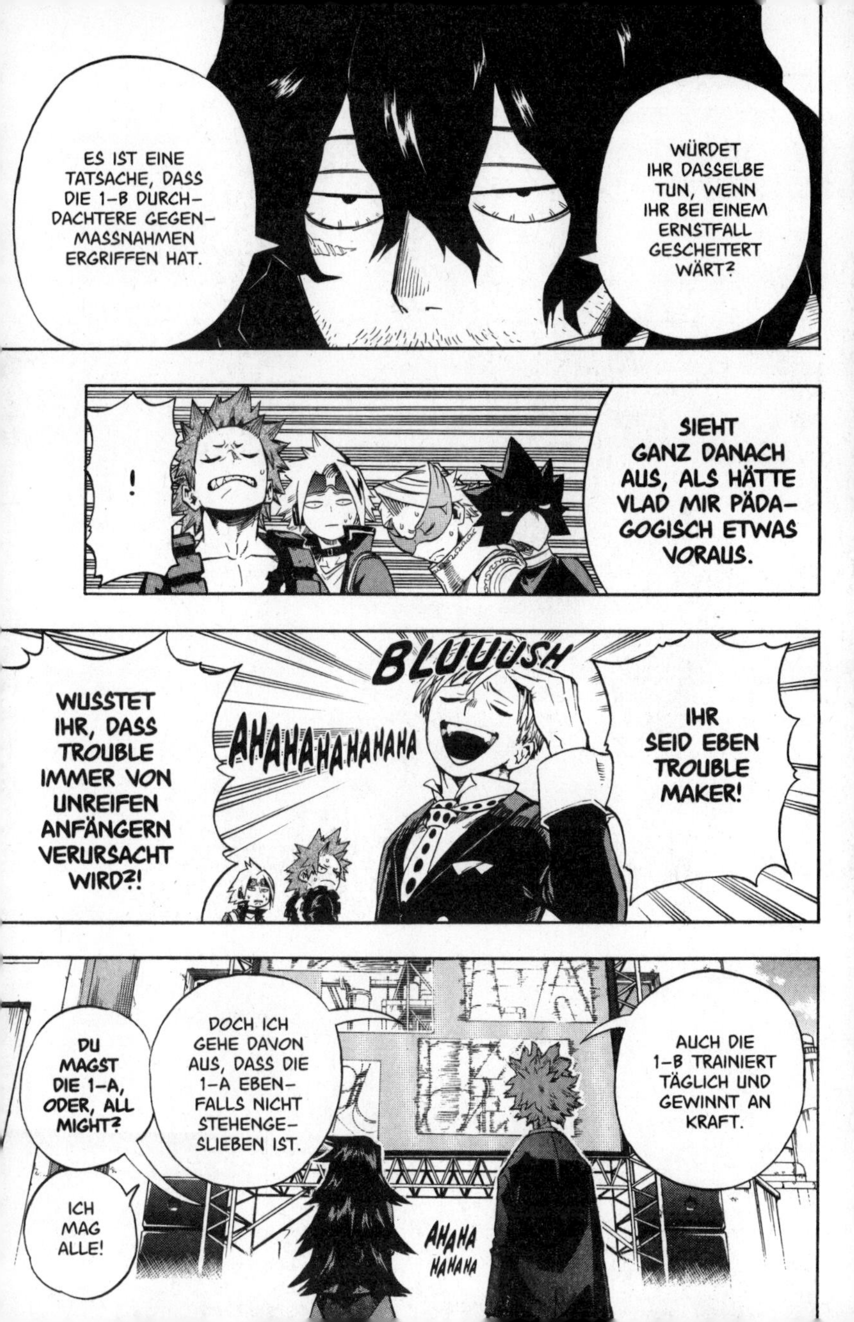

WÜRDET IHR DASSELBE TUN, WENN IHR BEI EINEM ERNSTFALL GESCHEITERT WÄRT?
ES IST EINE TATSACHE, DASS DIE 1-B DURCHDACHTERE GEGENMASSNAHMEN ERGRIFFEN HAT.
SIEHT GANZ DANACH AUS, ALS HÄTTE VLAD MIR PÄDAGOGISCH ETWAS VORAUS.
!
IHR SEID EBEN TROUBLE MAKER!
BLUUUSH
AHAHAHAHAHAHA
WUSSTET IHR, DASS TROUBLE IMMER VON UNREIFEN ANFÄNGERN VERURSACHT WIRD?!
AUCH DIE 1-B TRAINIERT TÄGLICH UND GEWINNT AN KRAFT.
DOCH ICH GEHE DAVON AUS, DASS DIE 1-A EBENFALLS NICHT STEHENGEBLIEBEN IST.
DU MAGST DIE 1-A, ODER, ALL MIGHT?
ICH MAG ALLE!
AHAHA HAHAHA

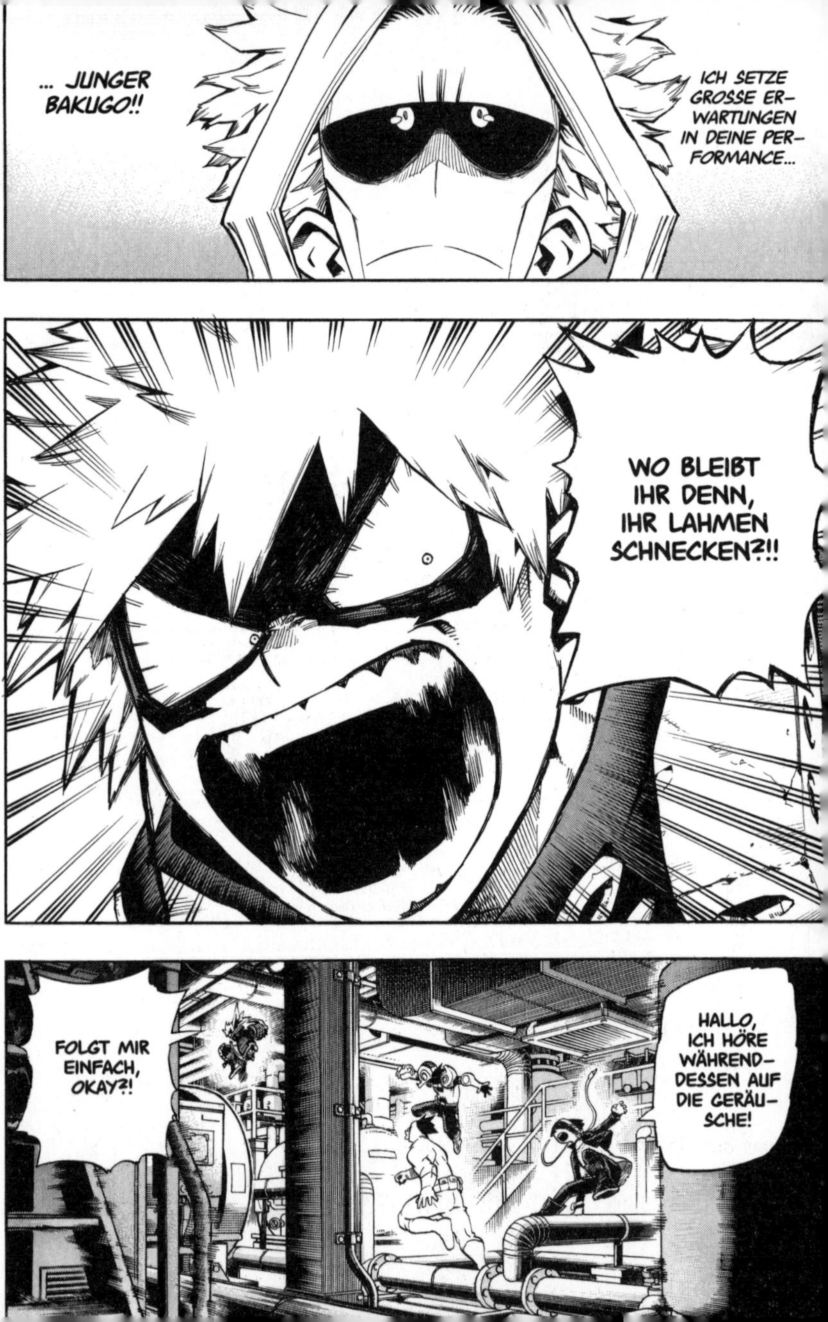
ICH SETZE GROSSE ERWARTUNGEN IN DEINE PERFORMANCE...
... JUNGER BAKUGO!!
WO BLEIBT IHR DENN, IHR LAHMEN SCHNECKEN?!!
HALLO, ICH HÖRE WÄHRENDDESSEN AUF DIE GERÄUSCHE!
FOLGT MIR EINFACH, OKAY?!

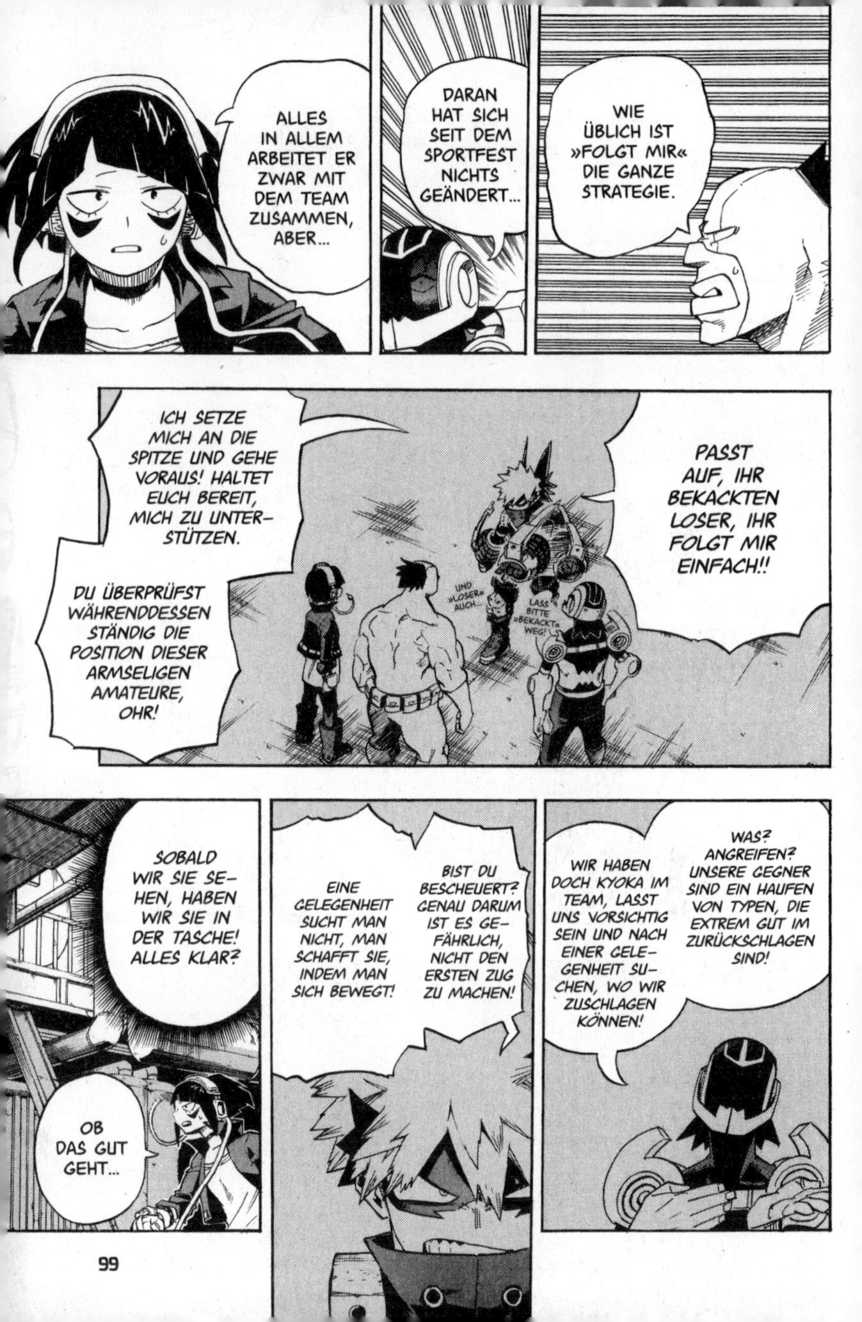
WIE ÜBLICH IST »FOLGT MIR« DIE GANZE STRATEGIE.
DARAN HAT SICH SEIT DEM SPORTFEST NICHTS GEÄNDERT …
ALLES IN ALLEM ARBEITET ER ZWAR MIT DEM TEAM ZUSAMMEN, ABER …
PASST AUF, IHR BEKACKTEN LOSER, IHR FOLGT MIR EINFACH!!
ICH SETZE MICH AN DIE SPITZE UND GEHE VORAUS! HALTET EUCH BEREIT, MICH ZU UNTER-STÜTZEN.
DU ÜBERPRÜFST WÄHRENDDESSEN STÄNDIG DIE POSITION DIESER ARMSELIGEN AMATEURE, OHR!
LASS BITTE »BEKACKT« WEG!
UND »LOSER« AUCH …
WAS? ANGREIFEN? UNSERE GEGNER SIND EIN HAUFEN VON TYPEN, DIE EXTREM GUT IM ZURÜCKSCHLAGEN SIND!
WIR HABEN DOCH KYOKA IM TEAM, LASST UNS VORSICHTIG SEIN UND NACH EINER GELE-GENHEIT SU-CHEN, WO WIR ZUSCHLAGEN KÖNNEN!
BIST DU BESCHEUERT? GENAU DARUM IST ES GE-FÄHRLICH, NICHT DEN ERSTEN ZUG ZU MACHEN!
EINE GELEGENHEIT SUCHT MAN NICHT, MAN SCHAFFT SIE, INDEM MAN SICH BEWEGT!
SOBALD WIR SIE SE-HEN, HABEN WIR SIE IN DER TASCHE! ALLES KLAR?
OB DAS GUT GEHT …

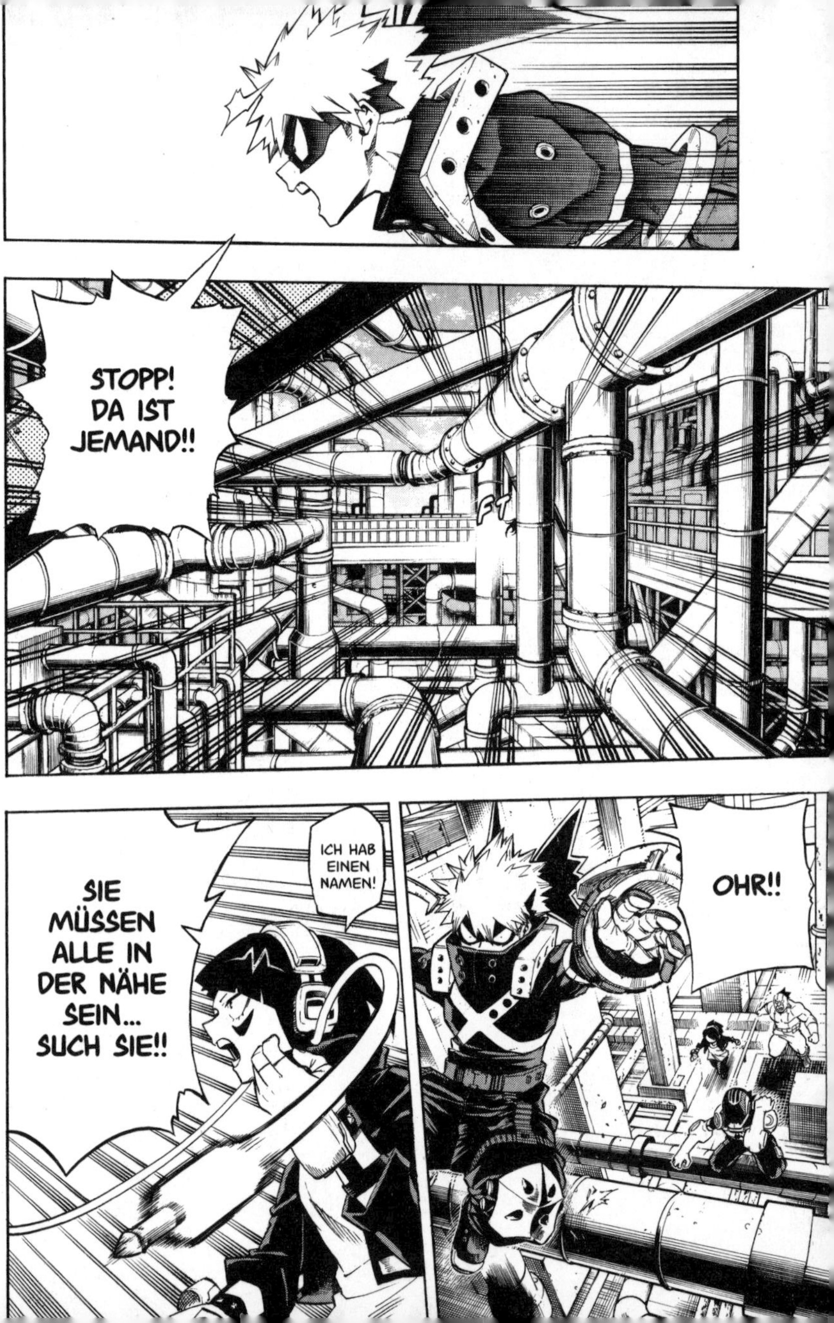
STOPP! DA IST JEMAND!!
FT
OHR!!
ICH HAB EINEN NAMEN!
SIE MÜSSEN ALLE IN DER NÄHE SEIN... SUCH SIE!!

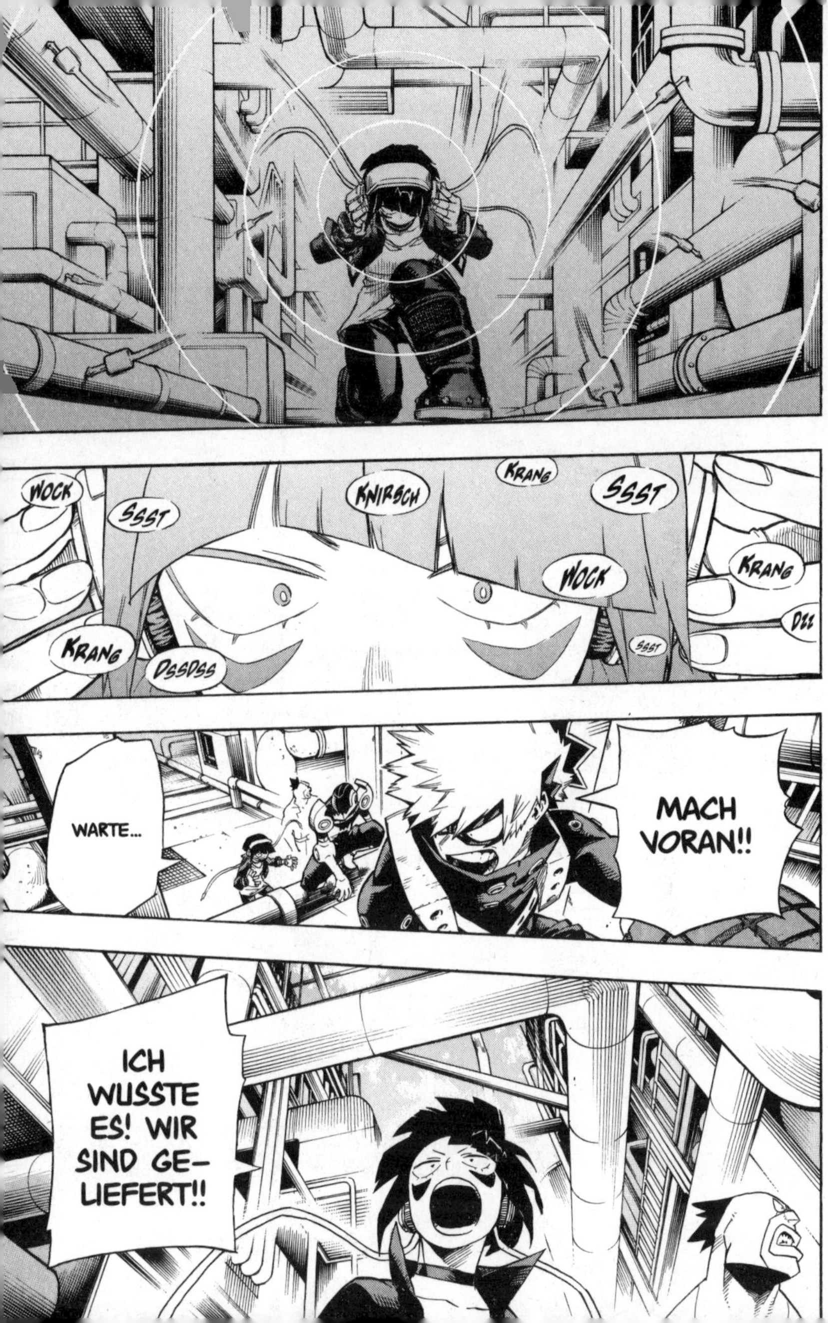

WOCK
SSST
KNIRSCH
KRANG
SSST
WOCK
KRANG
DZZ
KRANG
DSSDSS
SSST
MACH VORAN!!
WARTE...
ICH WUSSTE ES! WIR SIND GE-LIEFERT!!

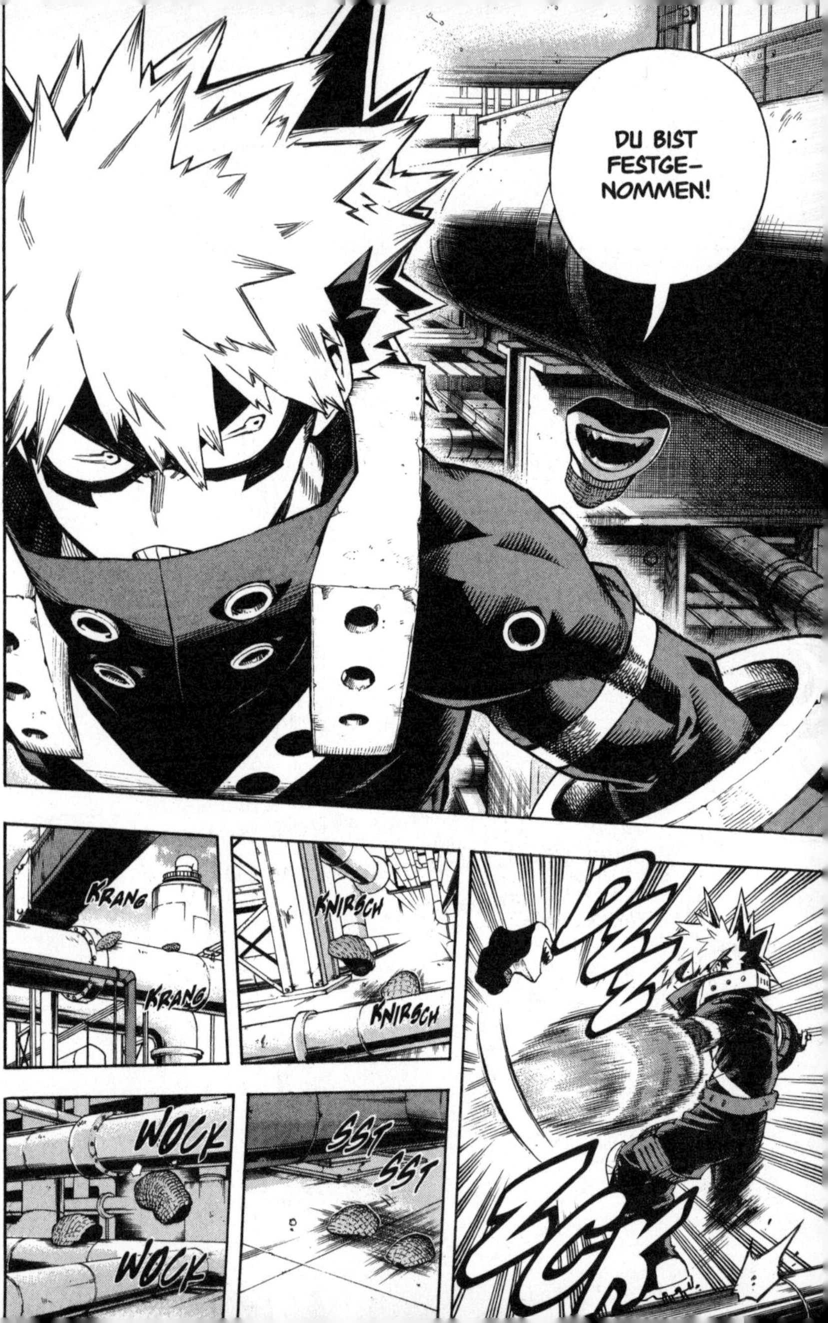
DU BIST FESTGE-NOMMEN!
KNIRSCH
KNIRSCH
KRANG
KRANG
SST
SST
WOCK
WOCK

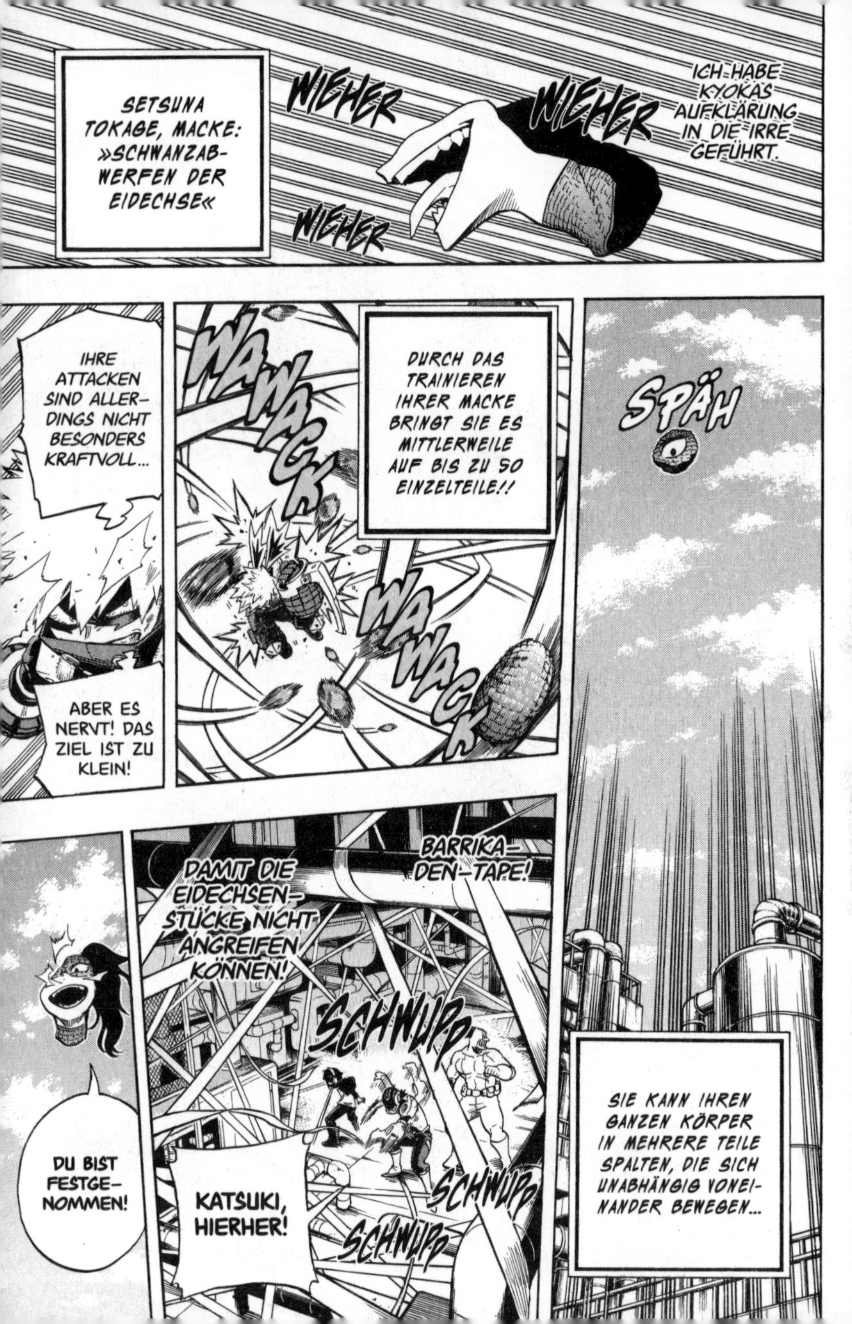
ICH HABE KYOKAS AUFKLÄRUNG IN DIE IRRE GEFÜHRT.
WIEHER
WIEHER
WIEHER
SETSUNA TOKAGE, MACKE: »SCHWANZAB-WERFEN DER EIDECHSE«
SPÄH
DURCH DAS TRAINIEREN IHRER MACKE BRINGT SIE ES MITTLERWEILE AUF BIS ZU 50 EINZELTEILE!!
WAWACK
WAWACK
IHRE ATTACKEN SIND ALLER-DINGS NICHT BESONDERS KRAFTVOLL...
ABER ES NERVT! DAS ZIEL IST ZU KLEIN!
SIE KANN IHREN GANZEN KÖRPER IN MEHRERE TEILE SPALTEN, DIE SICH UNABHÄNGIG VONEI-NANDER BEWEGEN...
BARRIKA-DEN-TAPE!
DAMIT DIE EIDECHSEN-STÜCKE NICHT ANGREIFEN KÖNNEN!
SCHWUPP
SCHWUPP
SCHWUPP
KATSUKI, HIERHER!
DU BIST FESTGE-NOMMEN!

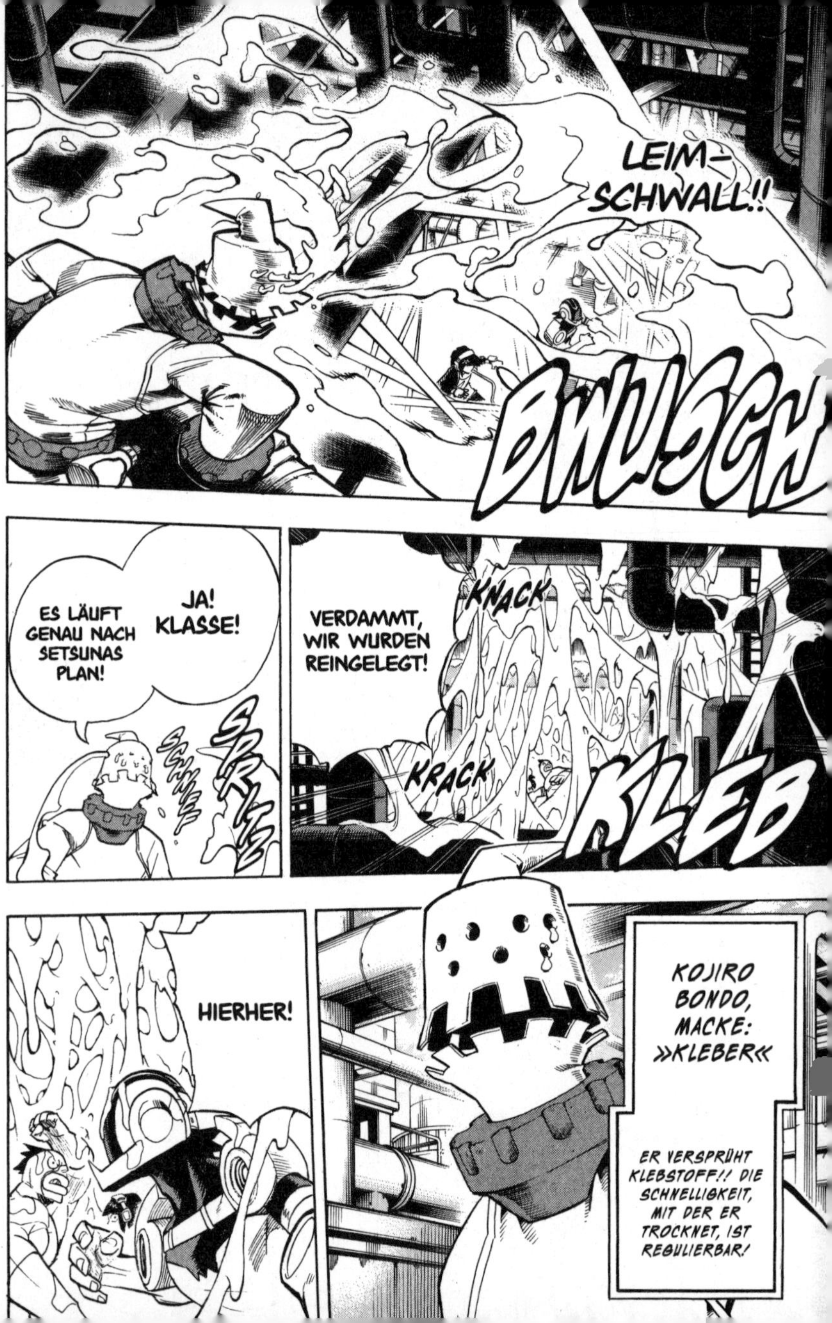

LEIM-
SCHWALL!!
BWUSCH
VERDAMMT,
WIR WURDEN
REINGELEGT!
KNACK
KRACK
KLEB
JA!
KLASSE!
ES LÄUFT
GENAU NACH
SETSUNAS
PLAN!
SPRINM
SCHNELL
KOJIRO
BONDO,
MACKE:
»KLEBER«
ER VERSPRÜHT
KLEBSTOFF!! DIE
SCHNELLIGKEIT,
MIT DER ER
TROCKNET, IST
REGULIERBAR!
HIERHER!

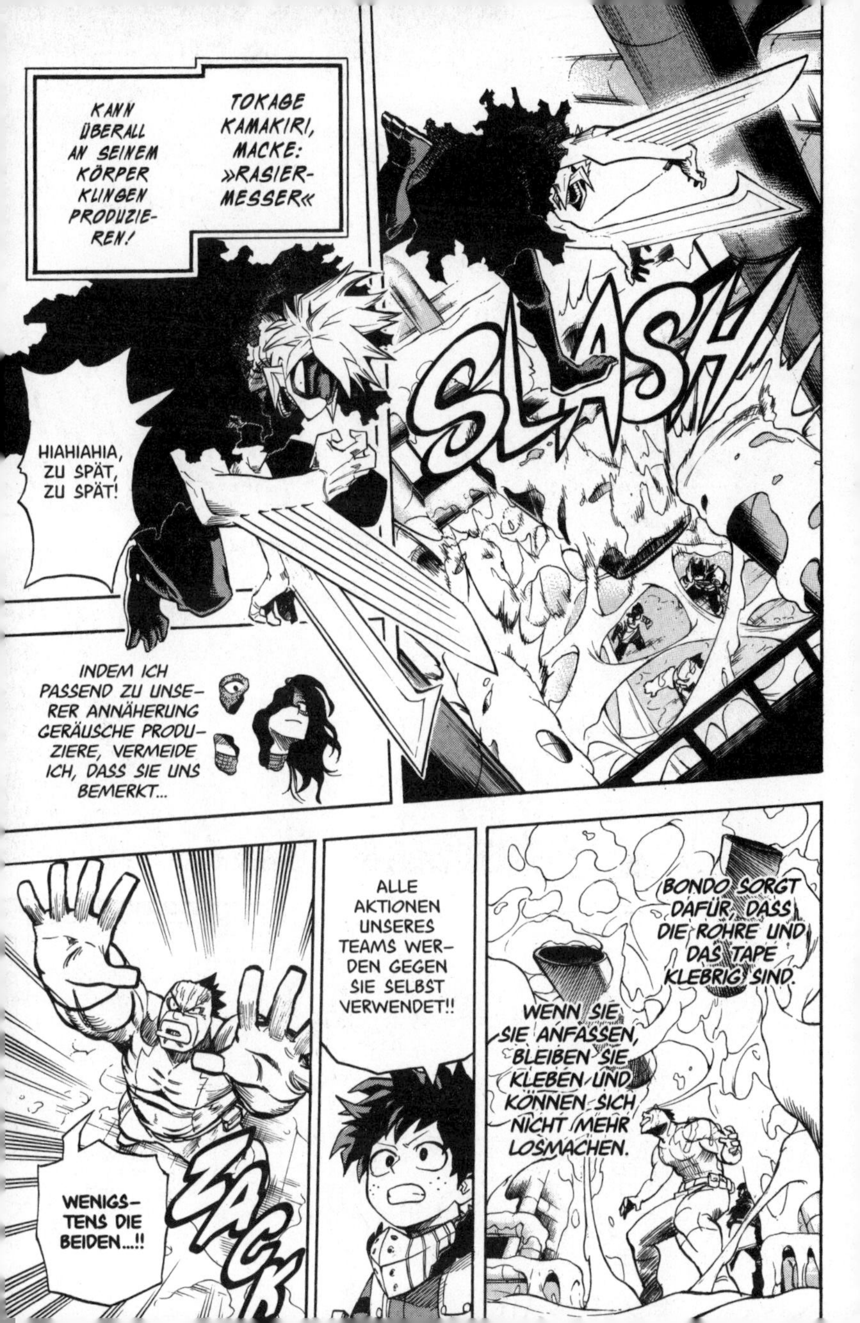

TOKAGE KAMAKIRI, MACKE: »RASIERMESSER«
KANN ÜBERALL AN SEINEM KÖRPER KLINGEN PRODUZIEREN!
SLASH
HIAHIAHIA, ZU SPÄT, ZU SPÄT!
INDEM ICH PASSEND ZU UNSERER ANNÄHERUNG GERÄUSCHE PRODUZIERE, VERMEIDE ICH, DASS SIE UNS BEMERKT...
BONDO SORGT DAFÜR, DASS DIE ROHRE UND DAS TAPE KLEBRIG SIND.
WENN SIE SIE ANFASSEN, BLEIBEN SIE KLEBEN UND KÖNNEN SICH NICHT MEHR LOSMACHEN.
ALLE AKTIONEN UNSERES TEAMS WERDEN GEGEN SIE SELBST VERWENDET!!
WENIGSTENS DIE BEIDEN...!!
ZACK

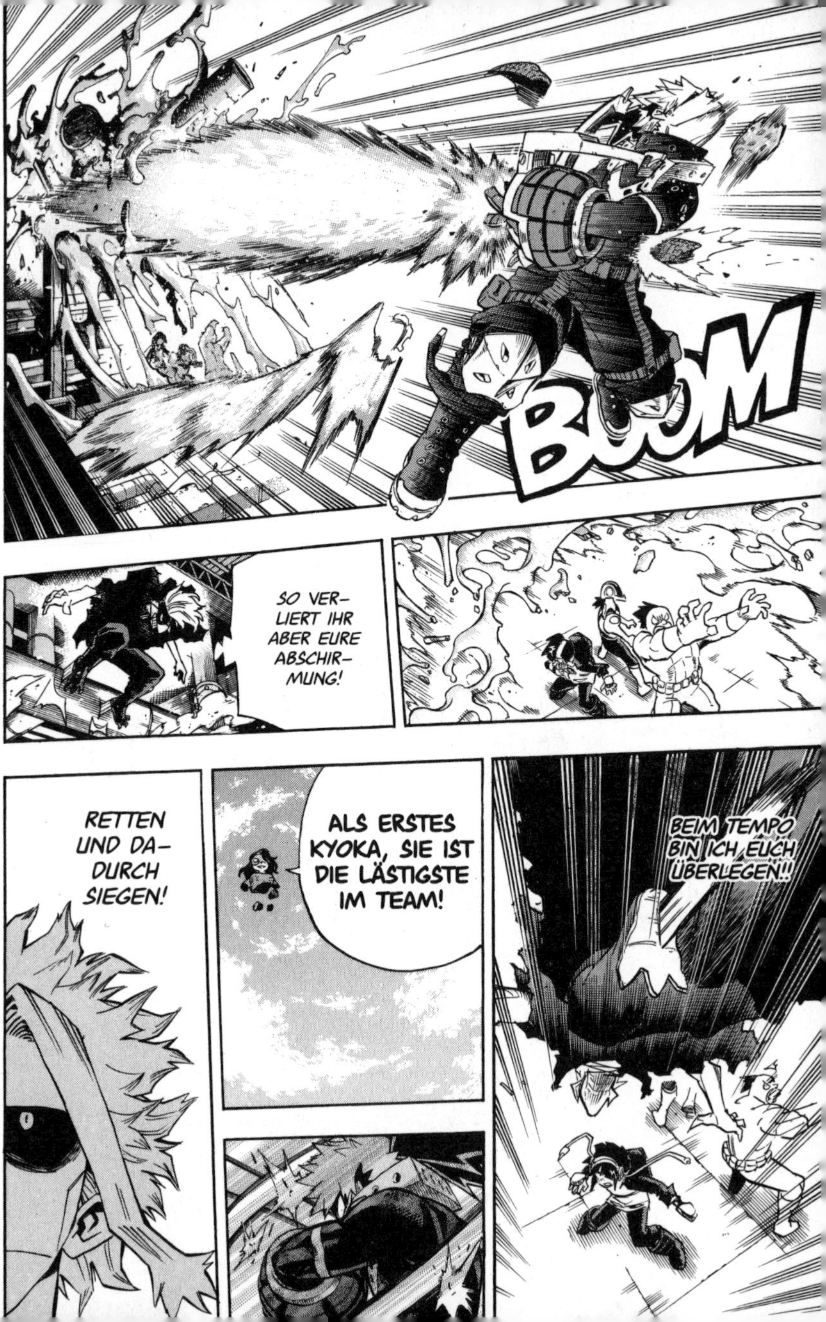

BOOM
SO VERLIERT IHR ABER EURE ABSCHIRMUNG!
BEIM TEMPO BIN ICH EUCH ÜBERLEGEN!!
ALS ERSTES KYOKA, SIE IST DIE LÄSTIGSTE IM TEAM!
RETTEN UND DADURCH SIEGEN!

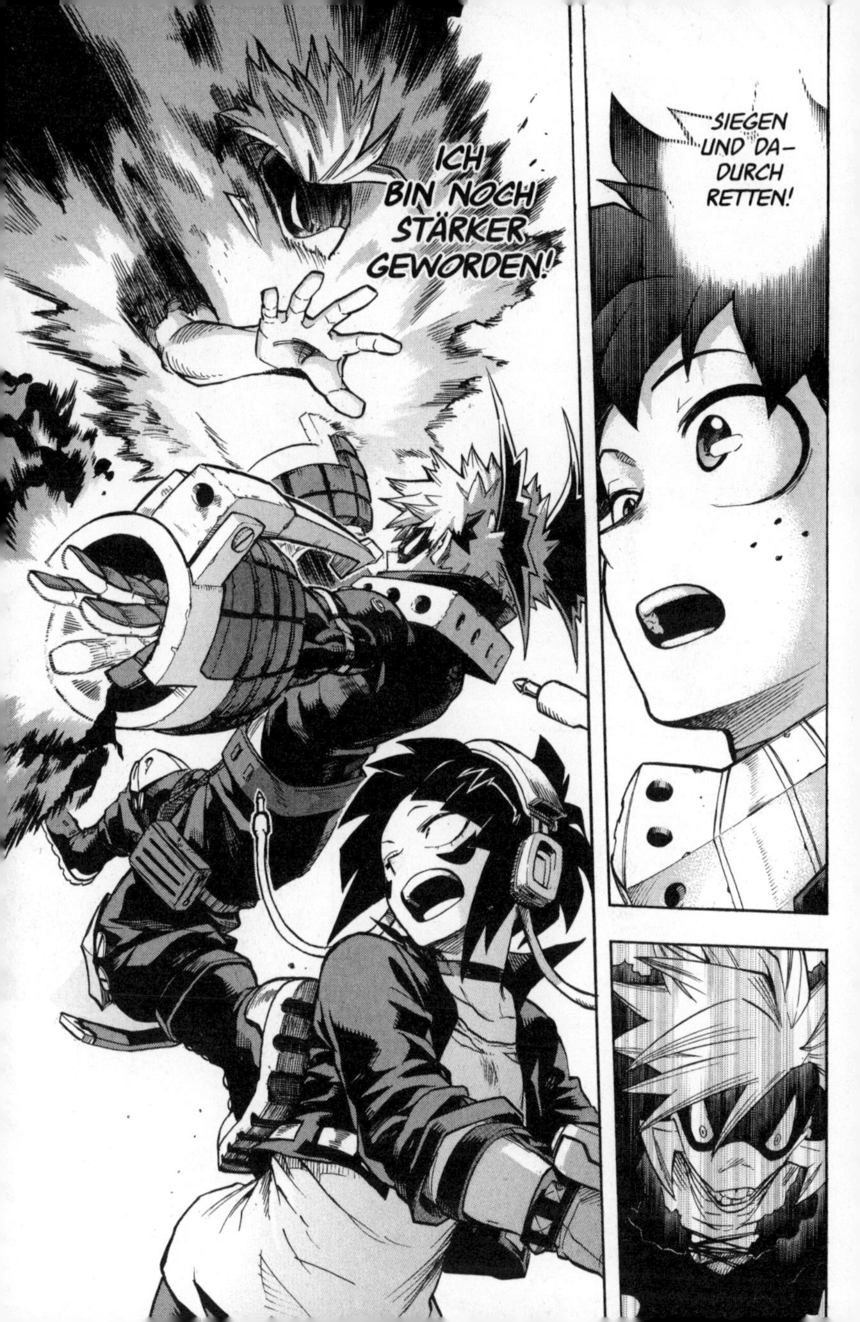
SIEGEN UND DADURCH RETTEN!
ICH BIN NOCH STÄRKER GEWORDEN!

YUI KODAI (15)

The Zivil

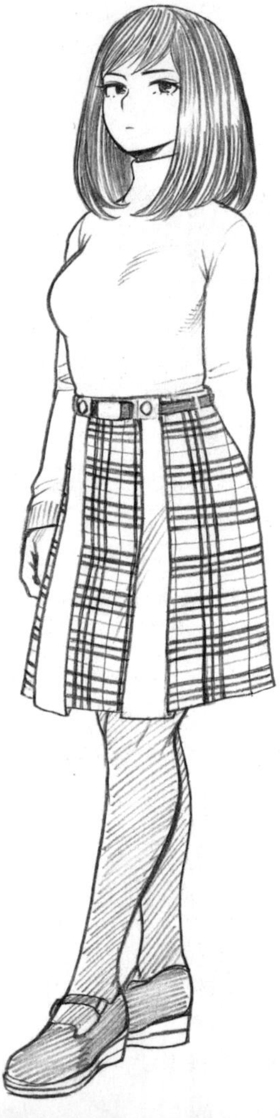

GEBURTSTAG: 19. DEZEMBER
GRÖSSE: 1,60 M
MAG: MATRJOSCHKAS

Wortkarg und ausdruckslos. Man weiß nicht, ob es Gelassenheit ist oder fehlendes Interesse an Dingen und Ereignissen. In der Mittelschule hatten ihre männlichen Mitschüler einen Fanclub gegründet, was sie jedoch bis zum Abschluss nie bemerkt hat.

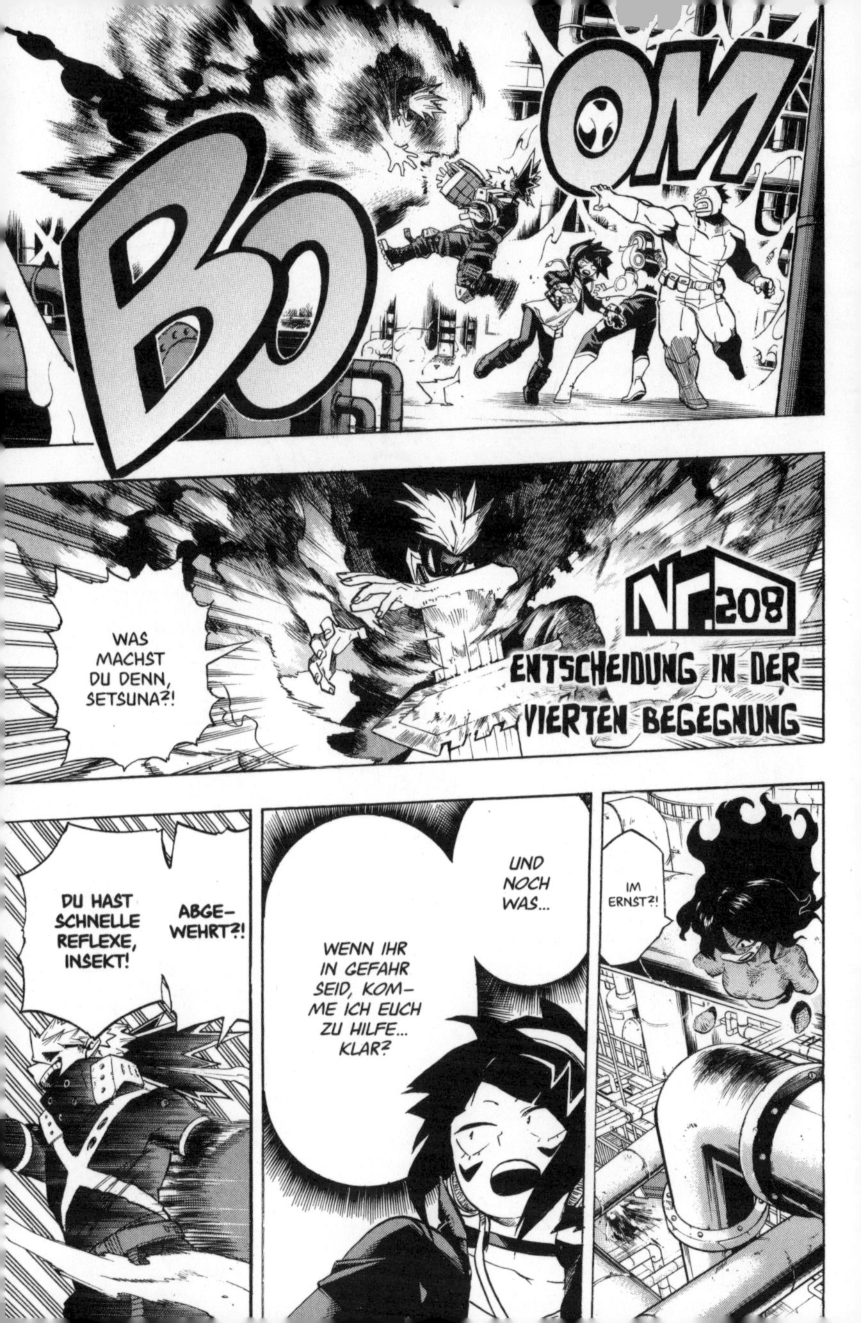
BOOM
NR. 208
ENTSCHEIDUNG IN DER VIERTEN BEGEGNUNG
WAS MACHST DU DENN, SETSUNA?!
IM ERNST?!
UND NOCH WAS...
WENN IHR IN GEFAHR SEID, KOMME ICH EUCH ZU HILFE... KLAR?
ABGEWEHRT?!
DU HAST SCHNELLE REFLEXE, INSEKT!

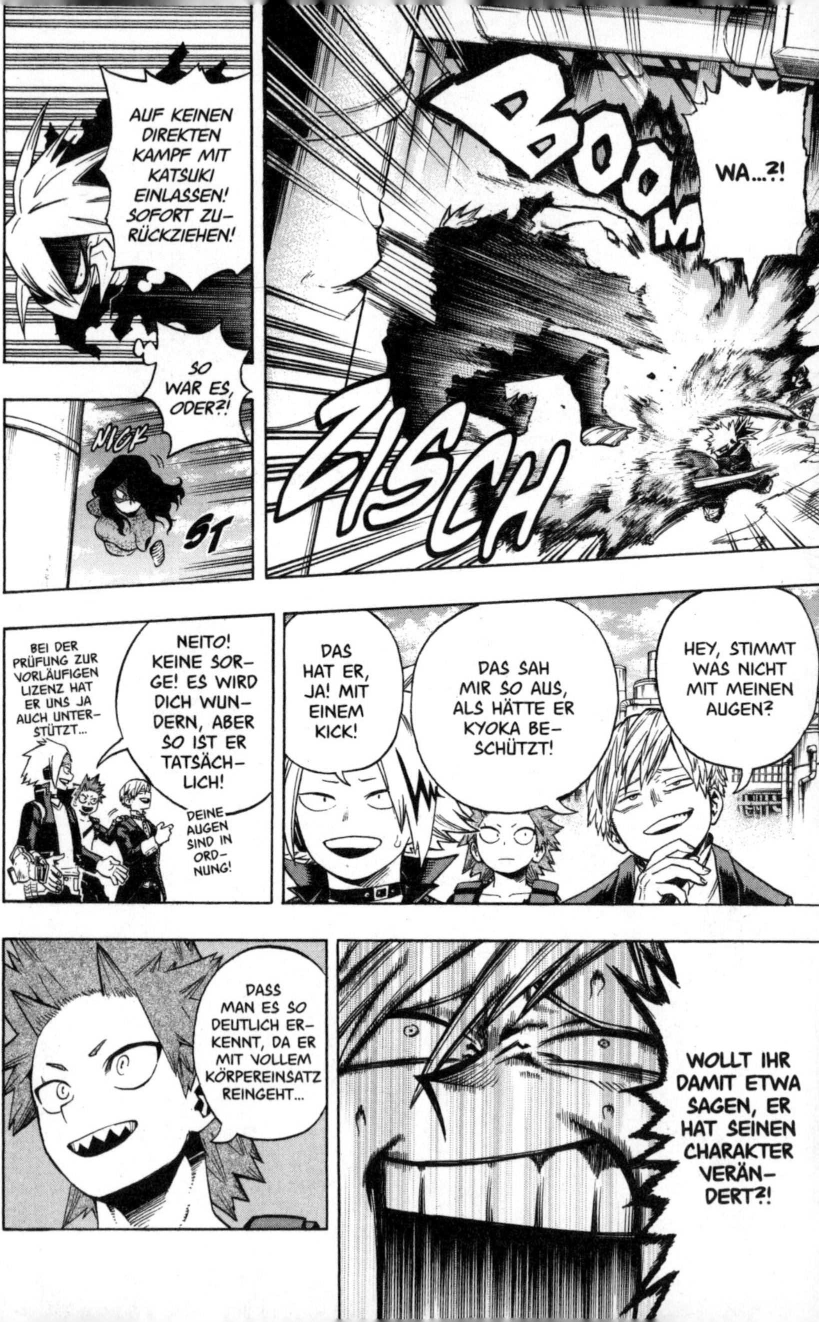
BOOM
WA...?!
ZISCH
AUF KEINEN DIREKTEN KAMPF MIT KATSUKI EINLASSEN! SOFORT ZURÜCKZIEHEN!
SO WAR ES, ODER?!
NICK
ST
HEY, STIMMT WAS NICHT MIT MEINEN AUGEN?
DAS SAH MIR SO AUS, ALS HÄTTE ER KYOKA BESCHÜTZT!
DAS HAT ER, JA! MIT EINEM KICK!
NEITO! KEINE SORGE! ES WIRD DICH WUNDERN, ABER SO IST ER TATSÄCHLICH!
BEI DER PRÜFUNG ZUR VORLÄUFIGEN LIZENZ HAT ER UNS JA AUCH UNTERSTÜTZT...
DEINE AUGEN SIND IN ORDNUNG!
WOLLT IHR DAMIT ETWA SAGEN, ER HAT SEINEN CHARAKTER VERÄNDERT?!
DASS MAN ES SO DEUTLICH ERKENNT, DA ER MIT VOLLEM KÖRPEREINSATZ REINGEHT...

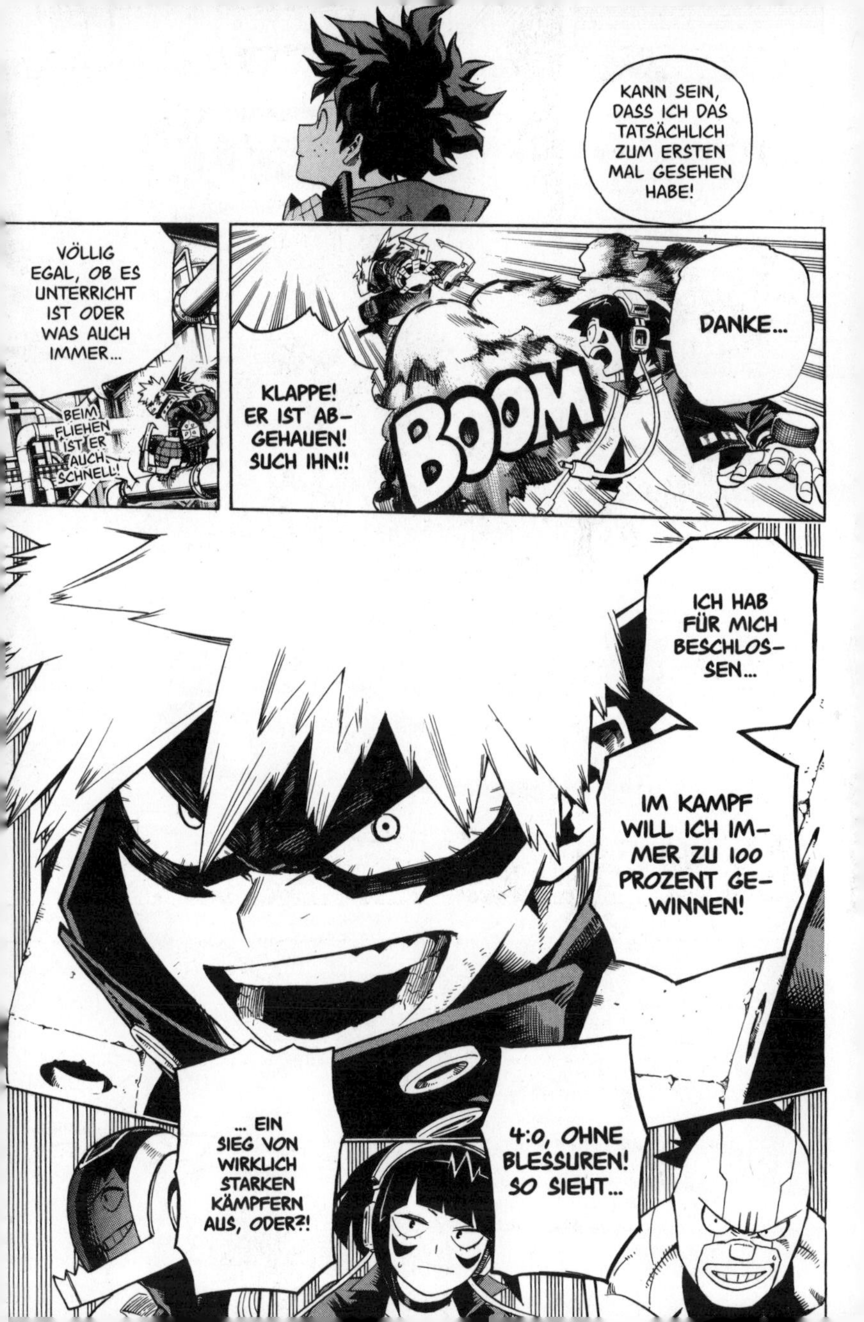
KANN SEIN, DASS ICH DAS TATSÄCHLICH ZUM ERSTEN MAL GESEHEN HABE!
DANKE...
BOOM
KLAPPE! ER IST AB-GEHAUEN! SUCH IHN!!
VÖLLIG EGAL, OB ES UNTERRICHT IST ODER WAS AUCH IMMER...
BEIM FLIEHEN IST ER AUCH SCHNELL!
ICH HAB FÜR MICH BESCHLOS-SEN...
IM KAMPF WILL ICH IM-MER ZU 100 PROZENT GE-WINNEN!
4:0, OHNE BLESSUREN! SO SIEHT...
... EIN SIEG VON WIRKLICH STARKEN KÄMPFERN AUS, ODER?!

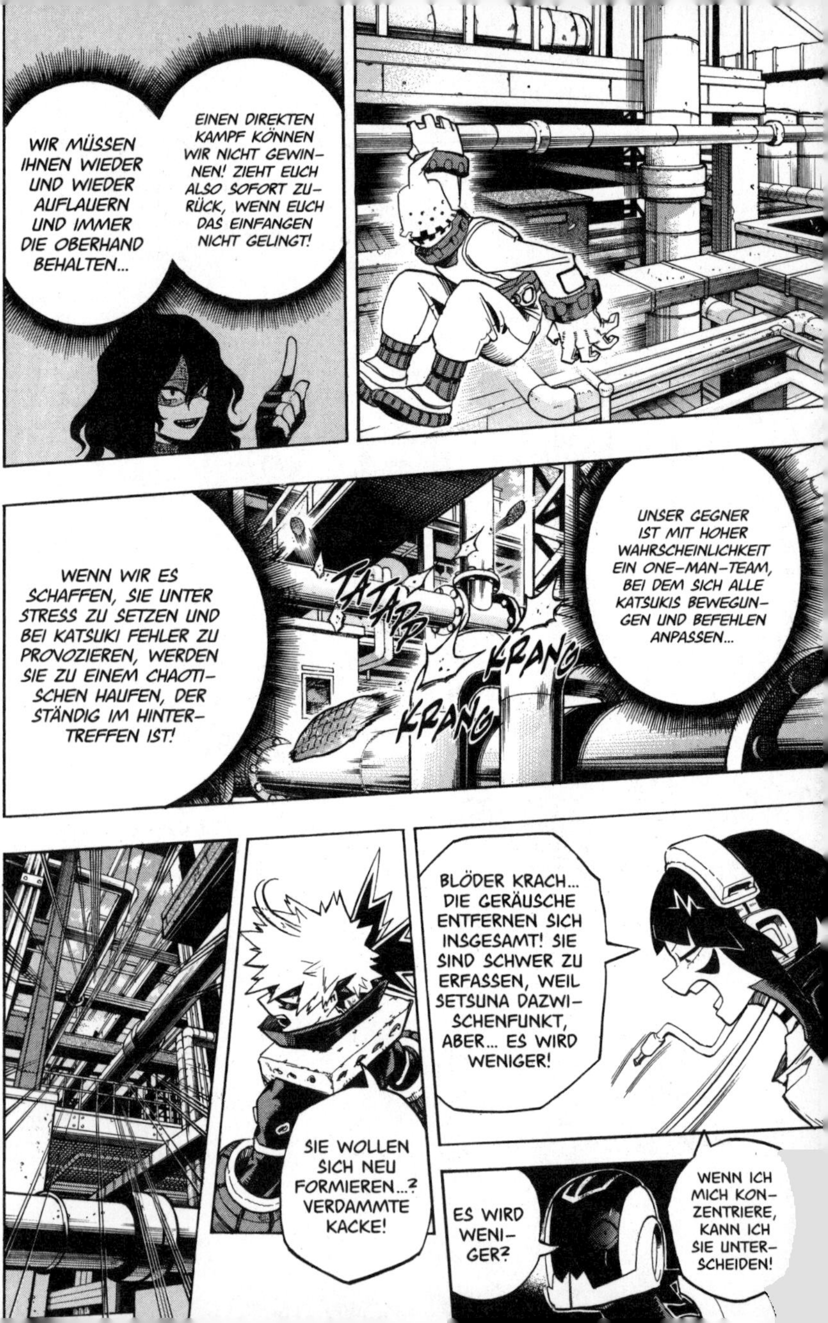
EINEN DIREKTEN KAMPF KÖNNEN WIR NICHT GEWIN-NEN! ZIEHT EUCH ALSO SOFORT ZU-RÜCK, WENN EUCH DAS EINFANGEN NICHT GELINGT!
WIR MÜSSEN IHNEN WIEDER UND WIEDER AUFLAUERN UND IMMER DIE OBERHAND BEHALTEN...
UNSER GEGNER IST MIT HOHER WAHRSCHEINLICHKEIT EIN ONE-MAN-TEAM, BEI DEM SICH ALLE KATSUKIS BEWEGUN-GEN UND BEFEHLEN ANPASSEN...
KRANG
KRANG
TATAPP
WENN WIR ES SCHAFFEN, SIE UNTER STRESS ZU SETZEN UND BEI KATSUKI FEHLER ZU PROVOZIEREN, WERDEN SIE ZU EINEM CHAOTI-SCHEN HAUFEN, DER STÄNDIG IM HINTER-TREFFEN IST!
BLÖDER KRACH... DIE GERÄUSCHE ENTFERNEN SICH INSGESAMT! SIE SIND SCHWER ZU ERFASSEN, WEIL SETSUNA DAZWI-SCHENFUNKT, ABER... ES WIRD WENIGER!
SIE WOLLEN SICH NEU FORMIEREN...? VERDAMMTE KACKE!
WENN ICH MICH KON-ZENTRIERE, KANN ICH SIE UNTER-SCHEIDEN!
ES WIRD WENI-GER?

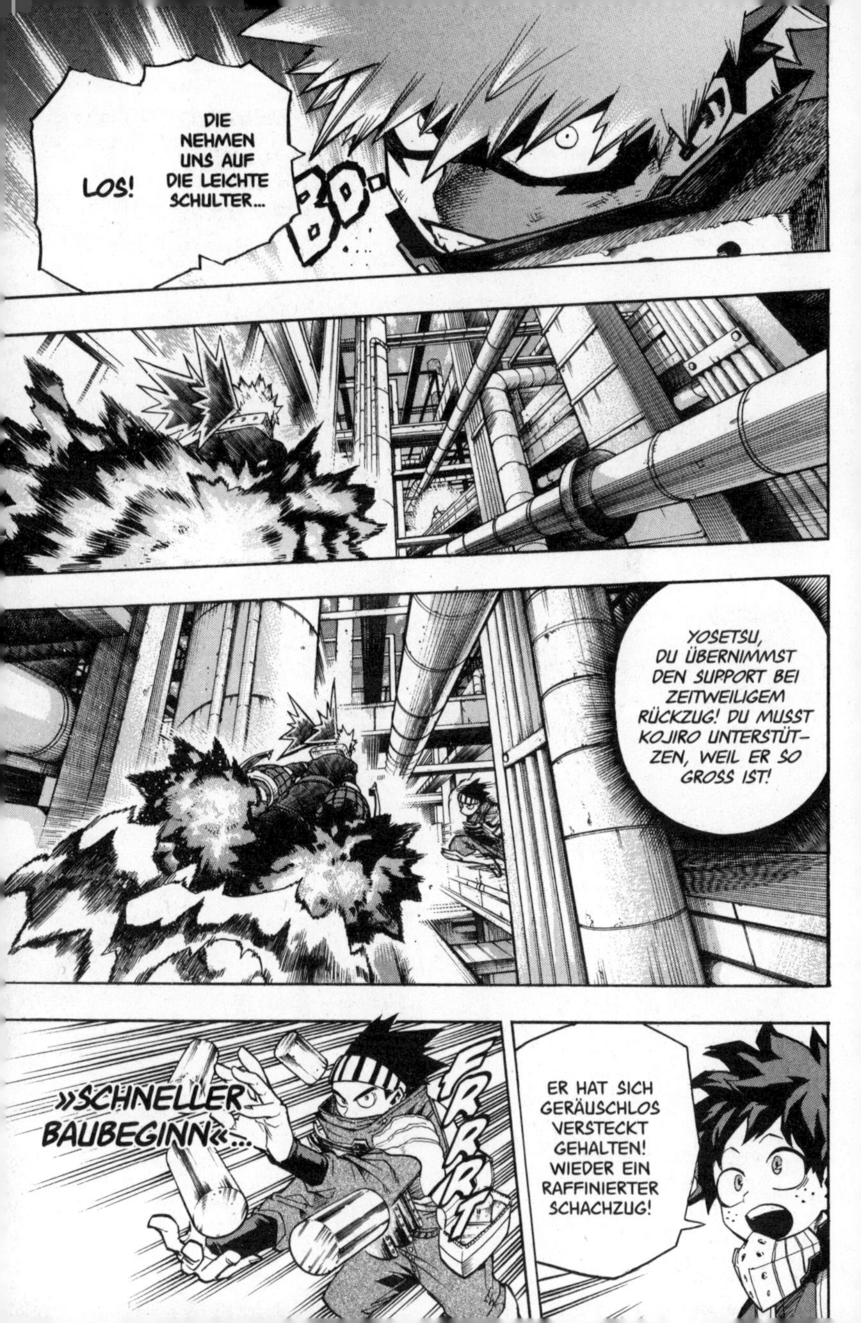
DIE NEHMEN UNS AUF DIE LEICHTE SCHULTER...
LOS!
BOOO
YOSETSU, DU ÜBERNIMMST DEN SUPPORT BEI ZEITWEILIGEM RÜCKZUG! DU MUSST KOJIRO UNTERSTÜTZEN, WEIL ER SO GROSS IST!
ER HAT SICH GERÄUSCHLOS VERSTECKT GEHALTEN! WIEDER EIN RAFFINIERTER SCHACHZUG!
FRRRT
»SCHNELLER BAUBEGINN«...

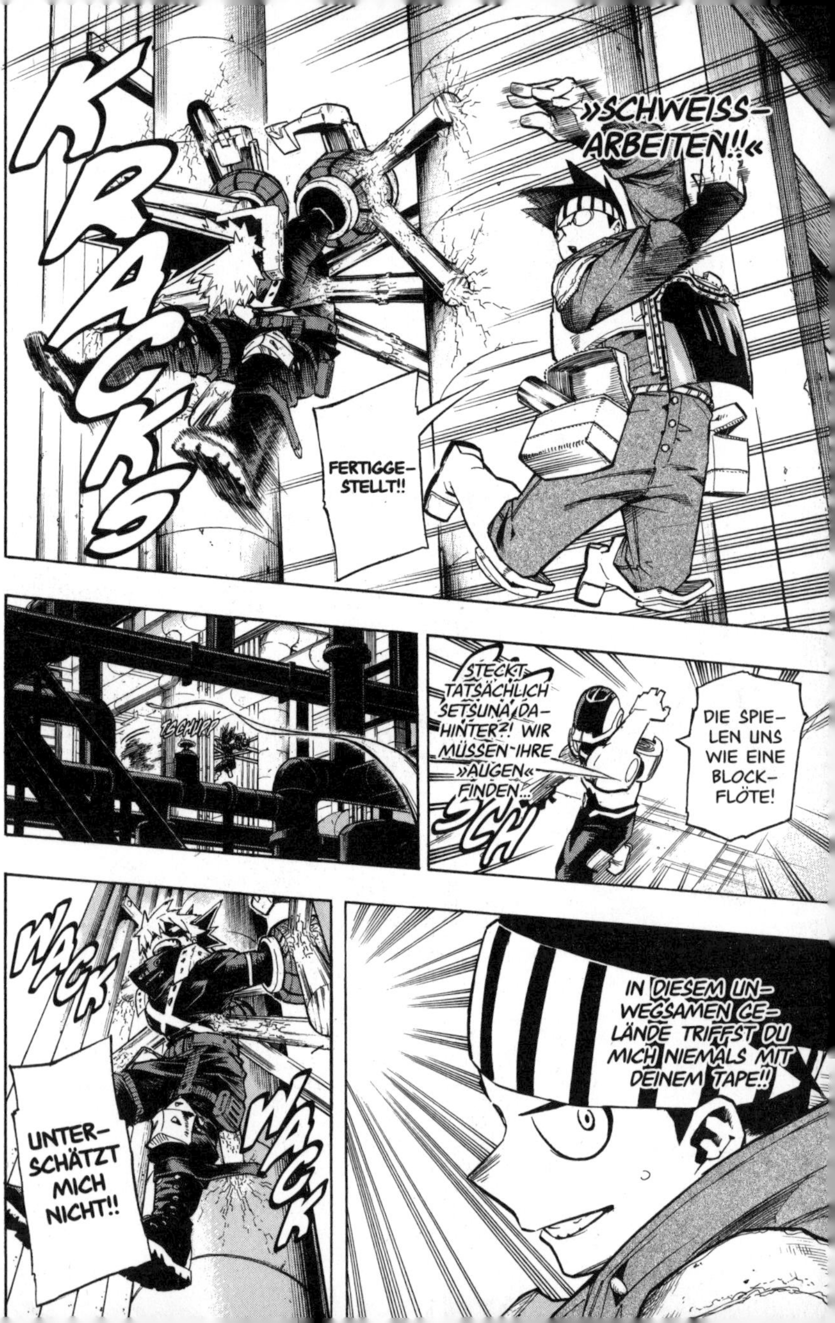
»SCHWEISS-ARBEITEN!!«
KRACKS
FERTIGGE-STELLT!!
TSCHIRP
DIE SPIELEN UNS WIE EINE BLOCKFLÖTE!
STECKT TATSÄCHLICH SETSUNA DAHINTER?! WIR MÜSSEN IHRE »AUGEN« FINDEN...
SCH
IN DIESEM UNWEGSAMEN GELÄNDE TRIFFST DU MICH NIEMALS MIT DEINEM TAPE!!
WACK
WACK
UNTERSCHÄTZT MICH NICHT!!

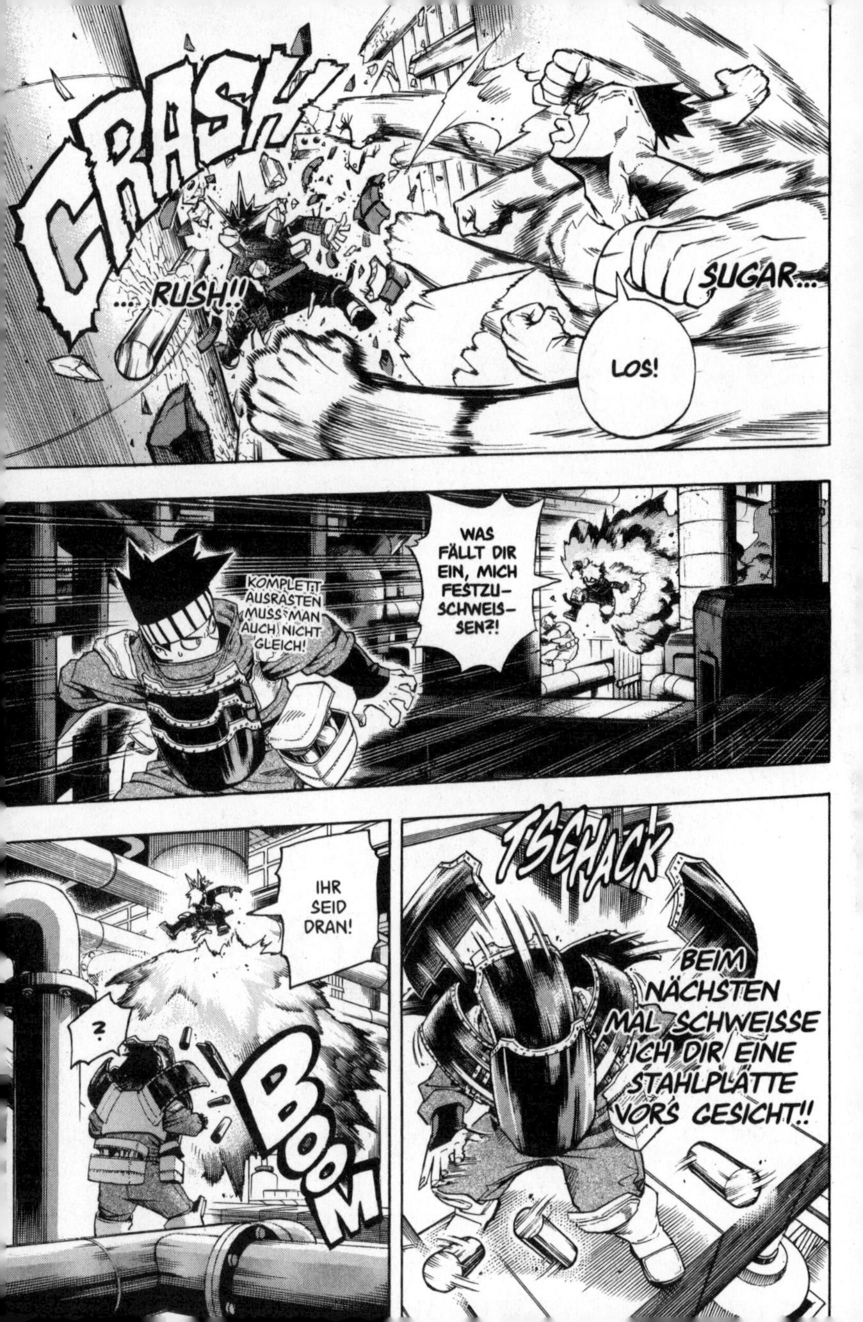
SUGAR...
LOS!
...RUSH!!
CRASH
WAS FÄLLT DIR EIN, MICH FESTZUSCHWEISSEN?!
KOMPLETT AUSRASTEN MUSS MAN AUCH NICHT GLEICH!
TSCHACK
BEIM NÄCHSTEN MAL SCHWEISSE ICH DIR EINE STAHLPLATTE VORS GESICHT!!
IHR SEID DRAN!
?
BOOM

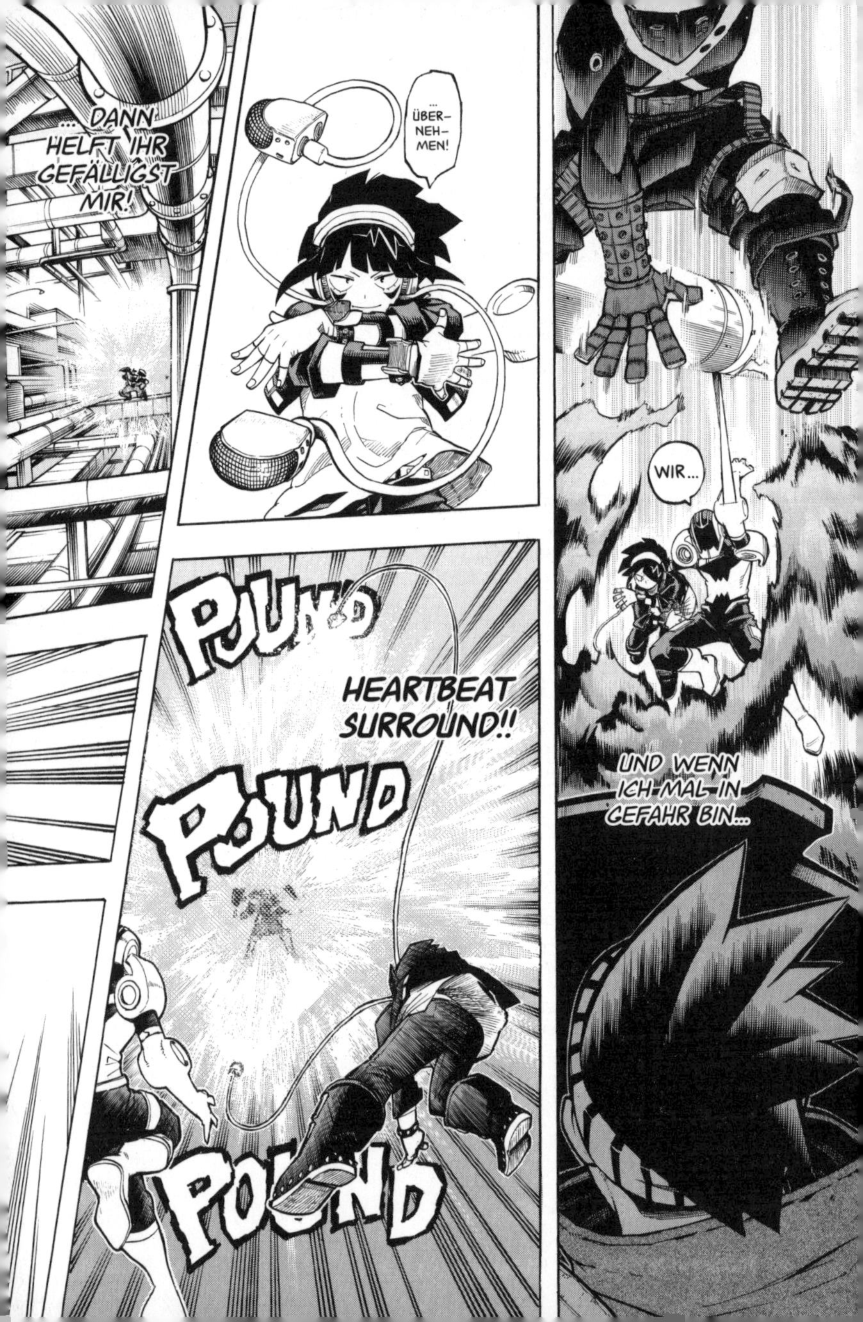
WIR…
UND WENN ICH MAL IN GEFAHR BIN…
… ÜBER-NEH-MEN!
… DANN HELFT IHR GEFÄLLIGST MIR!
POUND
HEARTBEAT SURROUND!!
POUND
POUND

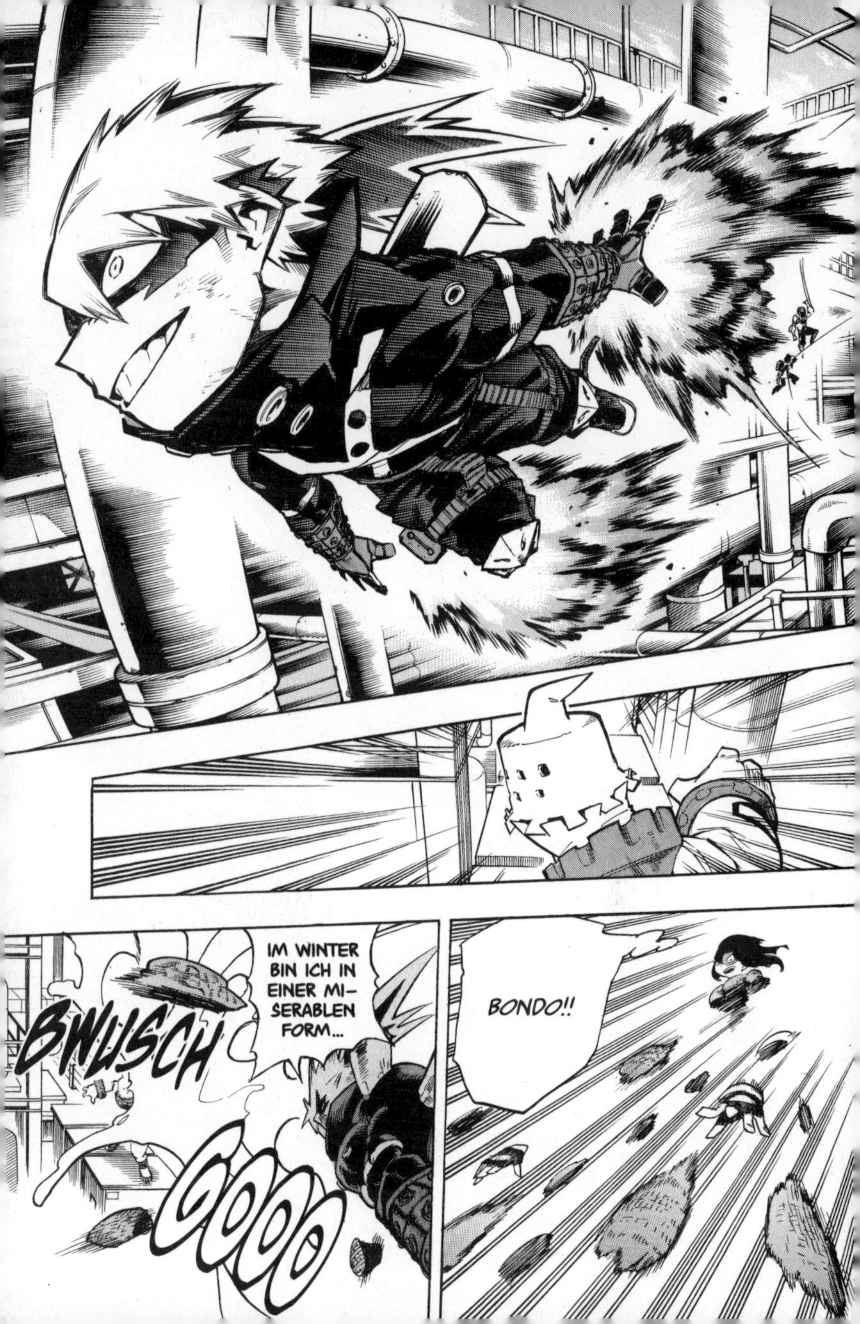
BONDO!!
IM WINTER BIN ICH IN EINER MI-SERABLEN FORM...
BWUSCH

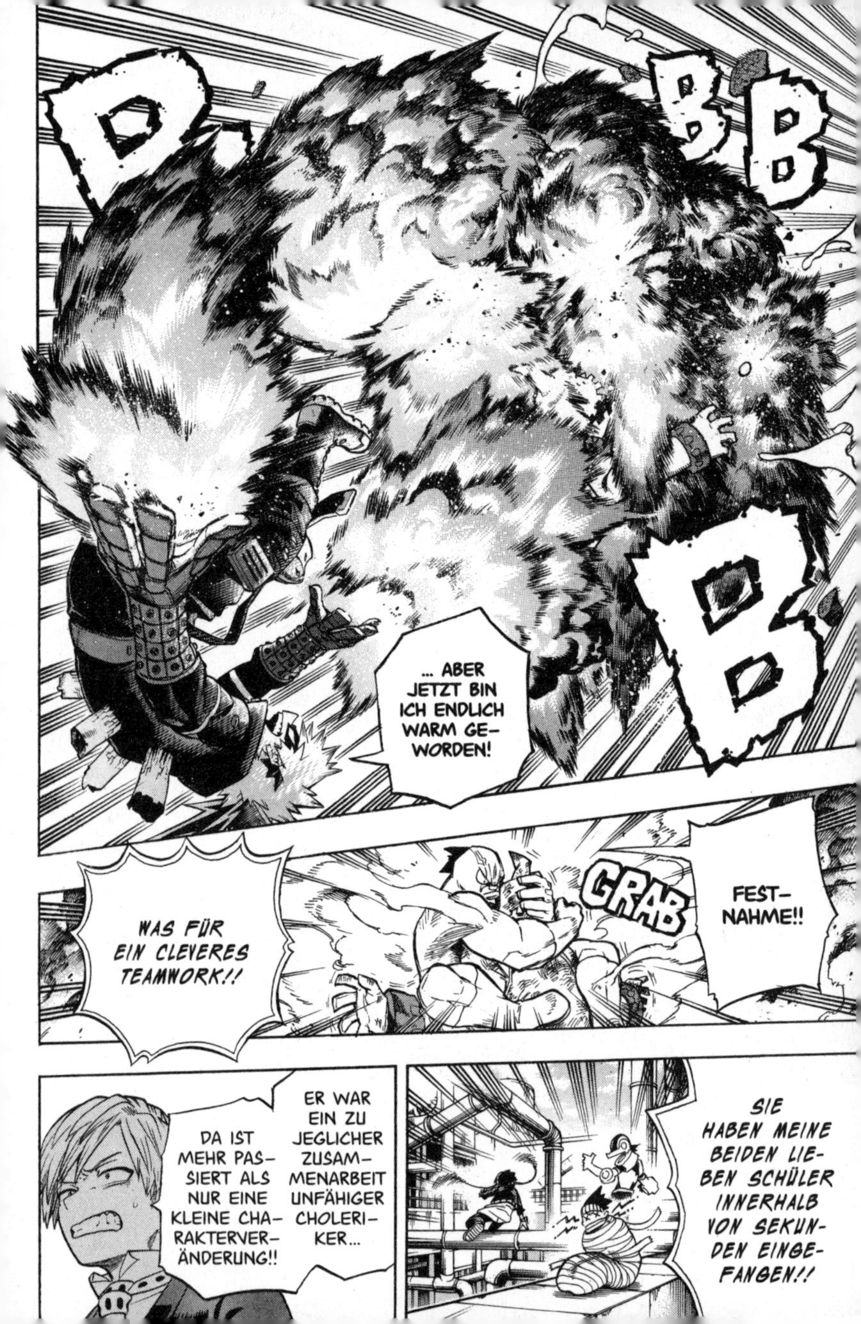

BBB
D
... ABER JETZT BIN ICH ENDLICH WARM GEWORDEN!
B
FEST-NAHME!!
GRAB
WAS FÜR EIN CLEVERES TEAMWORK!!
SIE HABEN MEINE BEIDEN LIEBEN SCHÜLER INNERHALB VON SEKUNDEN EINGEFANGEN!!
ER WAR EIN ZU JEGLICHER ZUSAMMENARBEIT UNFÄHIGER CHOLERIKER...
DA IST MEHR PASSIERT ALS NUR EINE KLEINE CHARAKTERVERÄNDERUNG!!

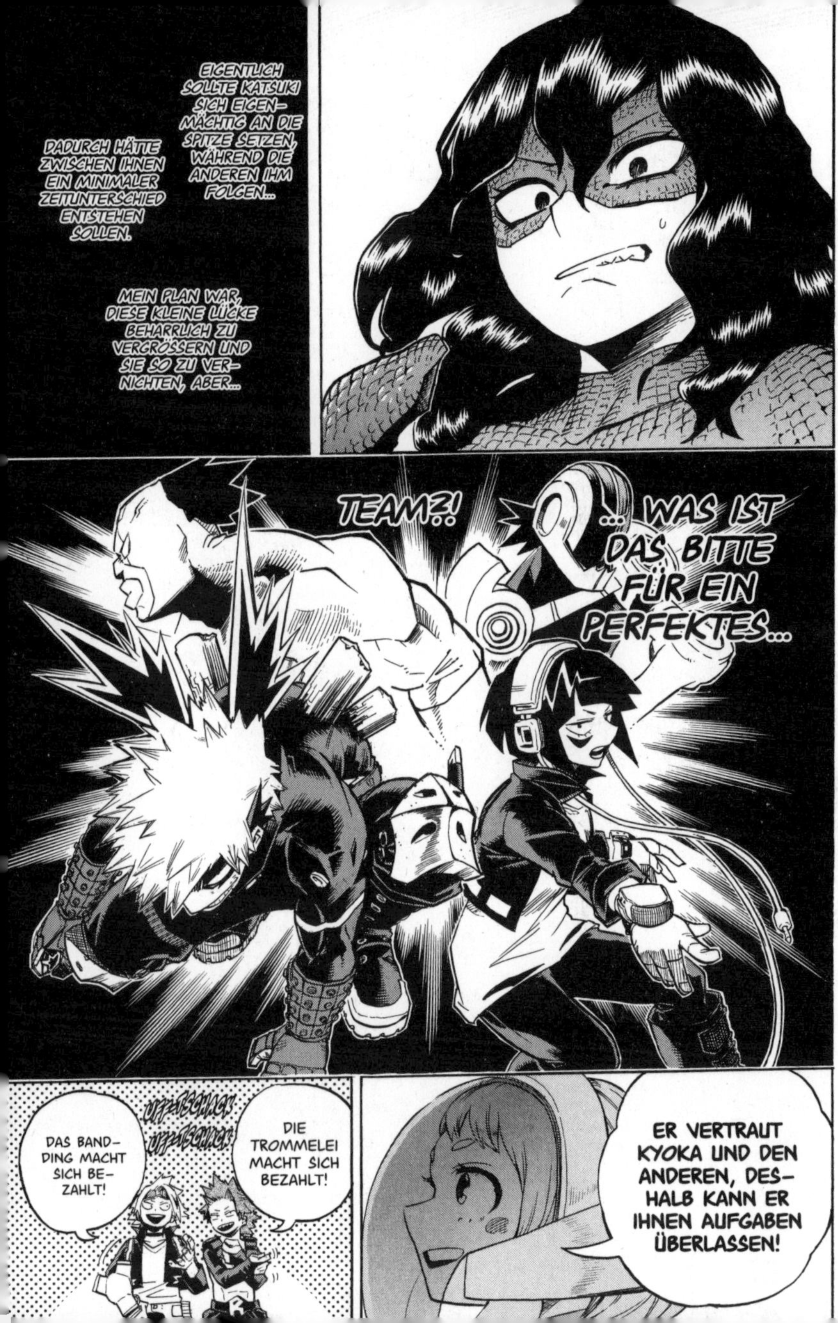
EIGENTLICH SOLLTE KATSUKI SICH EIGENMÄCHTIG AN DIE SPITZE SETZEN, WÄHREND DIE ANDEREN IHM FOLGEN...
DADURCH HÄTTE ZWISCHEN IHNEN EIN MINIMALER ZEITUNTERSCHIED ENTSTEHEN SOLLEN.
MEIN PLAN WAR, DIESE KLEINE LÜCKE BEHARRLICH ZU VERGRÖSSERN UND SIE SO ZU VERNICHTEN, ABER...
... WAS IST DAS BITTE FÜR EIN PERFEKTES...
TEAM?!
ER VERTRAUT KYOKA UND DEN ANDEREN, DESHALB KANN ER IHNEN AUFGABEN ÜBERLASSEN!
DIE TROMMELEI MACHT SICH BEZAHLT!
DAS BAND-DING MACHT SICH BEZAHLT!

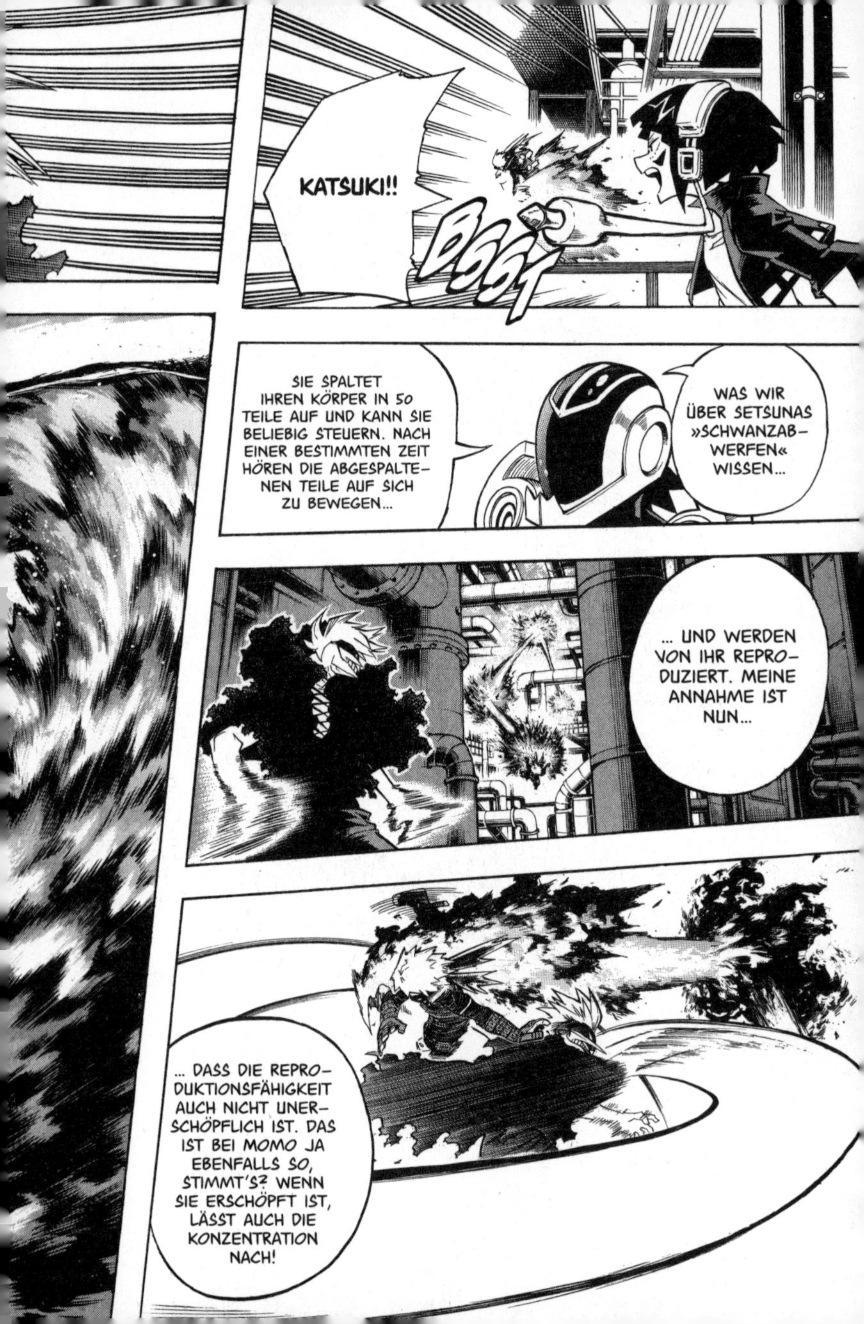
KATSUKI!!
BOOT
WAS WIR ÜBER SETSUNAS »SCHWANZAB-WERFEN« WISSEN...
SIE SPALTET IHREN KÖRPER IN 50 TEILE AUF UND KANN SIE BELIEBIG STEUERN. NACH EINER BESTIMMTEN ZEIT HÖREN DIE ABGESPALTE-NEN TEILE AUF SICH ZU BEWEGEN...
... UND WERDEN VON IHR REPRO-DUZIERT. MEINE ANNAHME IST NUN...
... DASS DIE REPRO-DUKTIONSFÄHIGKEIT AUCH NICHT UNER-SCHÖPFLICH IST. DAS IST BEI MOMO JA EBENFALLS SO, STIMMT'S? WENN SIE ERSCHÖPFT IST, LÄSST AUCH DIE KONZENTRATION NACH!

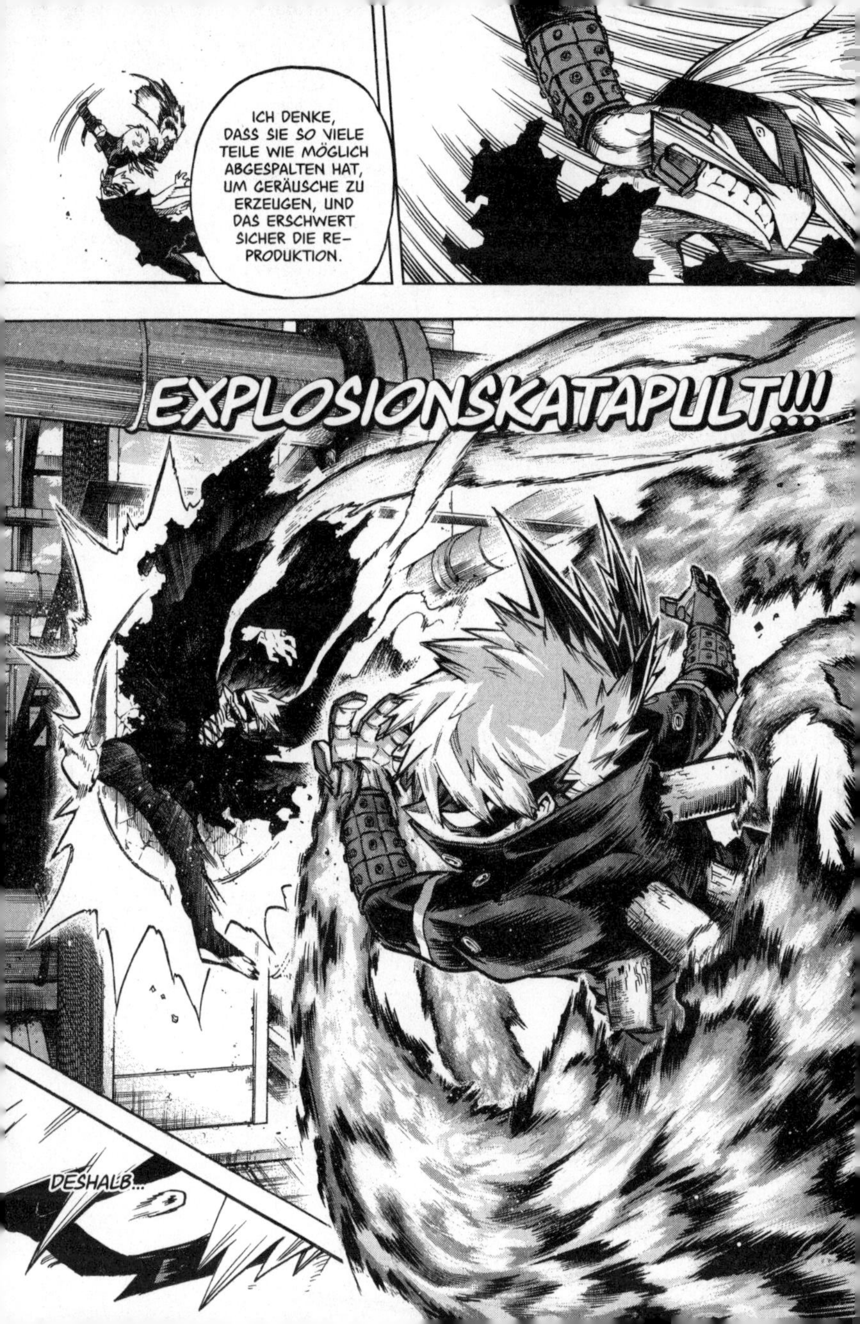
ICH DENKE, DASS SIE SO VIELE TEILE WIE MÖGLICH ABGESPALTEN HAT, UM GERÄUSCHE ZU ERZEUGEN, UND DAS ERSCHWERT SICHER DIE RE-PRODUKTION.
EXPLOSIONSKATAPULT!!!
DESHALB...

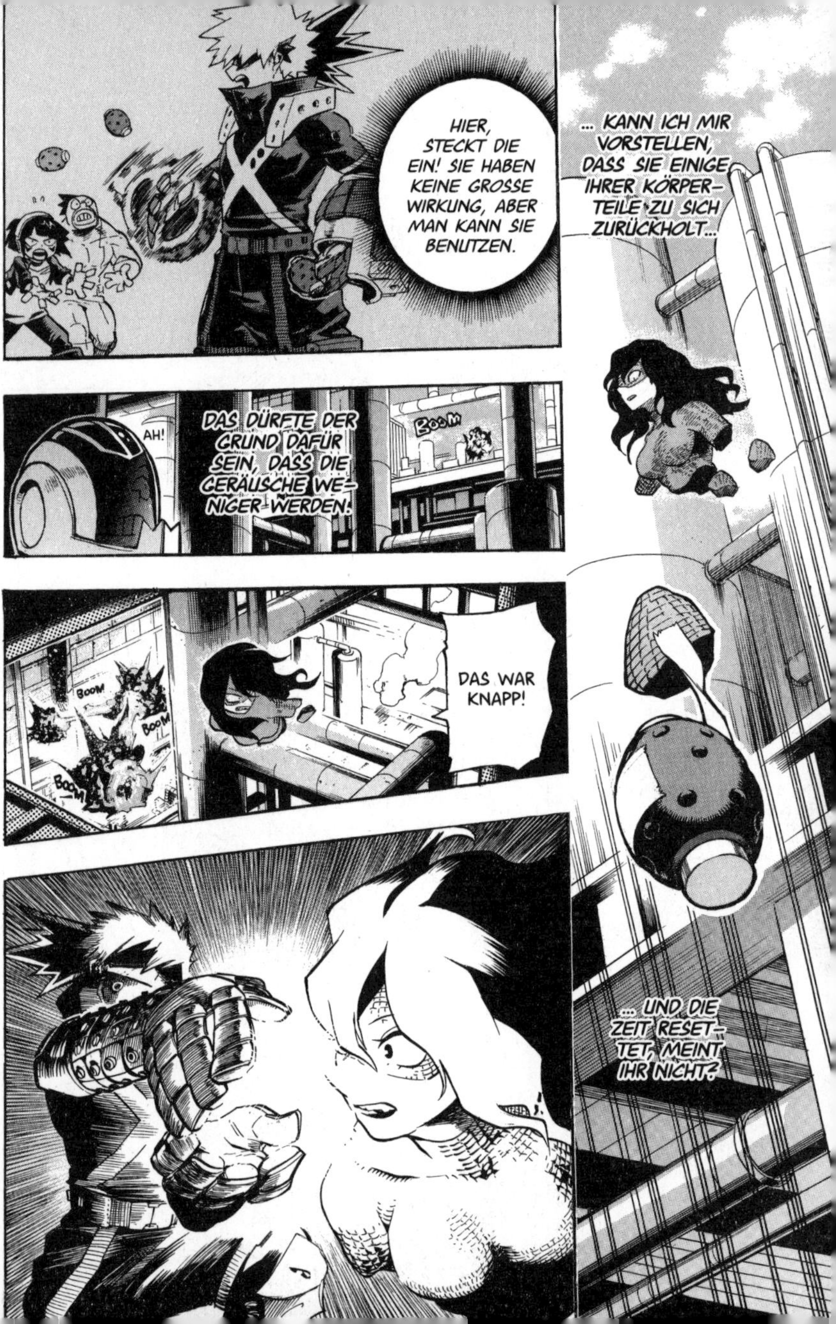
... KANN ICH MIR VORSTELLEN, DASS SIE EINIGE IHRER KÖRPER-TEILE ZU SICH ZURÜCKHOLT...
HIER, STECKT DIE EIN! SIE HABEN KEINE GROSSE WIRKUNG, ABER MAN KANN SIE BENUTZEN.
DAS DÜRFTE DER GRUND DAFÜR SEIN, DASS DIE GERÄUSCHE WE-NIGER WERDEN.
BOOM
AH!
DAS WAR KNAPP!
BOOM
BOOM
BOOM
... UND DIE ZEIT RESET-TET, MEINT IHR NICHT?

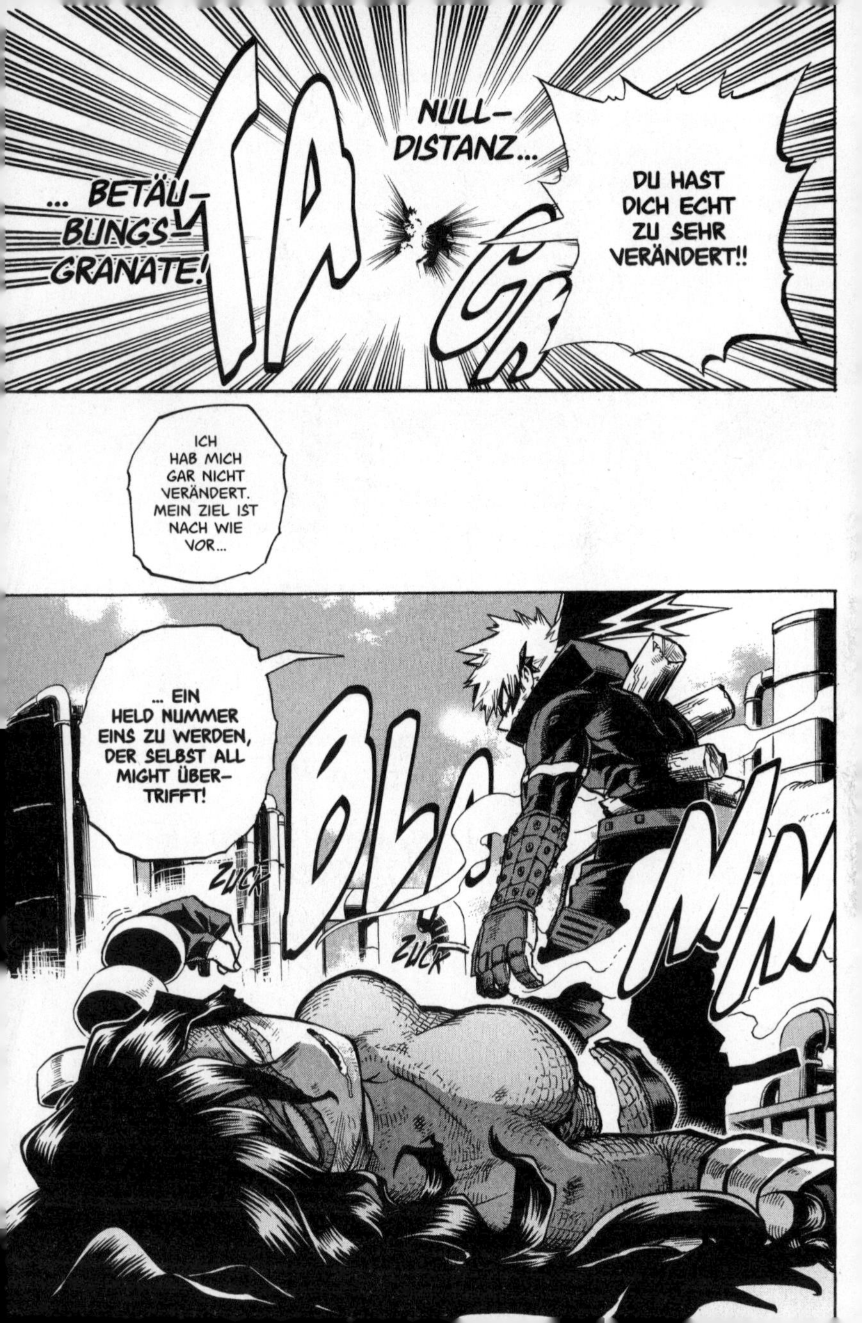

DU HAST DICH ECHT ZU SEHR VERÄNDERT!!
NULL-DISTANZ...
... BETÄUBUNGS-GRANATE!
ICH HAB MICH GAR NICHT VERÄNDERT. MEIN ZIEL IST NACH WIE VOR...
... EIN HELD NUMMER EINS ZU WERDEN, DER SELBST ALL MIGHT ÜBERTRIFFT!
ZUCK
ZUCK

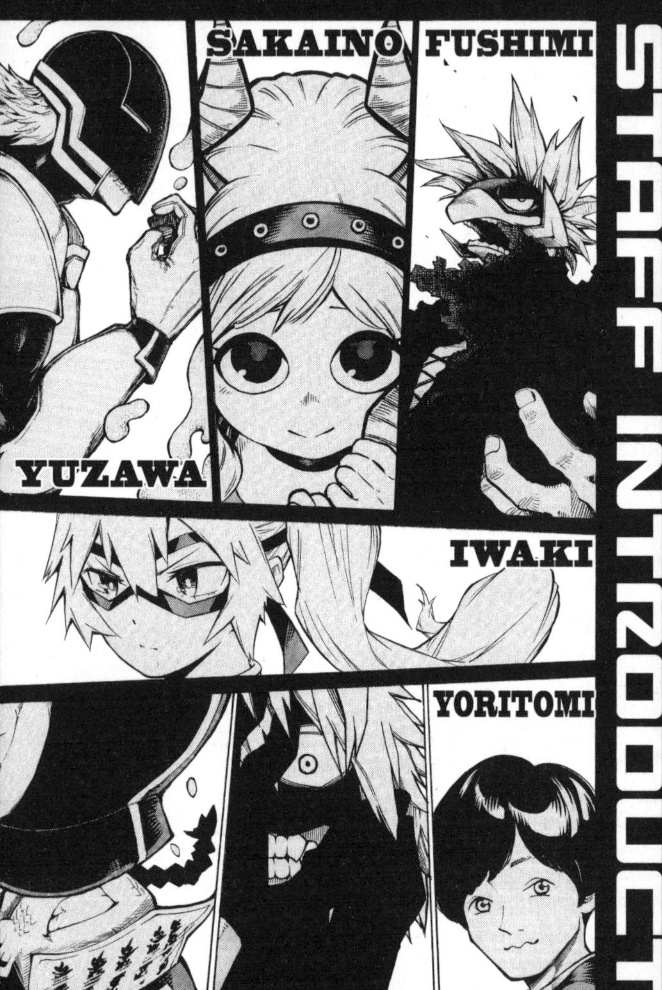
STAFF INTRODUCTION
FUSHIMI
SAKAINO
YUZAWA
IWAKI
YORITOMI
IKEDA
NOGUCHI

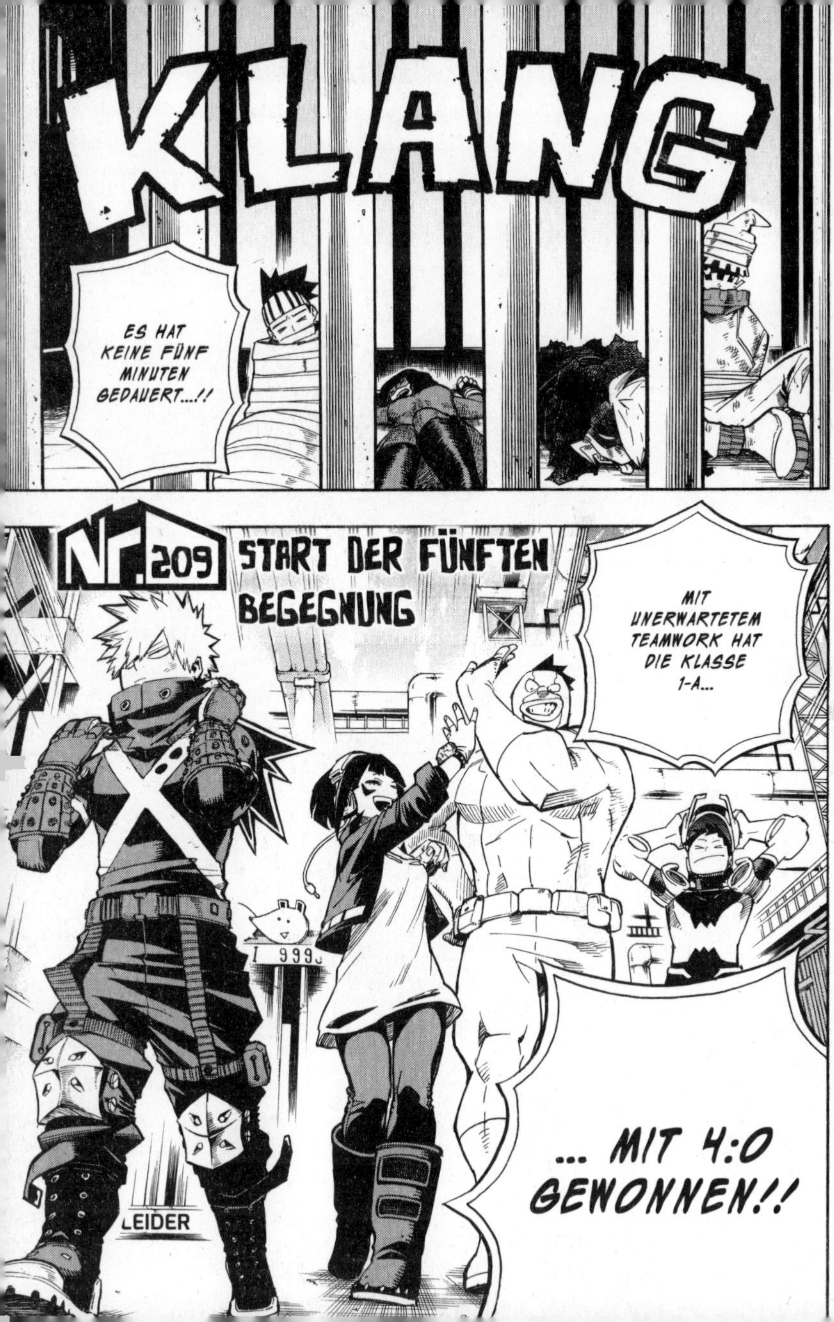
KLANG
ES HAT KEINE FÜNF MINUTEN GEDAUERT...!!
Nr. 209 START DER FÜNFTEN BEGEGNUNG
MIT UNERWARTETEM TEAMWORK HAT DIE KLASSE 1-A...
... MIT 4:0 GEWONNEN!!
LEIDER

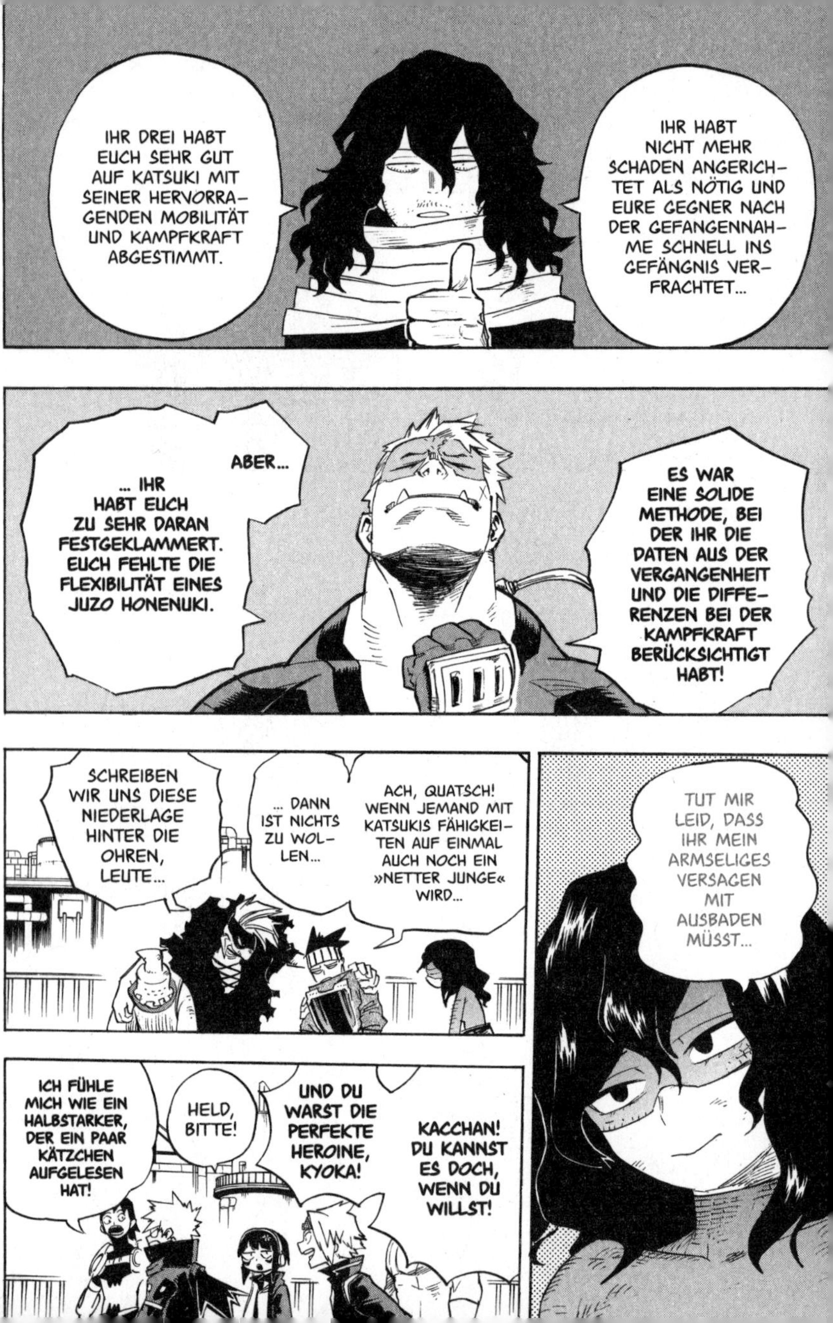
IHR HABT NICHT MEHR SCHADEN ANGERICH-TET ALS NÖTIG UND EURE GEGNER NACH DER GEFANGENNAH-ME SCHNELL INS GEFÄNGNIS VER-FRACHTET...
IHR DREI HABT EUCH SEHR GUT AUF KATSUKI MIT SEINER HERVORRA-GENDEN MOBILITÄT UND KAMPFKRAFT ABGESTIMMT.
ES WAR EINE SOLIDE METHODE, BEI DER IHR DIE DATEN AUS DER VERGANGENHEIT UND DIE DIFFE-RENZEN BEI DER KAMPFKRAFT BERÜCKSICHTIGT HABT!
ABER...
... IHR HABT EUCH ZU SEHR DARAN FESTGEKLAMMERT. EUCH FEHLTE DIE FLEXIBILITÄT EINES JUZO HONENUKI.
TUT MIR LEID, DASS IHR MEIN ARMSELIGES VERSAGEN MIT AUSBADEN MÜSST...
ACH, QUATSCH! WENN JEMAND MIT KATSUKIS FÄHIGKEI-TEN AUF EINMAL AUCH NOCH EIN »NETTER JUNGE« WIRD...
... DANN IST NICHTS ZU WOL-LEN...
SCHREIBEN WIR UNS DIESE NIEDERLAGE HINTER DIE OHREN, LEUTE...
KACCHAN! DU KANNST ES DOCH, WENN DU WILLST!
UND DU WARST DIE PERFEKTE HEROINE, KYOKA!
HELD, BITTE!
ICH FÜHLE MICH WIE EIN HALBSTARKER, DER EIN PAAR KÄTZCHEN AUFGELESEN HAT!

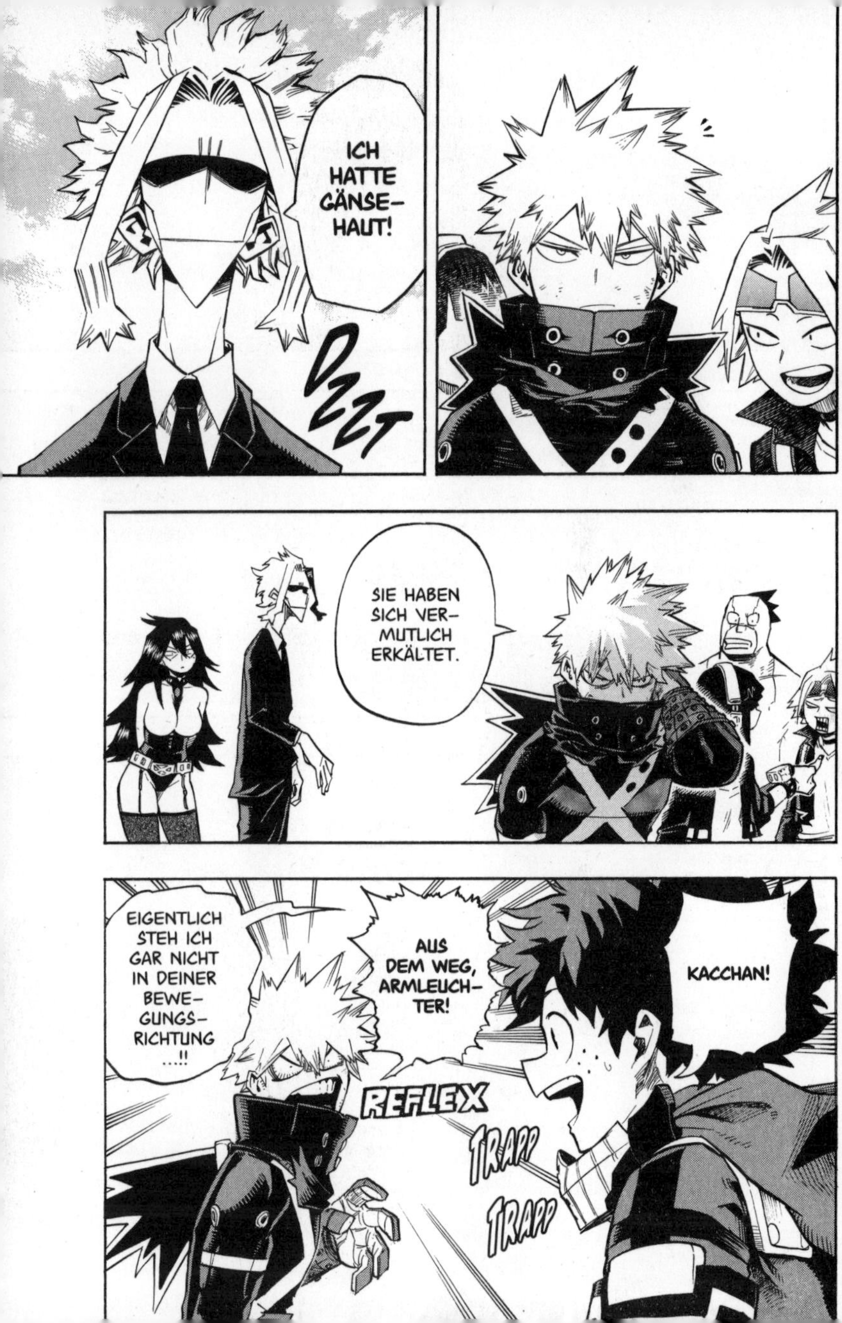
ICH HATTE GÄNSE-HAUT!
DZZZT
SIE HABEN SICH VER-MUTLICH ERKÄLTET.
KACCHAN!
AUS DEM WEG, ARMLEUCH-TER!
EIGENTLICH STEH ICH GAR NICHT IN DEINER BEWE-GUNGS-RICHTUNG ...!!
REFLEX
TRAPP
TRAPP

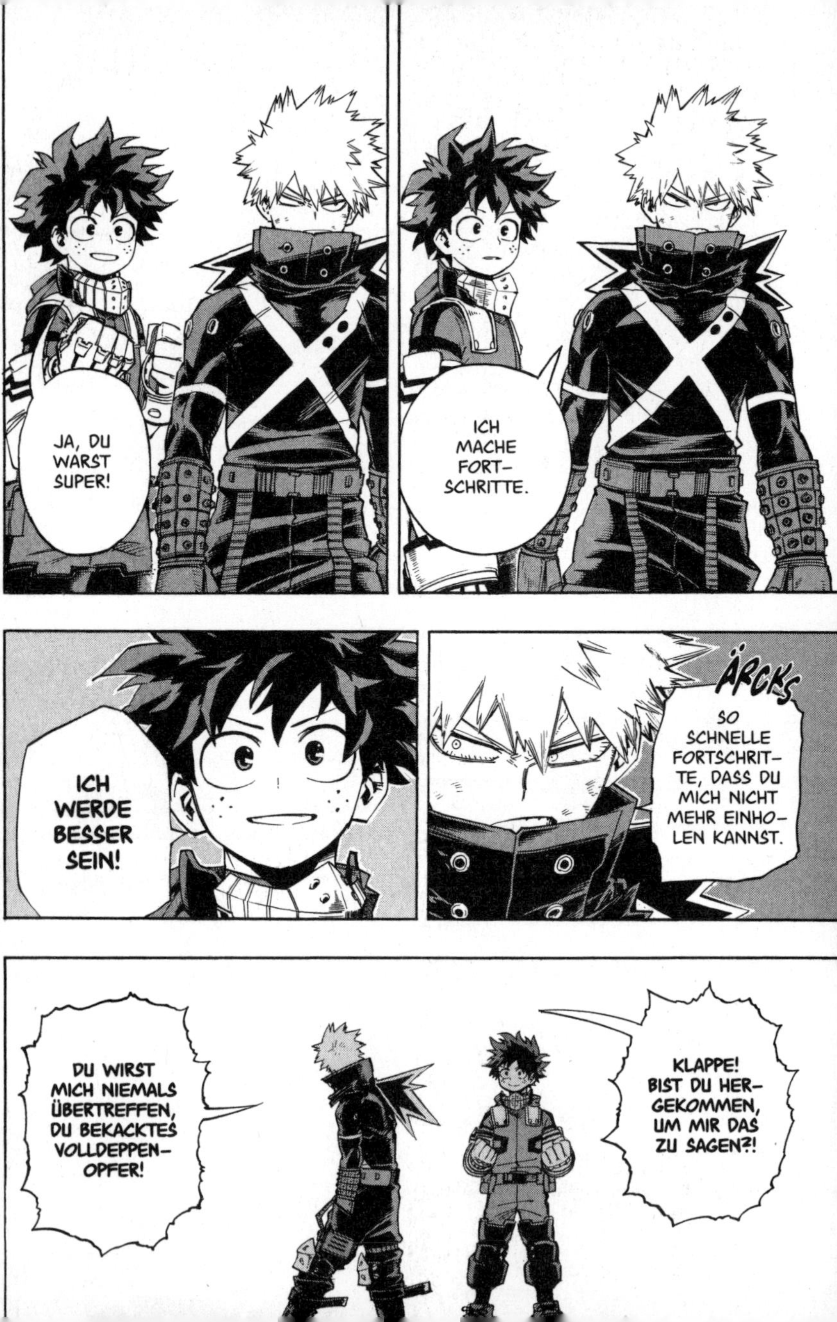
ICH MACHE FORT-SCHRITTE.
JA, DU WARST SUPER!
ÄRCKS
SO SCHNELLE FORTSCHRITTE, DASS DU MICH NICHT MEHR EINHOLEN KANNST.
ICH WERDE BESSER SEIN!
KLAPPE! BIST DU HERGEKOMMEN, UM MIR DAS ZU SAGEN?!
DU WIRST MICH NIEMALS ÜBERTREFFEN, DU BEKACKTES VOLLDEPPEN-OPFER!

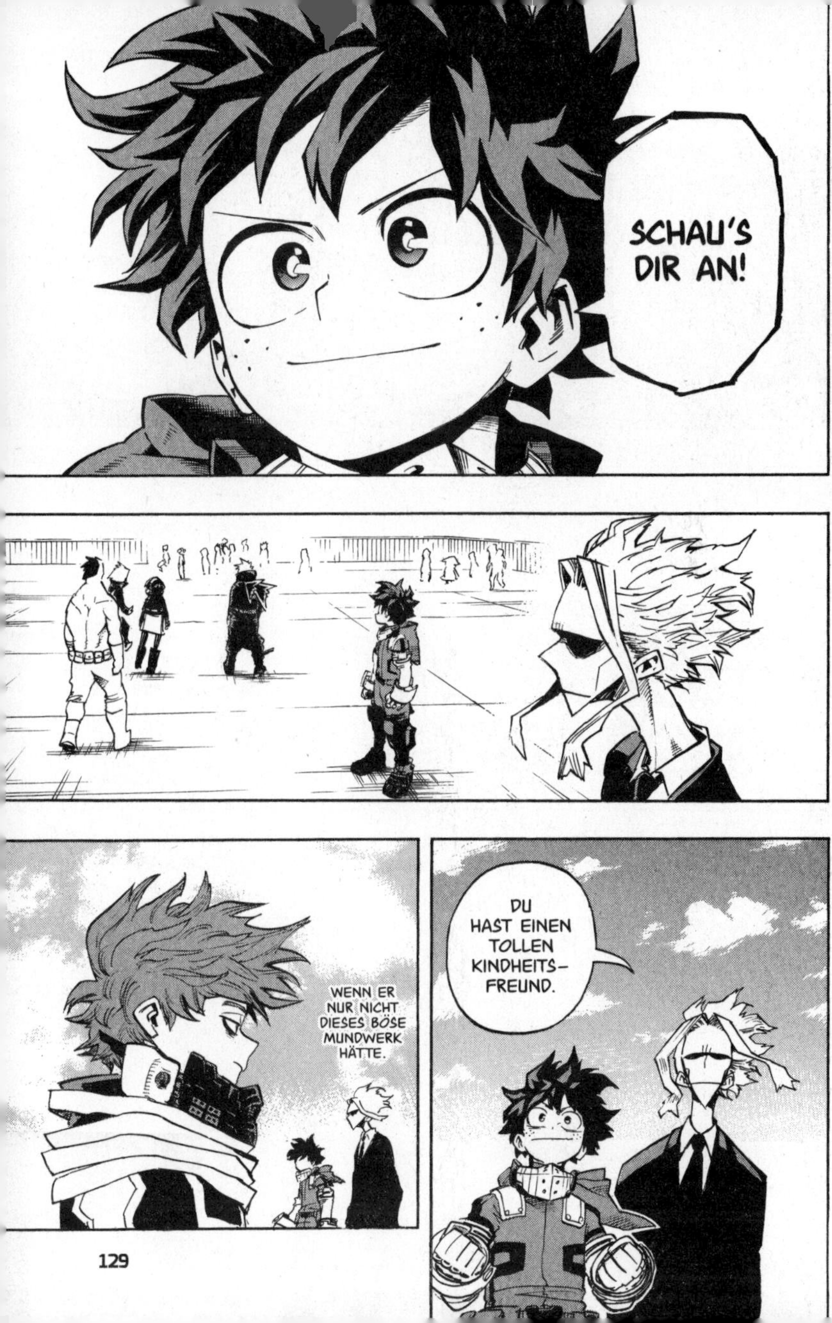
SCHAU'S DIR AN!
DU HAST EINEN TOLLEN KINDHEITS-FREUND.
WENN ER NUR NICHT DIESES BÖSE MUNDWERK HÄTTE.

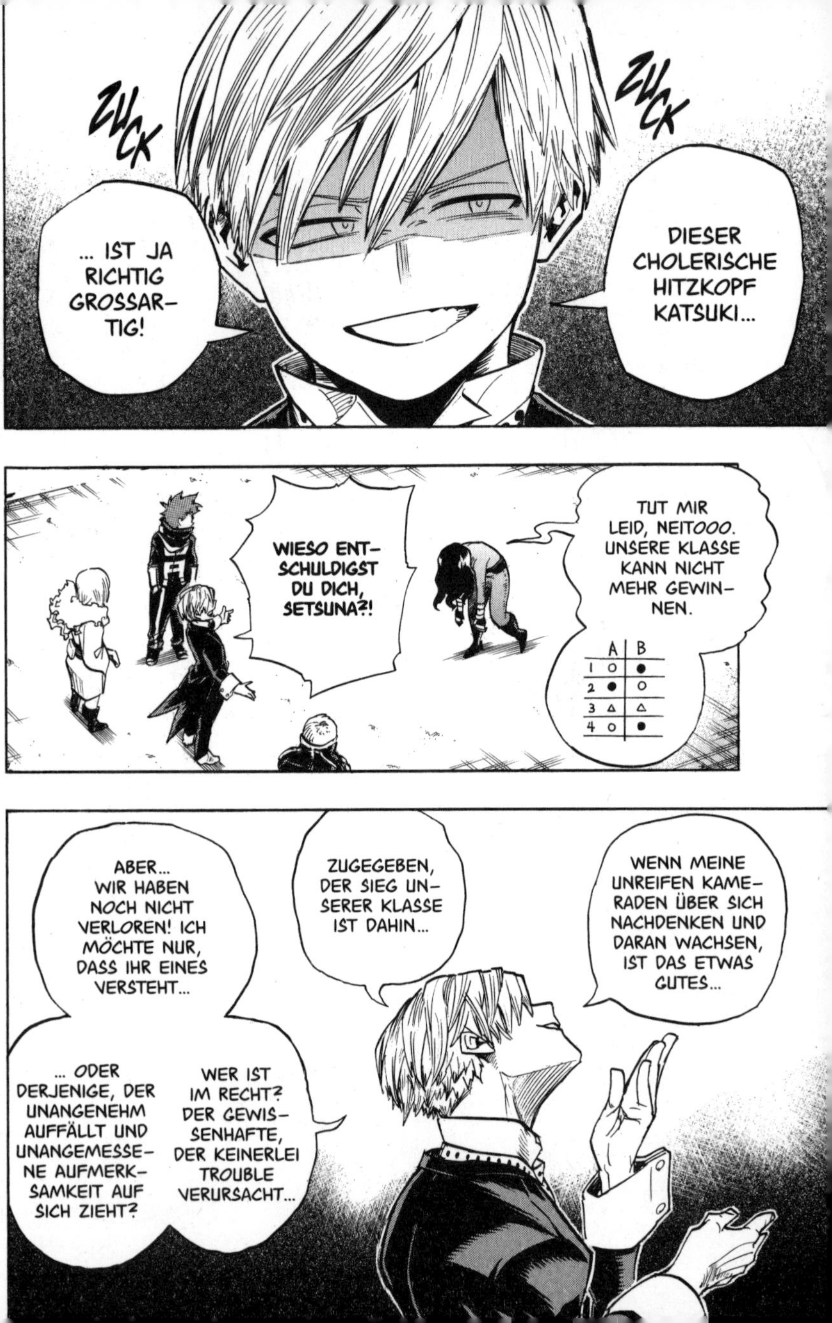
ZUCK
ZUCK
DIESER CHOLERISCHE HITZKOPF KATSUKI...
... IST JA RICHTIG GROSSAR-TIG!
TUT MIR LEID, NEITOOO. UNSERE KLASSE KANN NICHT MEHR GEWIN-NEN.
A B
1 ○ ●
2 ● ○
3 △ △
4 ○ ●
WIESO ENT-SCHULDIGST DU DICH, SETSUNA?!
WENN MEINE UNREIFEN KAME-RADEN ÜBER SICH NACHDENKEN UND DARAN WACHSEN, IST DAS ETWAS GUTES...
ZUGEGEBEN, DER SIEG UN-SERER KLASSE IST DAHIN...
ABER... WIR HABEN NOCH NICHT VERLOREN! ICH MÖCHTE NUR, DASS IHR EINES VERSTEHT...
WER IST IM RECHT? DER GEWIS-SENHAFTE, DER KEINERLEI TROUBLE VERURSACHT...
... ODER DERJENIGE, DER UNANGENEHM AUFFÄLLT UND UNANGEMESSE-NE AUFMERK-SAMKEIT AUF SICH ZIEHT?

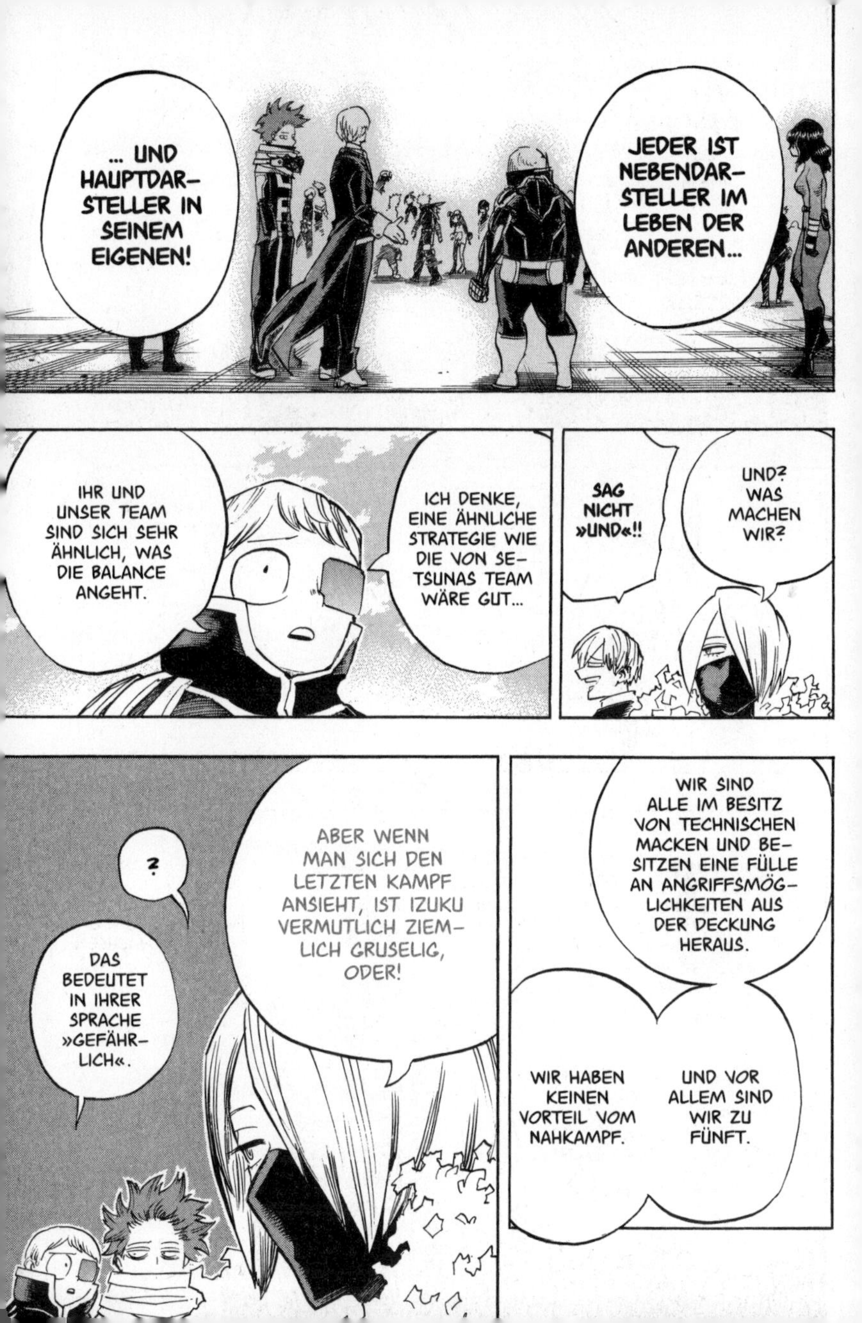
JEDER IST NEBENDARSTELLER IM LEBEN DER ANDEREN...
... UND HAUPTDARSTELLER IN SEINEM EIGENEN!
UND? WAS MACHEN WIR?
SAG NICHT »UND«!!
ICH DENKE, EINE ÄHNLICHE STRATEGIE WIE DIE VON SETSUNAS TEAM WÄRE GUT...
IHR UND UNSER TEAM SIND SICH SEHR ÄHNLICH, WAS DIE BALANCE ANGEHT.
WIR SIND ALLE IM BESITZ VON TECHNISCHEN MACKEN UND BESITZEN EINE FÜLLE AN ANGRIFFSMÖGLICHKEITEN AUS DER DECKUNG HERAUS.
UND VOR ALLEM SIND WIR ZU FÜNFT.
WIR HABEN KEINEN VORTEIL VOM NAHKAMPF.
ABER WENN MAN SICH DEN LETZTEN KAMPF ANSIEHT, IST IZUKU VERMUTLICH ZIEMLICH GRUSELIG, ODER!
?
DAS BEDEUTET IN IHRER SPRACHE »GEFÄHRLICH«.

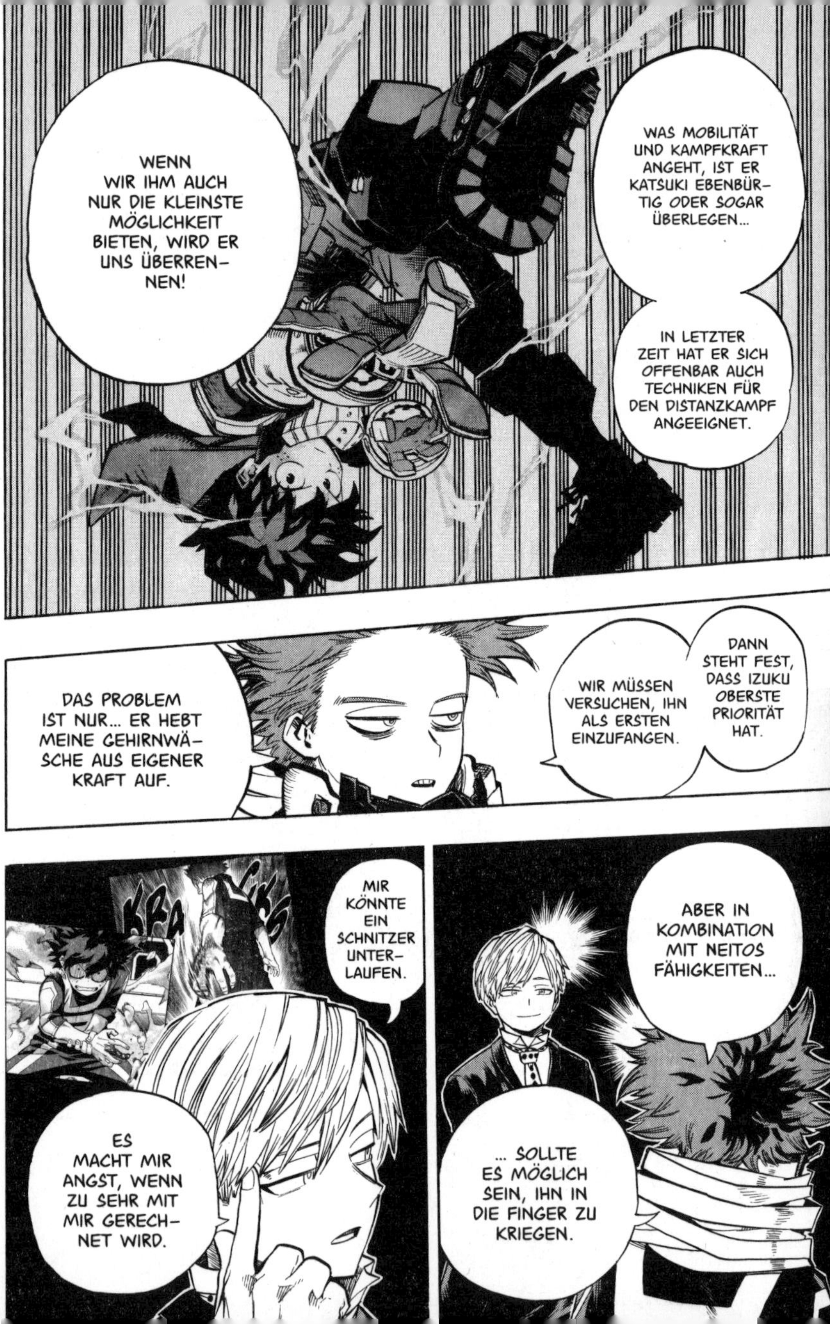
WAS MOBILITÄT UND KAMPFKRAFT ANGEHT, IST ER KATSUKI EBENBÜRTIG ODER SOGAR ÜBERLEGEN...
IN LETZTER ZEIT HAT ER SICH OFFENBAR AUCH TECHNIKEN FÜR DEN DISTANZKAMPF ANGEEIGNET.
WENN WIR IHM AUCH NUR DIE KLEINSTE MÖGLICHKEIT BIETEN, WIRD ER UNS ÜBERRENNEN!
DANN STEHT FEST, DASS IZUKU OBERSTE PRIORITÄT HAT.
WIR MÜSSEN VERSUCHEN, IHN ALS ERSTEN EINZUFANGEN.
DAS PROBLEM IST NUR... ER HEBT MEINE GEHIRNWÄSCHE AUS EIGENER KRAFT AUF.
ABER IN KOMBINATION MIT NEITOS FÄHIGKEITEN...
... SOLLTE ES MÖGLICH SEIN, IHN IN DIE FINGER ZU KRIEGEN.
MIR KÖNNTE EIN SCHNITZER UNTERLAUFEN.
ES MACHT MIR ANGST, WENN ZU SEHR MIT MIR GERECHNET WIRD.

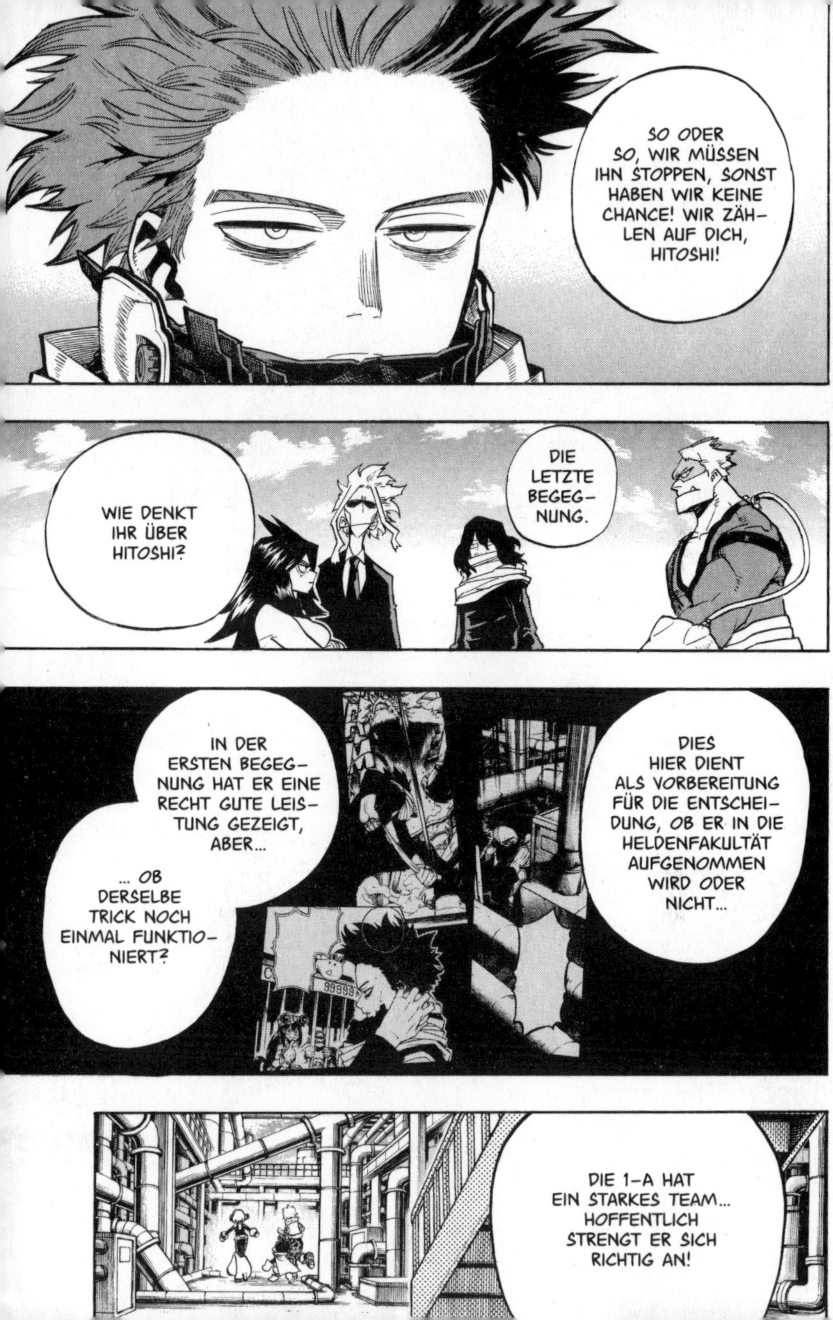
SO ODER SO, WIR MÜSSEN IHN STOPPEN, SONST HABEN WIR KEINE CHANCE! WIR ZÄHLEN AUF DICH, HITOSHI!
DIE LETZTE BEGEGNUNG.
WIE DENKT IHR ÜBER HITOSHI?
DIES HIER DIENT ALS VORBEREITUNG FÜR DIE ENTSCHEIDUNG, OB ER IN DIE HELDENFAKULTÄT AUFGENOMMEN WIRD ODER NICHT...
IN DER ERSTEN BEGEGNUNG HAT ER EINE RECHT GUTE LEISTUNG GEZEIGT, ABER...
... OB DERSELBE TRICK NOCH EINMAL FUNKTIONIERT?
DIE 1-A HAT EIN STARKES TEAM... HOFFENTLICH STRENGT ER SICH RICHTIG AN!

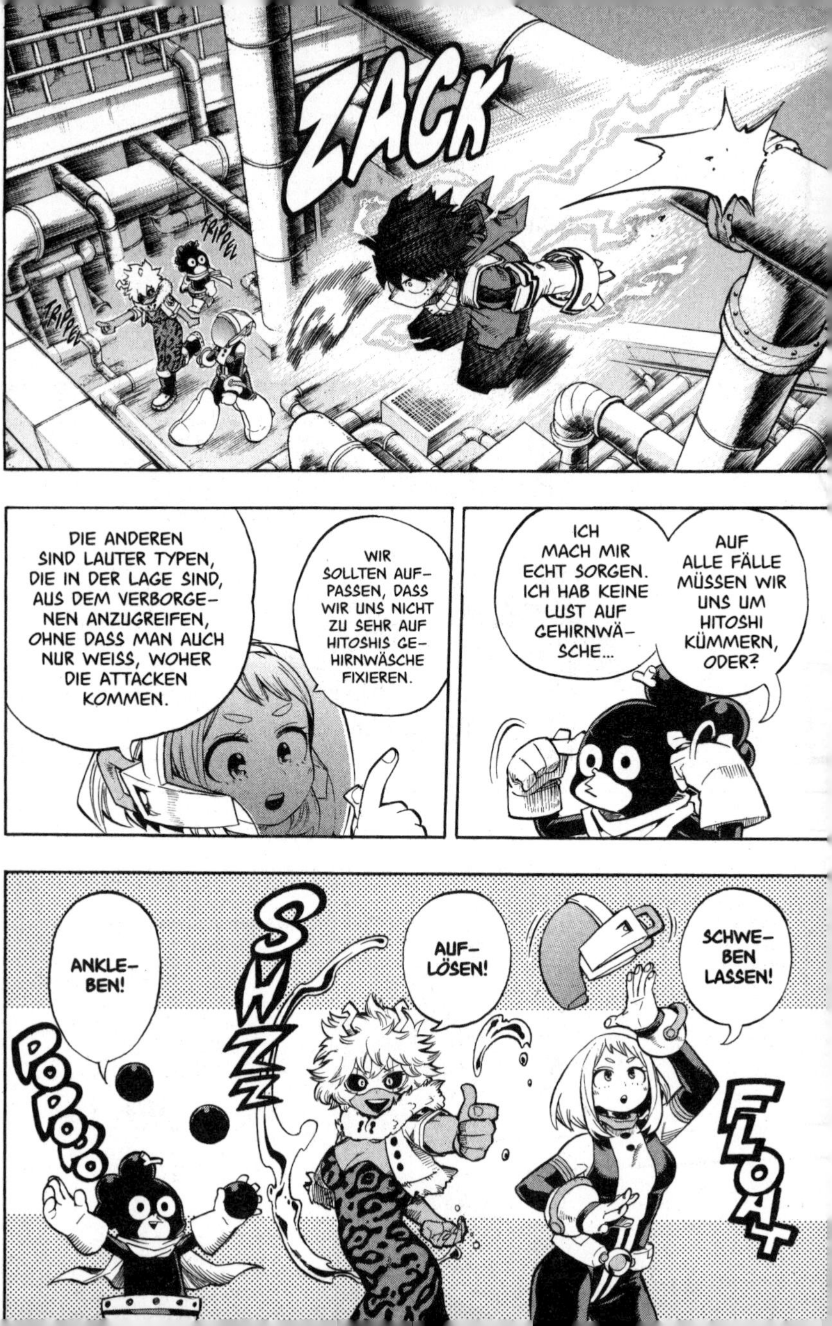
ZACK
TRIPPEL
TRIPPEL
AUF ALLE FÄLLE MÜSSEN WIR UNS UM HITOSHI KÜMMERN, ODER?
ICH MACH MIR ECHT SORGEN. ICH HAB KEINE LUST AUF GEHIRNWÄSCHE...
WIR SOLLTEN AUFPASSEN, DASS WIR UNS NICHT ZU SEHR AUF HITOSHIS GEHIRNWÄSCHE FIXIEREN.
DIE ANDEREN SIND LAUTER TYPEN, DIE IN DER LAGE SIND, AUS DEM VERBORGENEN ANZUGREIFEN, OHNE DASS MAN AUCH NUR WEISS, WOHER DIE ATTACKEN KOMMEN.
SCHWEBEN LASSEN!
FLOAT
AUFLÖSEN!
SHWZZ
ANKLEBEN!
POPOPO

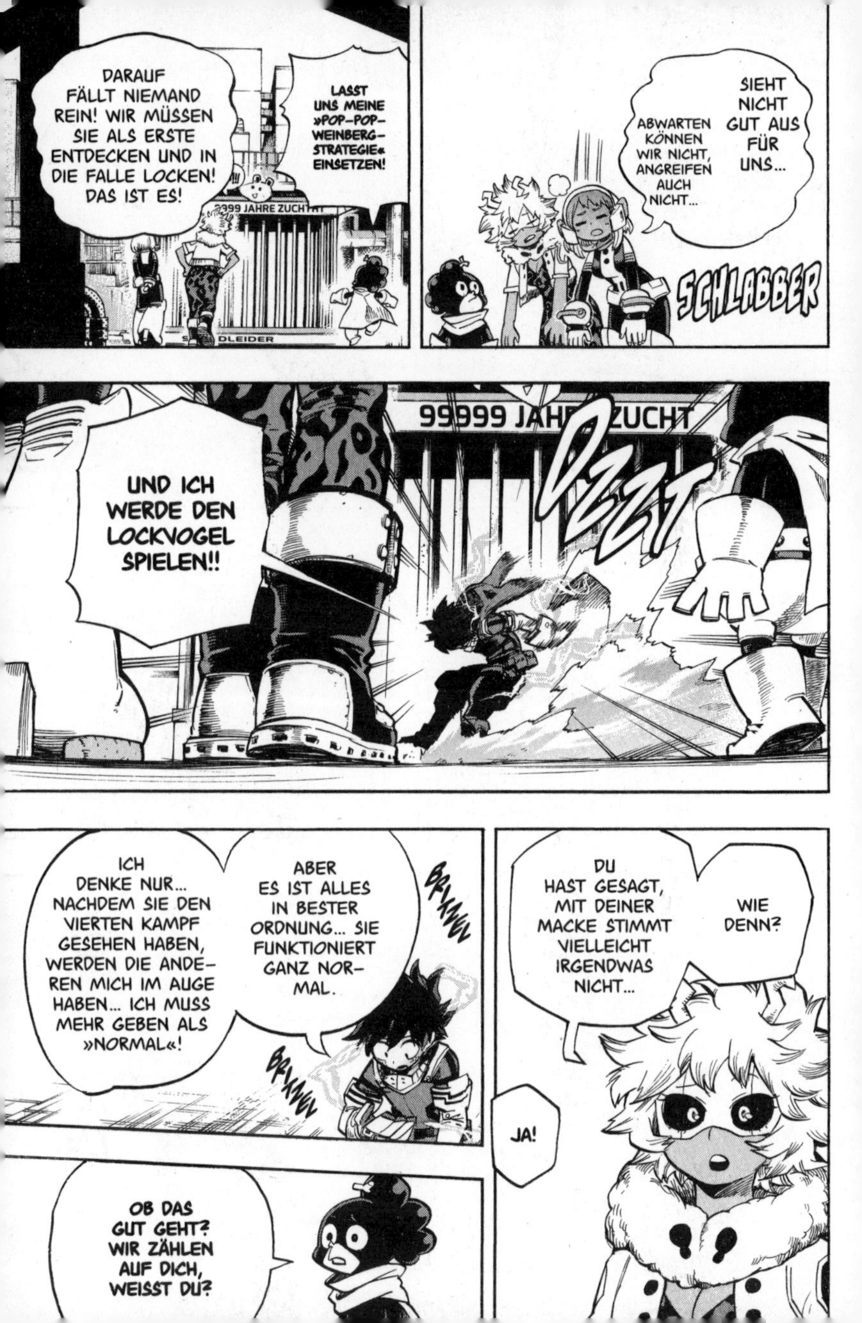
SIEHT NICHT GUT AUS FÜR UNS...
ABWARTEN KÖNNEN WIR NICHT, ANGREIFEN AUCH NICHT...
SCHLABBER
LASST UNS MEINE »POP-POP-WEINBERG-STRATEGIE« EINSETZEN!
DARAUF FÄLLT NIEMAND REIN! WIR MÜSSEN SIE ALS ERSTE ENTDECKEN UND IN DIE FALLE LOCKEN! DAS IST ES!
99999 JAHRE ZUCHT
DZZT
UND ICH WERDE DEN LOCKVOGEL SPIELEN!!
DU HAST GESAGT, MIT DEINER MACKE STIMMT VIELLEICHT IRGENDWAS NICHT...
WIE DENN?
JA!
ABER ES IST ALLES IN BESTER ORDNUNG... SIE FUNKTIONIERT GANZ NORMAL.
ICH DENKE NUR... NACHDEM SIE DEN VIERTEN KAMPF GESEHEN HABEN, WERDEN DIE ANDEREN MICH IM AUGE HABEN... ICH MUSS MEHR GEBEN ALS »NORMAL«!
OB DAS GUT GEHT? WIR ZÄHLEN AUF DICH, WEISST DU?

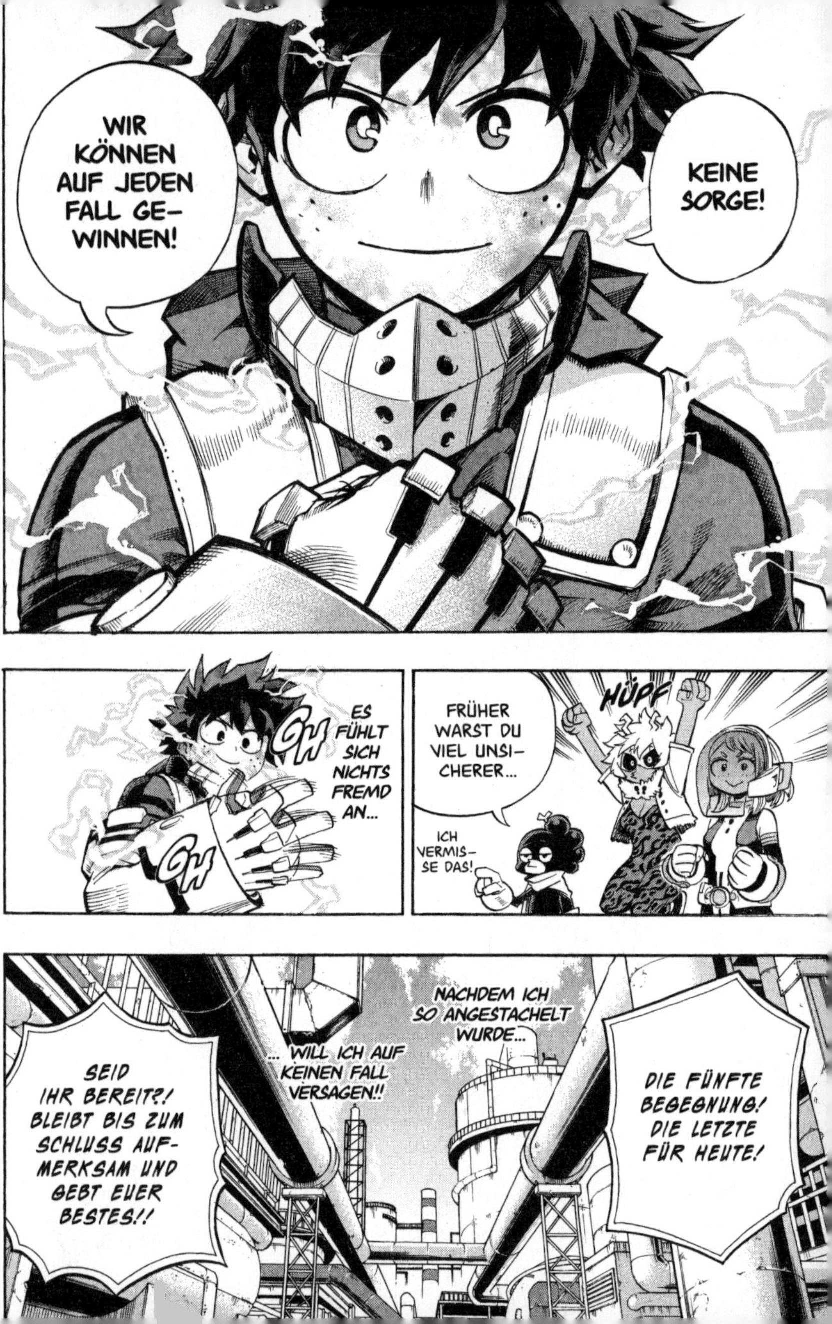
KEINE SORGE!
WIR KÖNNEN AUF JEDEN FALL GE-WINNEN!
HÜPF
FRÜHER WARST DU VIEL UNSI-CHERER...
ICH VERMIS-SE DAS!
ES FÜHLT SICH NICHTS FREMD AN...
GH
GH
DIE FÜNFTE BEGEGNUNG! DIE LETZTE FÜR HEUTE!
NACHDEM ICH SO ANGESTACHELT WURDE...
... WILL ICH AUF KEINEN FALL VERSAGEN!!
SEID IHR BEREIT?! BLEIBT BIS ZUM SCHLUSS AUF-MERKSAM UND GEBT EUER BESTES!!

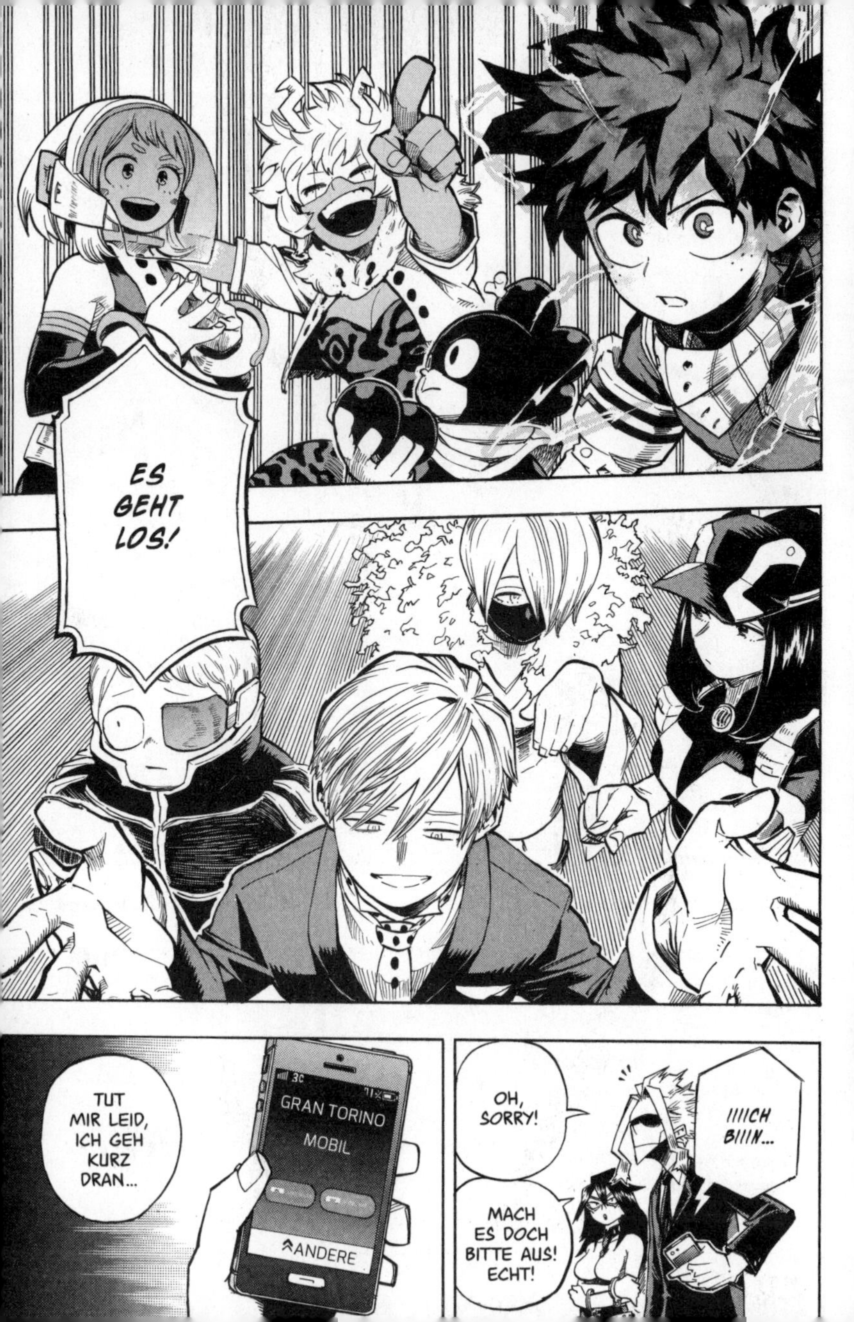
ES GEHT LOS!
GRAN TORINO
MOBIL
ANDERE
TUT MIR LEID, ICH GEH KURZ DRAN...
IIIICH BIIIN...
OH, SORRY!
MACH ES DOCH BITTE AUS! ECHT!

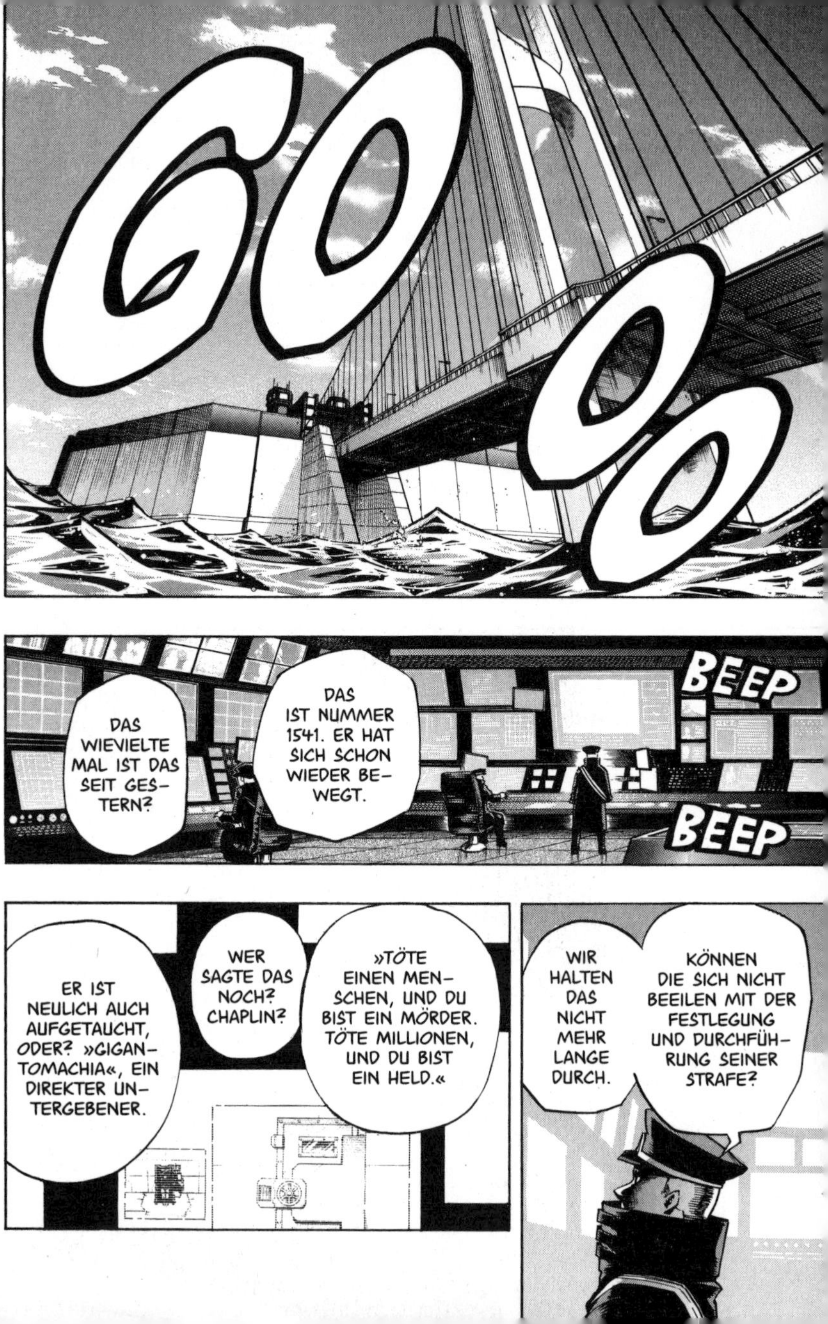
GOOOO
BEEP
BEEP
DAS IST NUMMER 1541. ER HAT SICH SCHON WIEDER BE-WEGT.
DAS WIEVIELTE MAL IST DAS SEIT GES-TERN?
KÖNNEN DIE SICH NICHT BEEILEN MIT DER FESTLEGUNG UND DURCHFÜH-RUNG SEINER STRAFE?
WIR HALTEN DAS NICHT MEHR LANGE DURCH.
»TÖTE EINEN MEN-SCHEN, UND DU BIST EIN MÖRDER. TÖTE MILLIONEN, UND DU BIST EIN HELD.«
WER SAGTE DAS NOCH? CHAPLIN?
ER IST NEULICH AUCH AUFGETAUCHT, ODER? »GIGAN-TOMACHIA«, EIN DIREKTER UN-TERGEBENER.

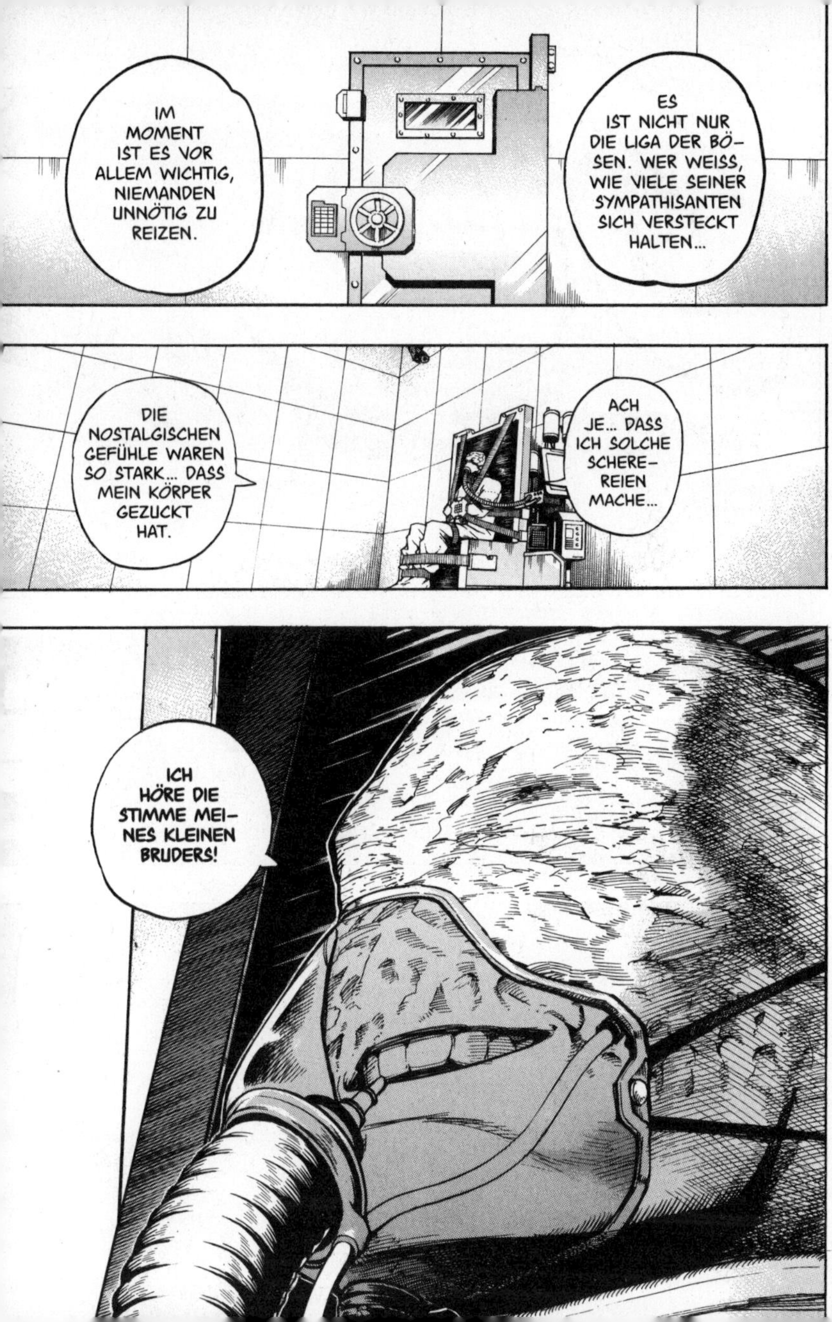
ES IST NICHT NUR DIE LIGA DER BÖ-SEN. WER WEISS, WIE VIELE SEINER SYMPATHISANTEN SICH VERSTECKT HALTEN...
IM MOMENT IST ES VOR ALLEM WICHTIG, NIEMANDEN UNNÖTIG ZU REIZEN.
ACH JE... DASS ICH SOLCHE SCHERE-REIEN MACHE...
DIE NOSTALGISCHEN GEFÜHLE WAREN SO STARK... DASS MEIN KÖRPER GEZUCKT HAT.
ICH HÖRE DIE STIMME MEI-NES KLEINEN BRUDERS!

THE GESCHENKE

Auf der nächsten freien Seite geht es weiter mit großartigen Geschenken! Zuerst mal wie immer!
Herr Betten, der Zeichner des Spin-offs »Vigilante«, hat mir einen Beitrag geschickt! Wen hat er wohl dieses Mal gezeichnet?!
Ich freue mich jedes Mal sehr darauf! In Band 6 von »Vigilante« gibt es auch eine Zeichnung von mir! Während ich das hier schreibe, habe ich sie aber noch nicht gezeichnet!

Als Nächstes stelle ich Euch vor: Herrn Ashihara von »World Trigger«!! Wenn ich erklären darf, wie es dazu kam:
Als ich mich bei ihm meldete, um ihm zu erzählen, dass ich Band 19 von »WT« gekauft hatte, um ihm zum Wechsel zu Jump Square zu gratulieren und für seine Arbeit bei Jump Weekly zu danken, hat er mir aus unerfindlichen Gründen die Zeichnung geschickt. Ich vermute ja, dass er sie zur Erholung gezeichnet hat, aber die Wahrheit liegt immer noch im Dunkeln. Es gab also keinen Plan, sie irgendwo zu bringen, aber als ich ihn gefragt habe, ob ich sie in diesem Sammelband veröffentlichen darf, hat er mir bereitwillig sein Einverständnis gegeben. Er hatte eher die Sorge, ob seine Zeichnung bei den MHA-Lesern ankommen würde...
Keine Sorge! Vielen Dank, Herr Ashihara!!

Und zum Schluss Frau Akiyama von »Saguri-chan Tankentai«!!
Sie zeichnet im Jump-Magazin hin und wieder herzerwärmende lustige MHA-4-Panel-Strips, und dieses Mal hat es sich ergeben, dass diese Strips hier im Band abgedruckt werden! Vielen Dank.
Ich freue mich wirklich, wirklich unheimlich!

Band 22 ist durch die Zeichnungen und Manga dieser drei Meister extrem prachtvoll geworden.
Ich freue mich so übertrieben, dass ich beim Zeichnen die ganze Zeit grinse.
Herr Betten, Herr Ashihara, Frau Akiyama, vielen herzlichen Dank!
Liebe Leser, freut euch auf die nächsten freien Seiten!!

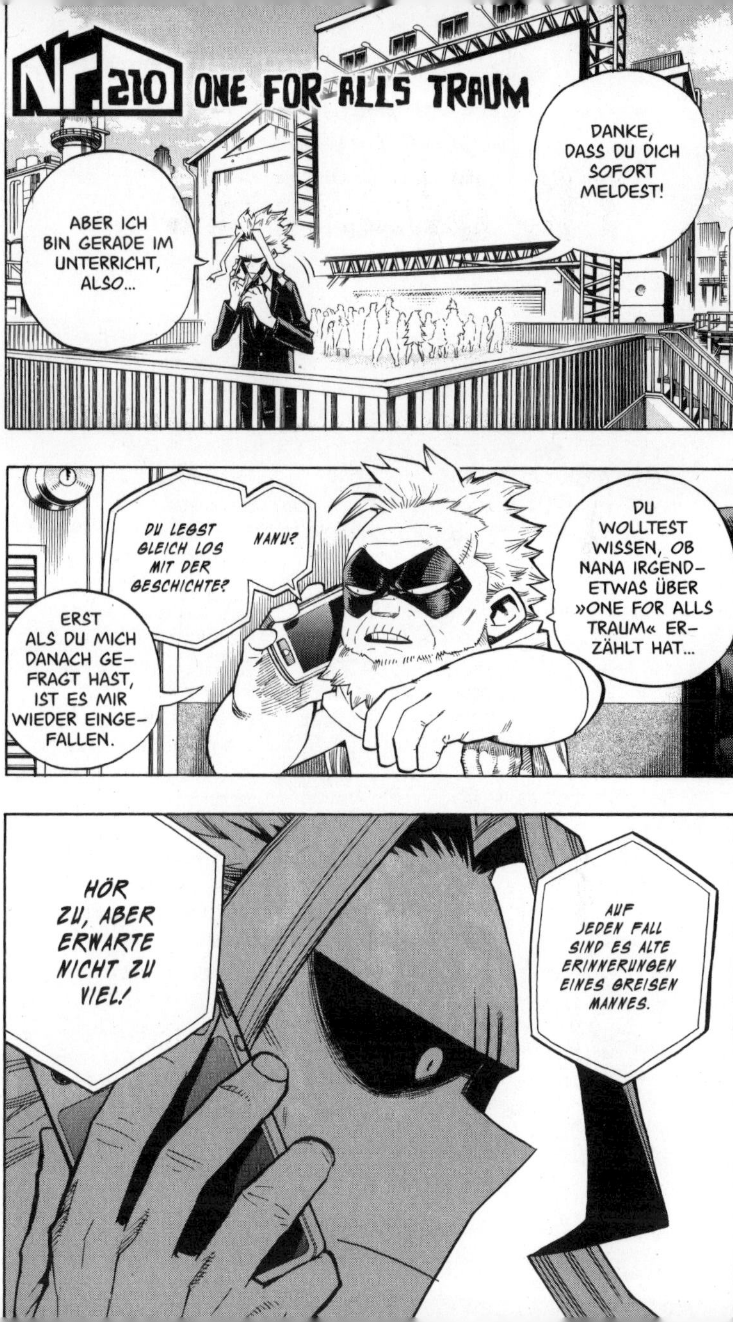
NR. 210 ONE FOR ALLS TRAUM
DANKE, DASS DU DICH SOFORT MELDEST!
ABER ICH BIN GERADE IM UNTERRICHT, ALSO...
DU WOLLTEST WISSEN, OB NANA IRGENDETWAS ÜBER »ONE FOR ALLS TRAUM« ERZÄHLT HAT...
ERST ALS DU MICH DANACH GEFRAGT HAST, IST ES MIR WIEDER EINGEFALLEN.
NANU?
DU LEGST GLEICH LOS MIT DER GESCHICHTE?
AUF JEDEN FALL SIND ES ALTE ERINNERUNGEN EINES GREISEN MANNES.
HÖR ZU, ABER ERWARTE NICHT ZU VIEL!

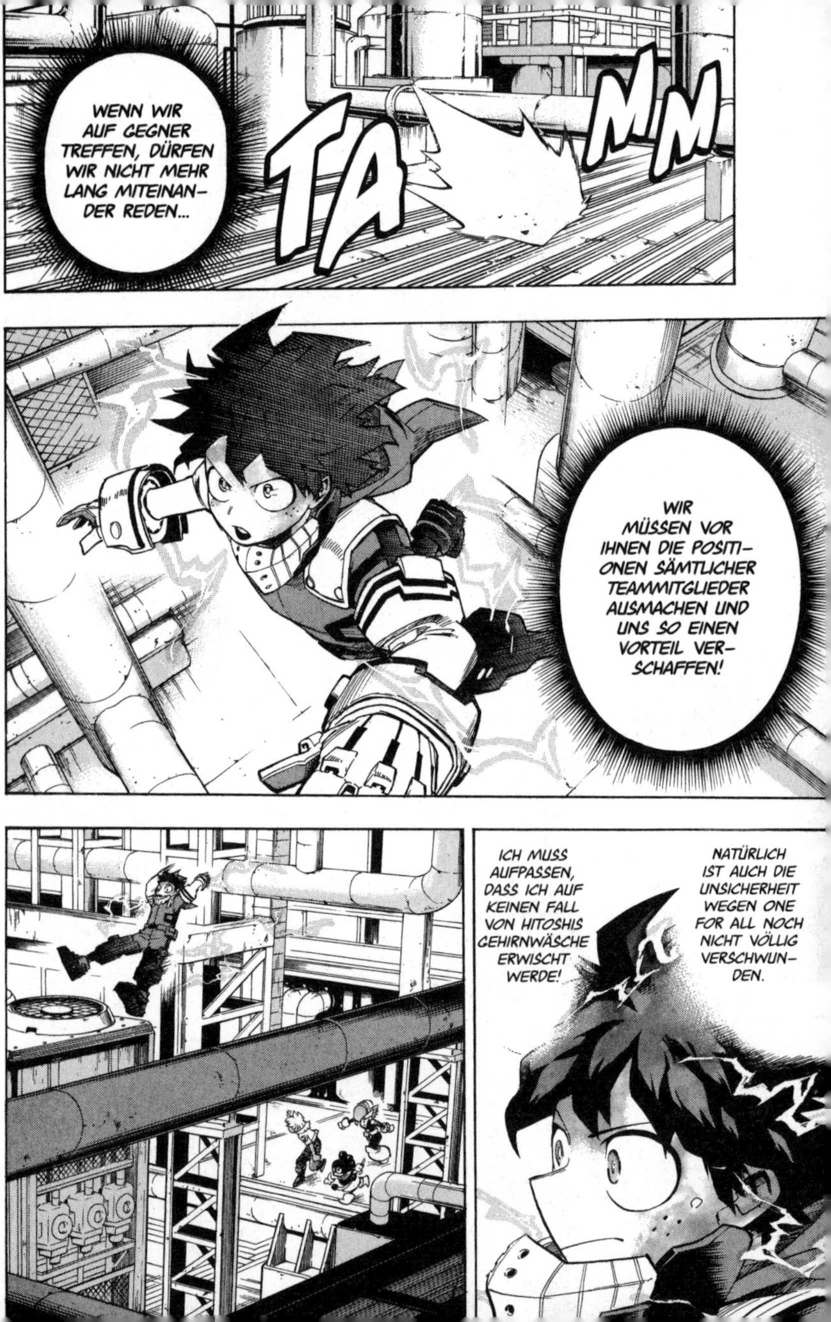

WENN WIR AUF GEGNER TREFFEN, DÜRFEN WIR NICHT MEHR LANG MITEINANDER REDEN...
TAMM
WIR MÜSSEN VOR IHNEN DIE POSITIONEN SÄMTLICHER TEAMMITGLIEDER AUSMACHEN UND UNS SO EINEN VORTEIL VERSCHAFFEN!
NATÜRLICH IST AUCH DIE UNSICHERHEIT WEGEN ONE FOR ALL NOCH NICHT VÖLLIG VERSCHWUNDEN.
ICH MUSS AUFPASSEN, DASS ICH AUF KEINEN FALL VON HITOSHIS GEHIRNWÄSCHE ERWISCHT WERDE!

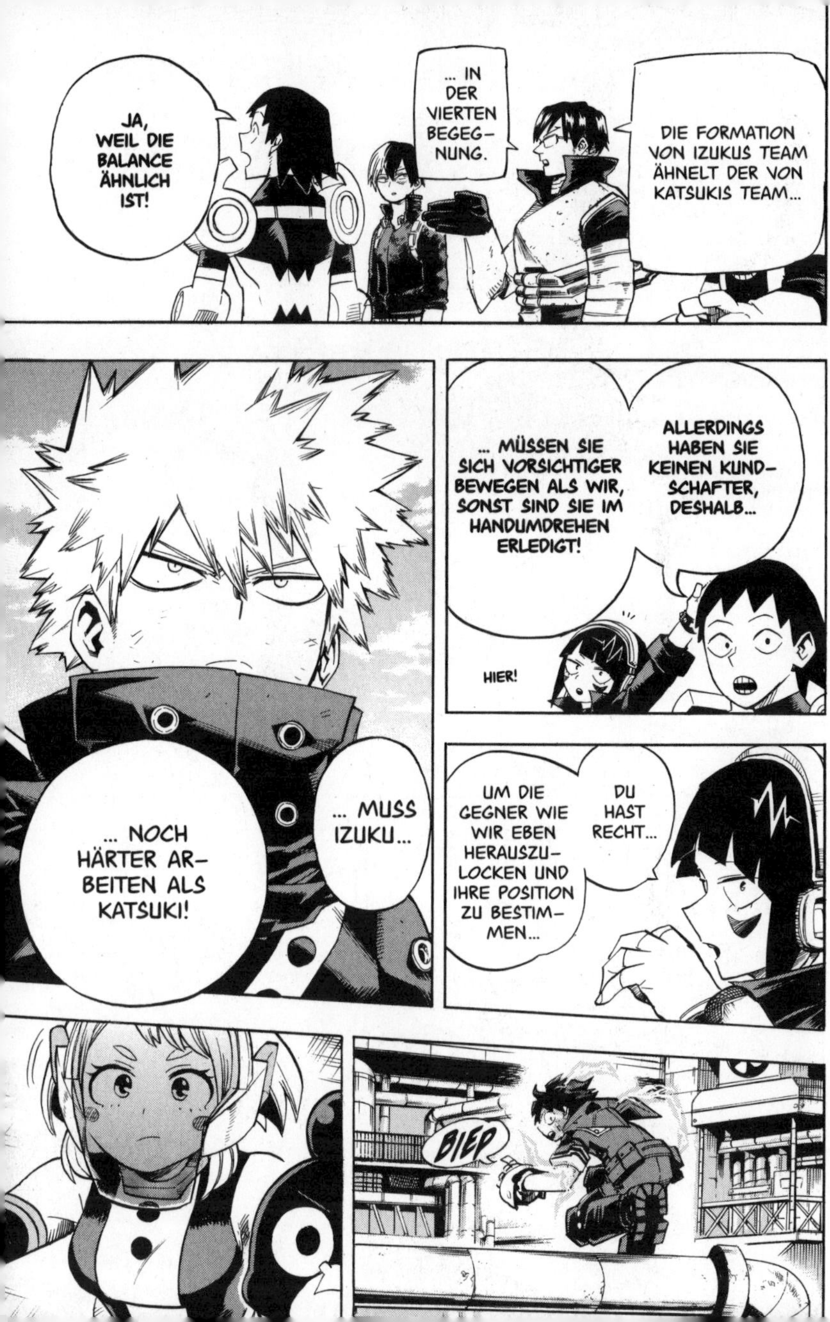

DIE FORMATION VON IZUKUS TEAM ÄHNELT DER VON KATSUKIS TEAM...
... IN DER VIERTEN BEGEG-NUNG.
JA, WEIL DIE BALANCE ÄHNLICH IST!
ALLERDINGS HABEN SIE KEINEN KUND-SCHAFTER, DESHALB...
... MÜSSEN SIE SICH VORSICHTIGER BEWEGEN ALS WIR, SONST SIND SIE IM HANDUMDREHEN ERLEDIGT!
HIER!
DU HAST RECHT...
UM DIE GEGNER WIE WIR EBEN HERAUSZU-LOCKEN UND IHRE POSITION ZU BESTIM-MEN...
... MUSS IZUKU...
... NOCH HÄRTER AR-BEITEN ALS KATSUKI!
BIEP

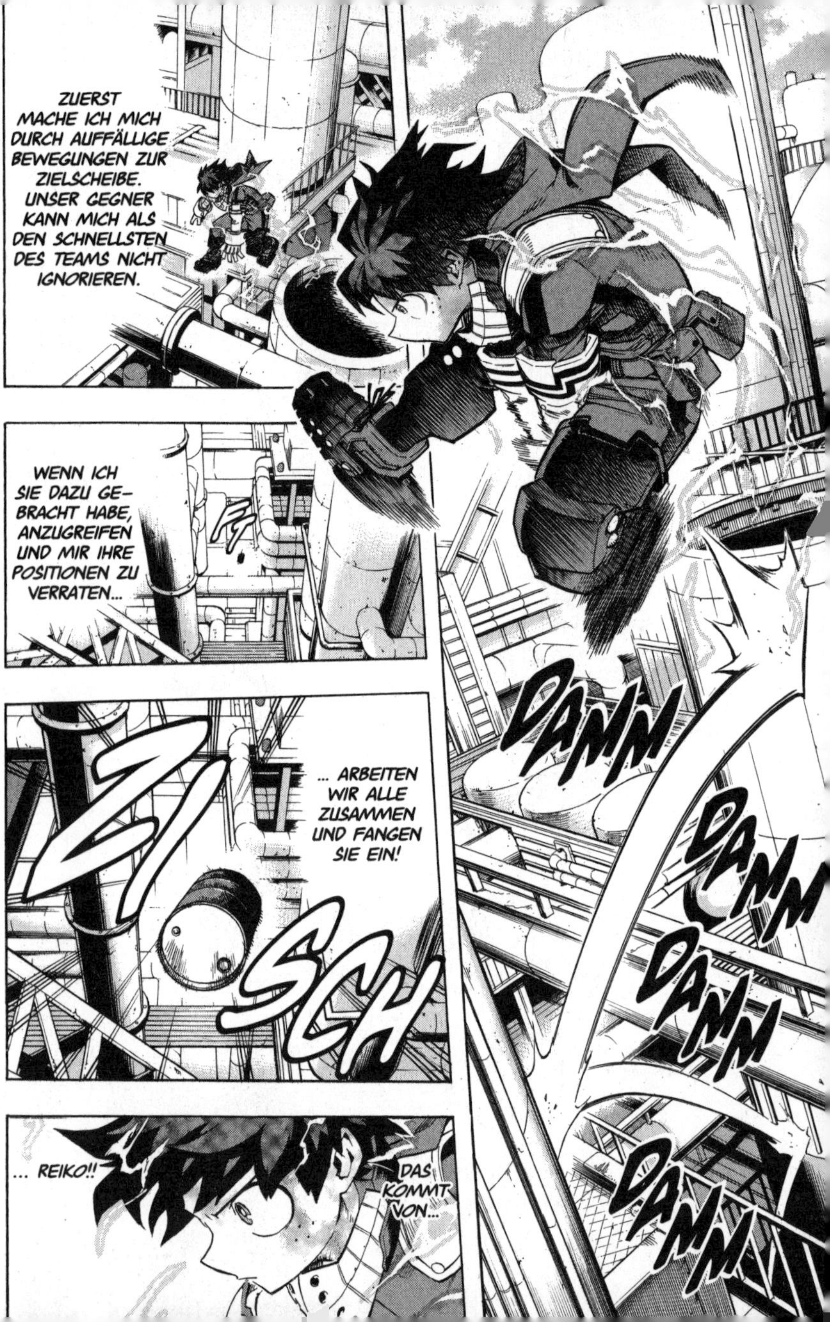
ZUERST MACHE ICH MICH DURCH AUFFÄLLIGE BEWEGUNGEN ZUR ZIELSCHEIBE. UNSER GEGNER KANN MICH ALS DEN SCHNELLSTEN DES TEAMS NICHT IGNORIEREN.
WENN ICH SIE DAZU GE-BRACHT HABE, ANZUGREIFEN UND MIR IHRE POSITIONEN ZU VERRATEN...
FF
DAMM
DAMM
DAMM
DAMM
... ARBEITEN WIR ALLE ZUSAMMEN UND FANGEN SIE EIN!
ZISCH
DAS KOMMT VON...
... REIKO!!

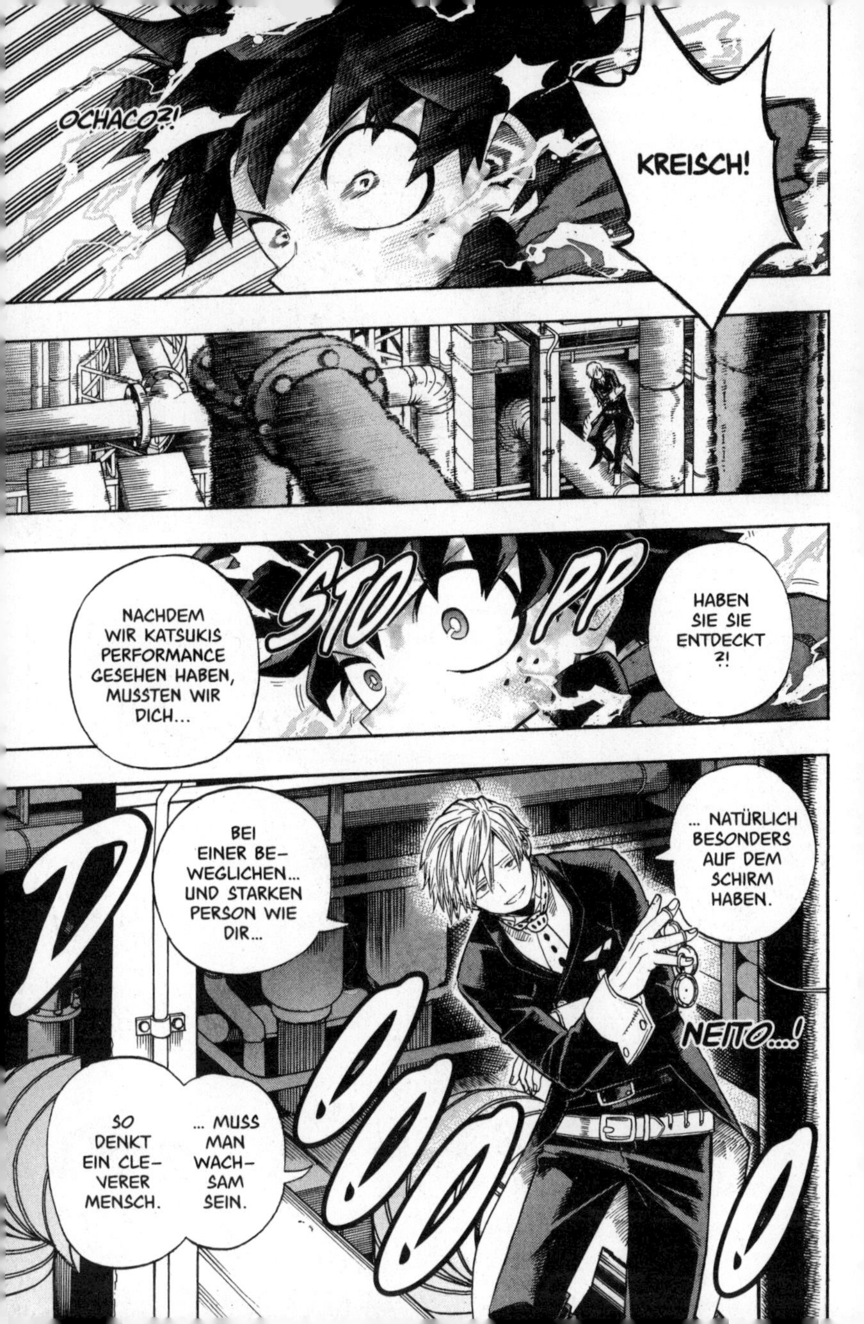
KREISCH!
OCHACO?!
HABEN SIE SIE ENTDECKT?!
STOPP
NACHDEM WIR KATSUKIS PERFORMANCE GESEHEN HABEN, MUSSTEN WIR DICH...
... NATÜRLICH BESONDERS AUF DEM SCHIRM HABEN.
BEI EINER BE-WEGLICHEN... UND STARKEN PERSON WIE DIR...
NEITO...!
... MUSS MAN WACH-SAM SEIN.
SO DENKT EIN CLE-VERER MENSCH.

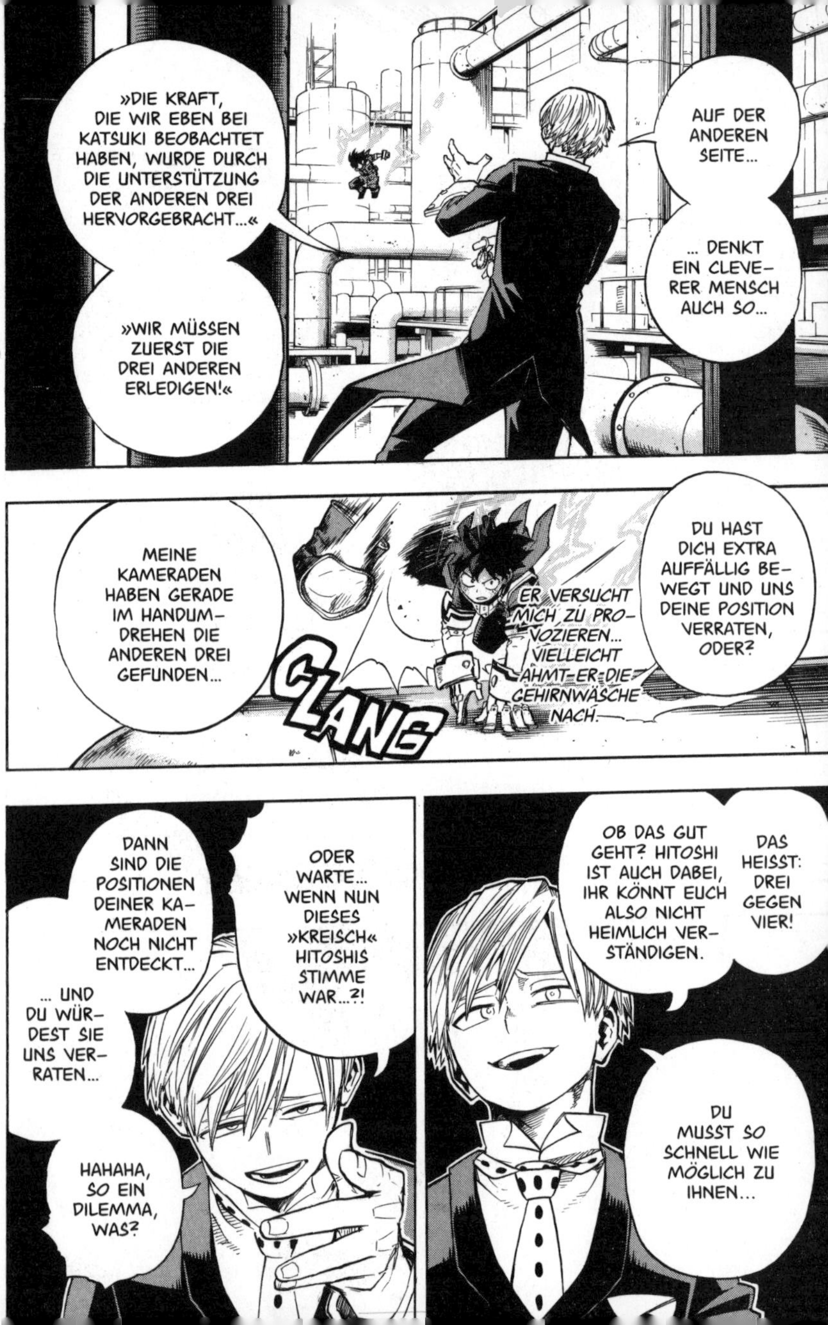
AUF DER ANDEREN SEITE...
... DENKT EIN CLEVERER MENSCH AUCH SO...
»DIE KRAFT, DIE WIR EBEN BEI KATSUKI BEOBACHTET HABEN, WURDE DURCH DIE UNTERSTÜTZUNG DER ANDEREN DREI HERVORGEBRACHT...«
»WIR MÜSSEN ZUERST DIE DREI ANDEREN ERLEDIGEN!«
DU HAST DICH EXTRA AUFFÄLLIG BEWEGT UND UNS DEINE POSITION VERRATEN, ODER?
ER VERSUCHT MICH ZU PROVOZIEREN... VIELLEICHT AHMT ER DIE GEHIRNWÄSCHE NACH.
MEINE KAMERADEN HABEN GERADE IM HANDUMDREHEN DIE ANDEREN DREI GEFUNDEN...
CLANG
DAS HEISST: DREI GEGEN VIER!
OB DAS GUT GEHT? HITOSHI IST AUCH DABEI, IHR KÖNNT EUCH ALSO NICHT HEIMLICH VERSTÄNDIGEN.
DU MUSST SO SCHNELL WIE MÖGLICH ZU IHNEN...
ODER WARTE... WENN NUN DIESES »KREISCH« HITOSHIS STIMME WAR...?!
DANN SIND DIE POSITIONEN DEINER KAMERADEN NOCH NICHT ENTDECKT...
... UND DU WÜRDEST SIE UNS VERRATEN...
HAHAHA, SO EIN DILEMMA, WAS?

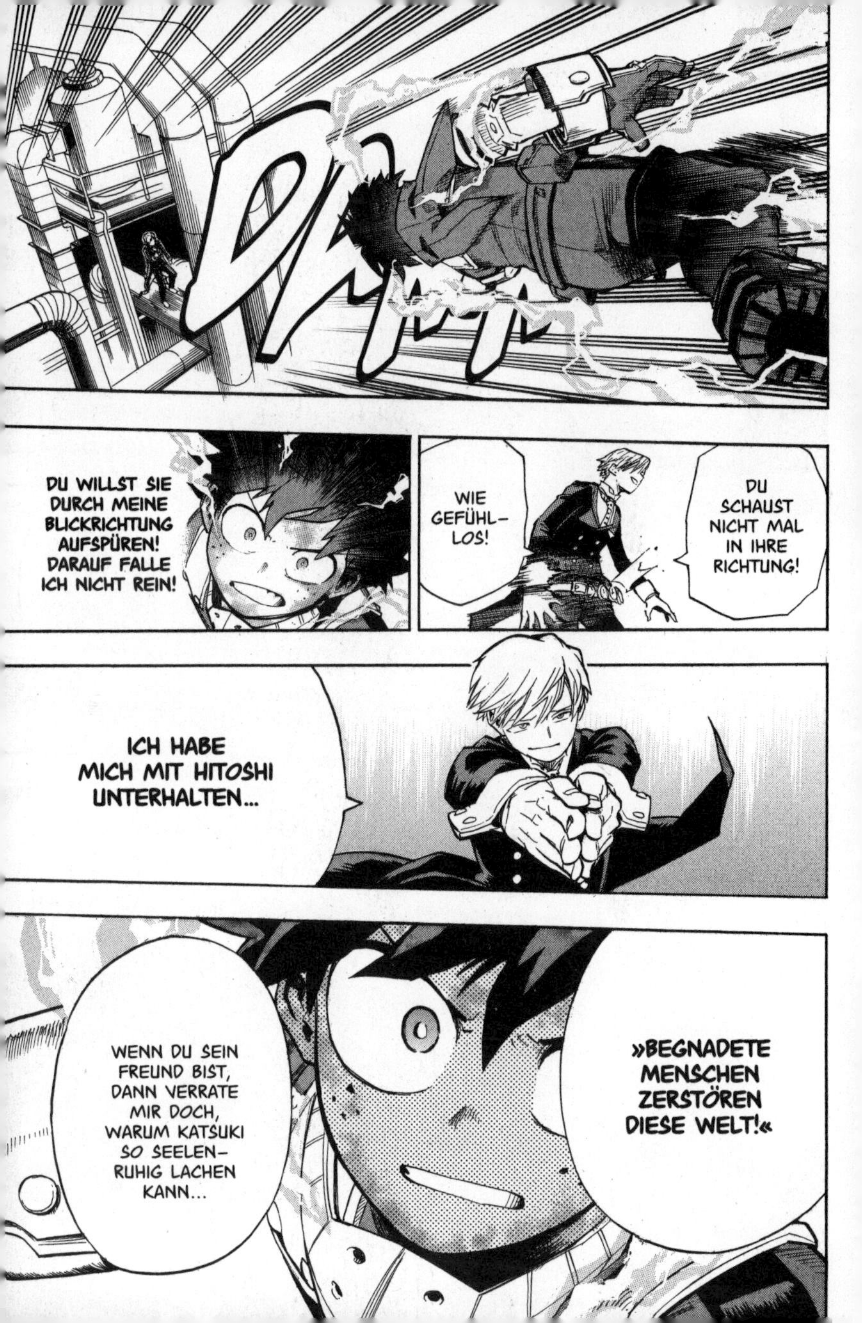
DU SCHAUST NICHT MAL IN IHRE RICHTUNG!
WIE GEFÜHL-LOS!
DU WILLST SIE DURCH MEINE BLICKRICHTUNG AUFSPÜREN! DARAUF FALLE ICH NICHT REIN!
ICH HABE MICH MIT HITOSHI UNTERHALTEN...
»BEGNADETE MENSCHEN ZERSTÖREN DIESE WELT!«
WENN DU SEIN FREUND BIST, DANN VERRATE MIR DOCH, WARUM KATSUKI SO SEELEN-RUHIG LACHEN KANN...

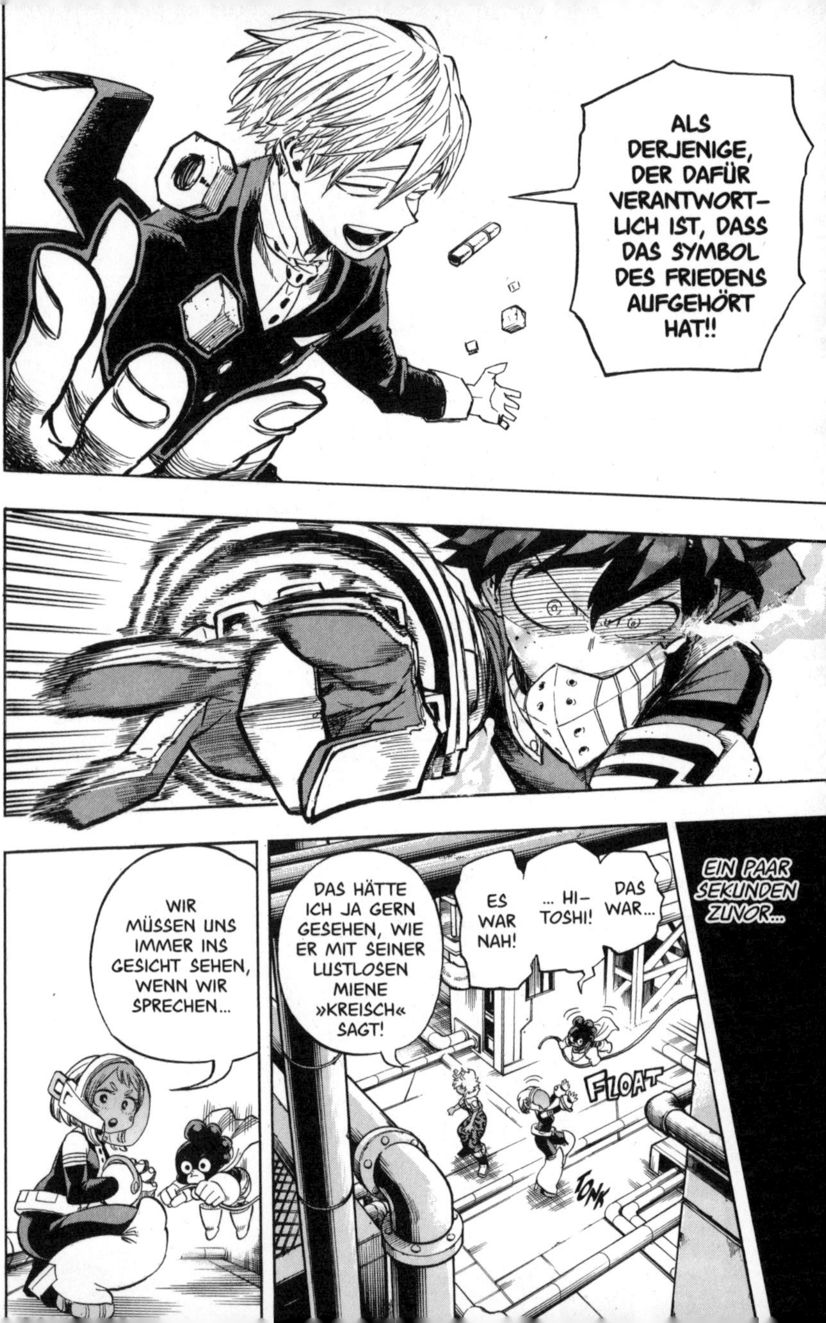
ALS DERJENIGE, DER DAFÜR VERANTWORTLICH IST, DASS DAS SYMBOL DES FRIEDENS AUFGEHÖRT HAT!!
EIN PAAR SEKUNDEN ZUVOR...
DAS WAR...
... HITOSHI!
ES WAR NAH!
DAS HÄTTE ICH JA GERN GESEHEN, WIE ER MIT SEINER LUSTLOSEN MIENE »KREISCH« SAGT!
FLOAT
TONK
WIR MÜSSEN UNS IMMER INS GESICHT SEHEN, WENN WIR SPRECHEN...

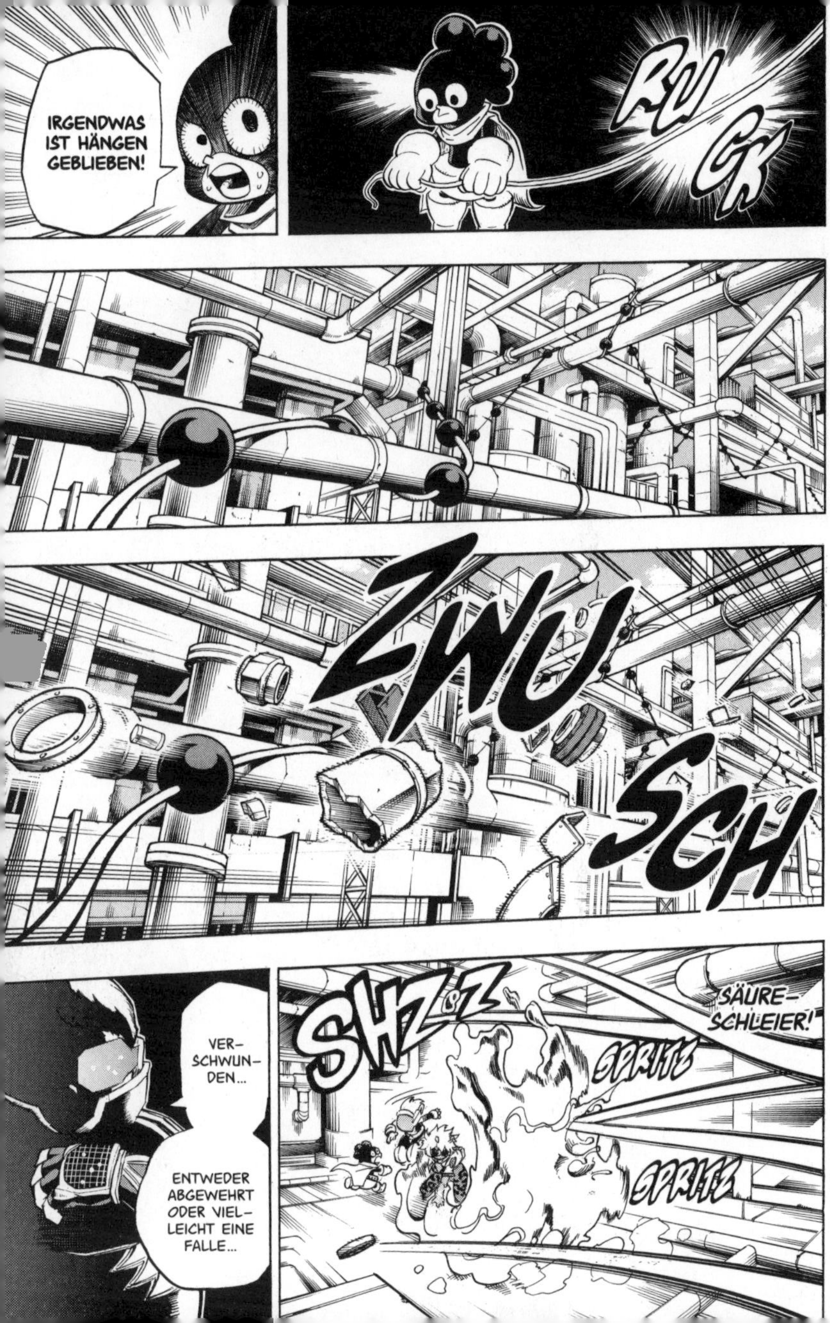
RUCK
IRGENDWAS IST HÄNGEN GEBLIEBEN!
ZWUSCH
SÄURE-SCHLEIER!
SHZZ
SPRITZ
SPRITZ
VERSCHWUNDEN...
ENTWEDER ABGEWEHRT ODER VIELLEICHT EINE FALLE...

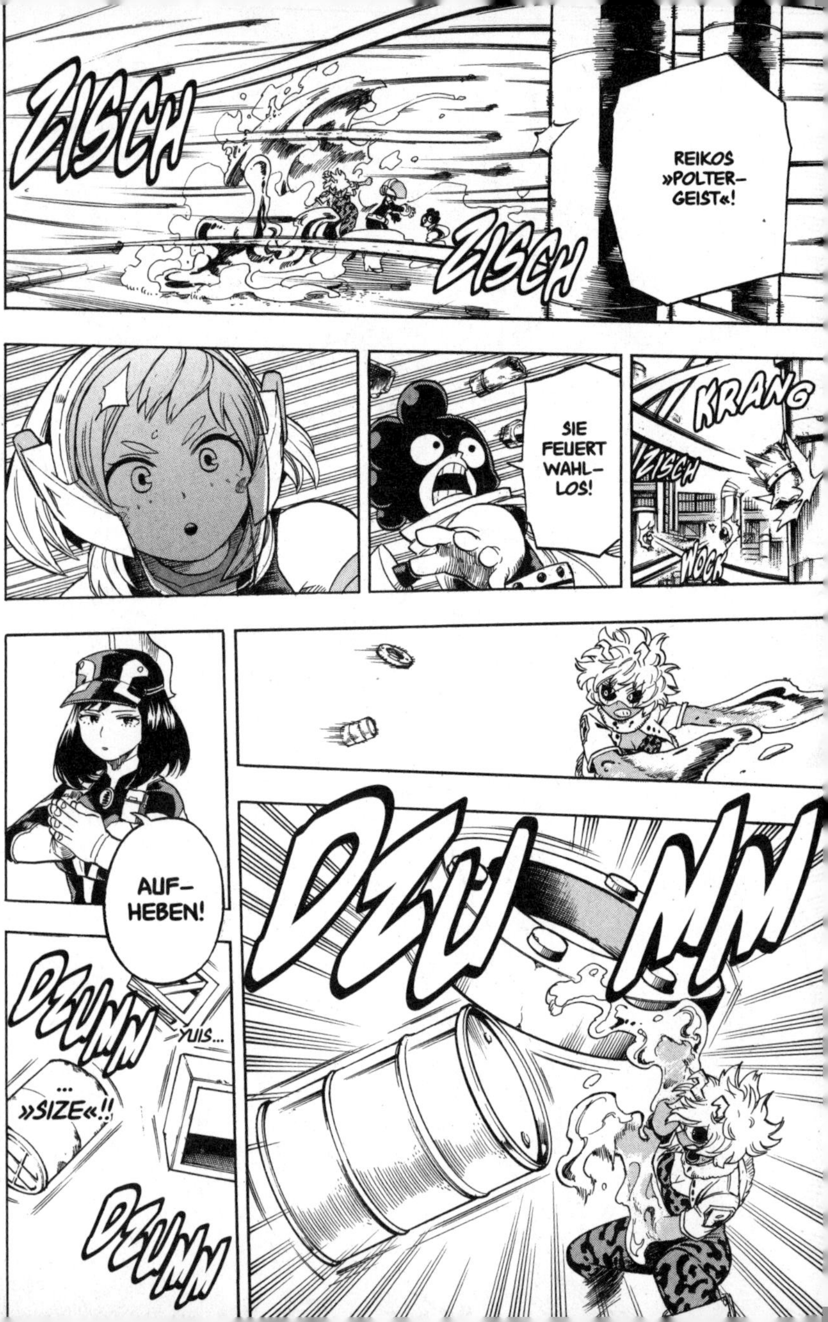

REIKOS »POLTER-GEIST«!
ZISCH
ZISCH
KRANG
ZISCH
WOCK
SIE FEUERT WAHL-LOS!
AUF-HEBEN!
DZUMM
YUIS...
... »SIZE«!!
DZUMM
DZUMM

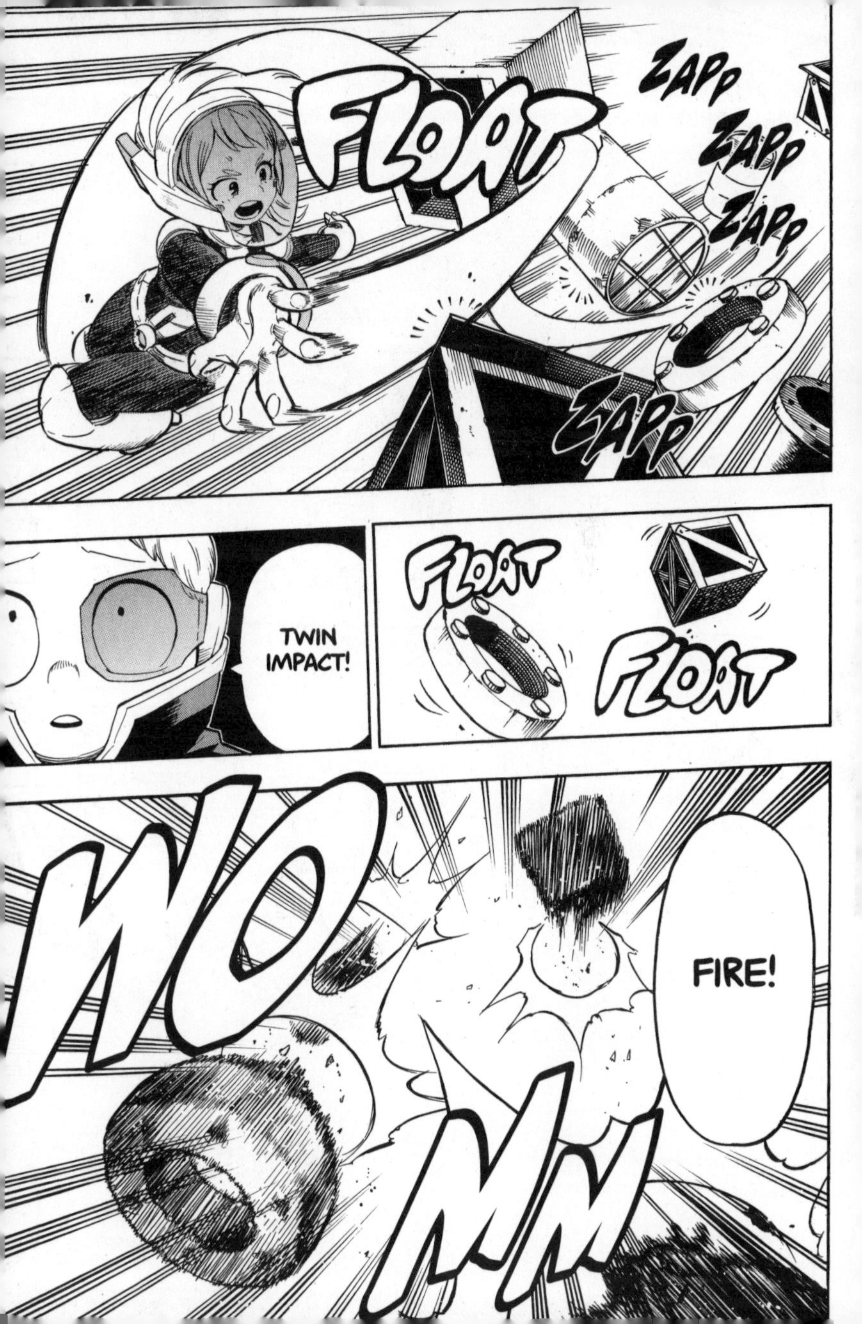

ZAPP
ZAPP
ZAPP
FLOAT
ZAPP
FLOAT
FLOAT
TWIN IMPACT!
FIRE!
WOMM

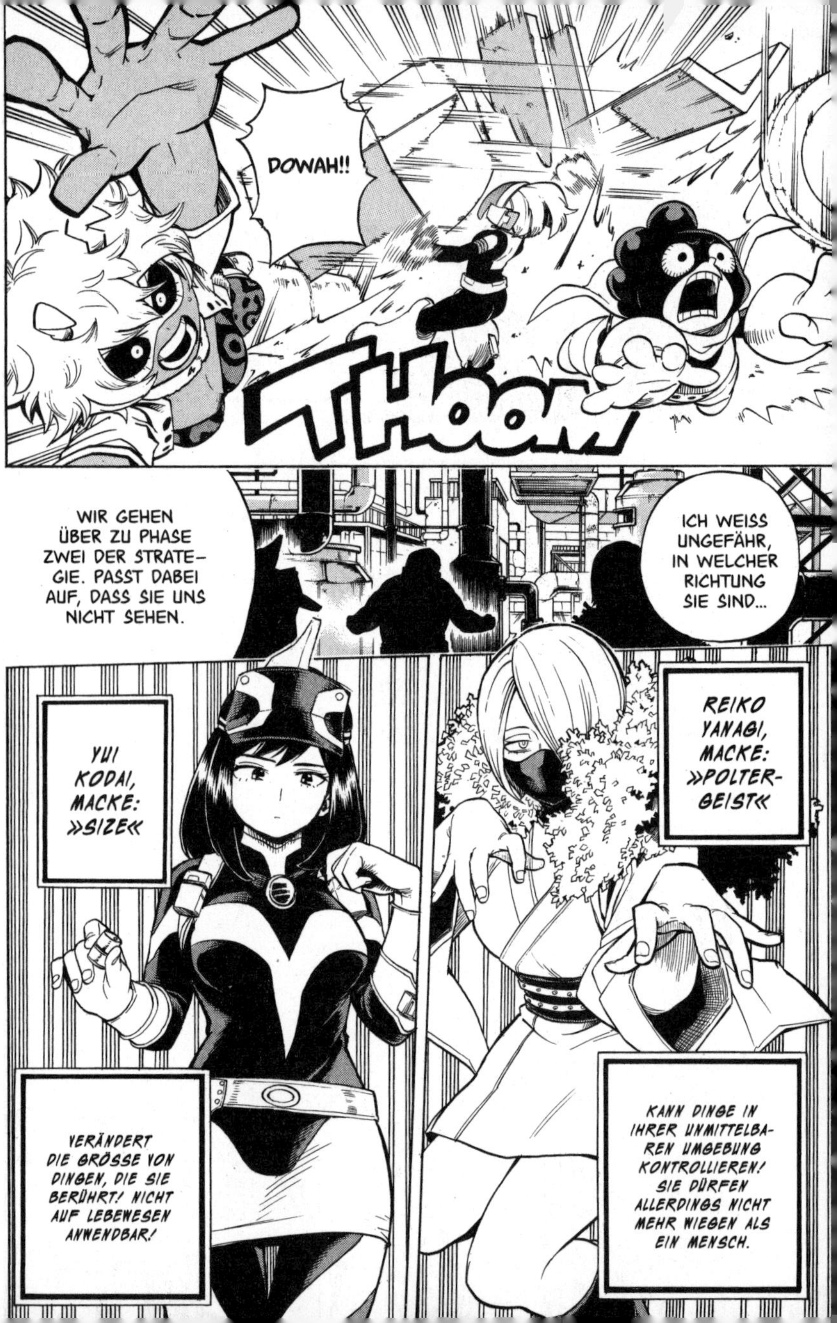
DOWAH!!
THOOM
ICH WEISS UNGEFÄHR, IN WELCHER RICHTUNG SIE SIND...
WIR GEHEN ÜBER ZU PHASE ZWEI DER STRATE-GIE. PASST DABEI AUF, DASS SIE UNS NICHT SEHEN.
REIKO YANAGI, MACKE: »POLTER-GEIST«
KANN DINGE IN IHRER UNMITTELBA-REN UMGEBUNG KONTROLLIEREN! SIE DÜRFEN ALLERDINGS NICHT MEHR WIEGEN ALS EIN MENSCH.
YUI KODAI, MACKE: »SIZE«
VERÄNDERT DIE GRÖSSE VON DINGEN, DIE SIE BERÜHRT! NICHT AUF LEBEWESEN ANWENDBAR!

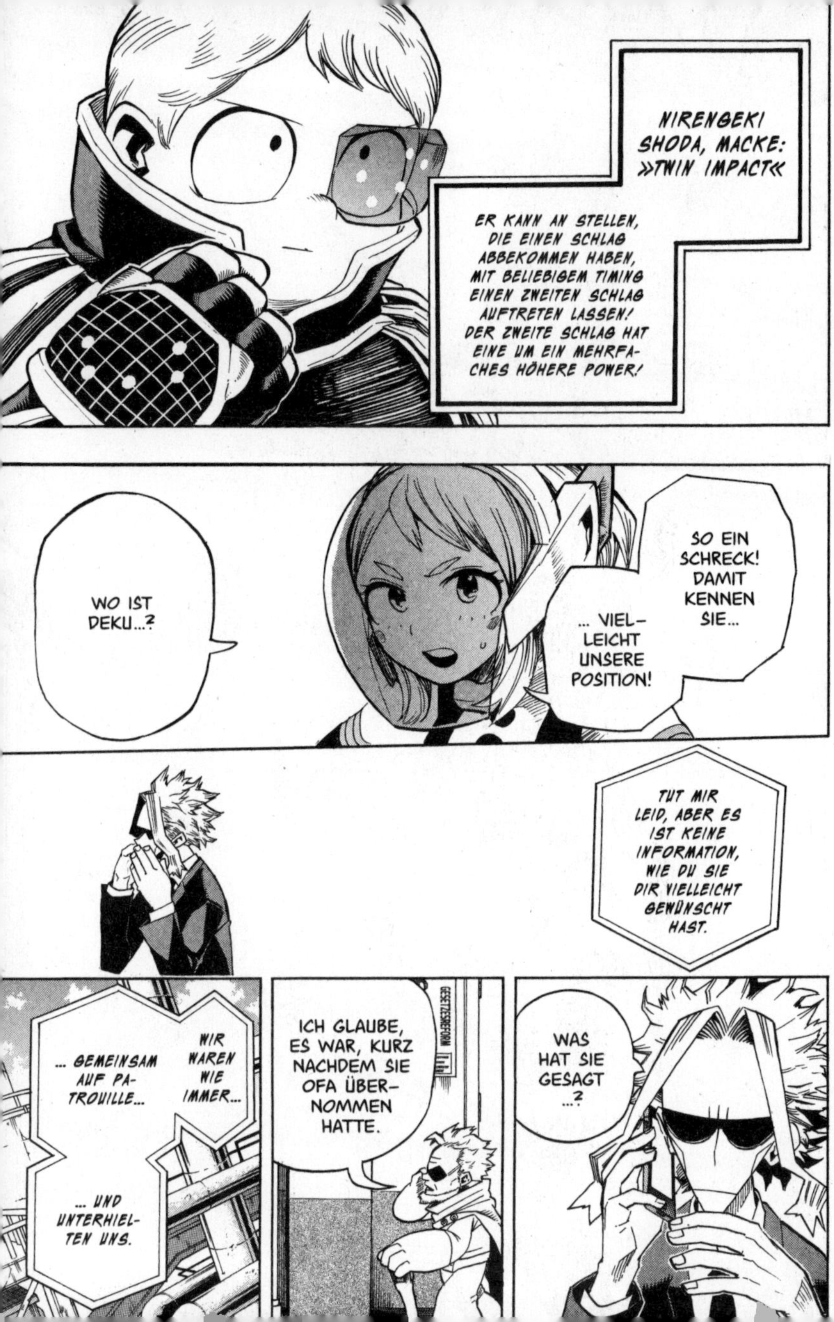
NIRENGEKI SHODA, MACKE: »TWIN IMPACT«
ER KANN AN STELLEN, DIE EINEN SCHLAG ABBEKOMMEN HABEN, MIT BELIEBIGEM TIMING EINEN ZWEITEN SCHLAG AUFTRETEN LASSEN! DER ZWEITE SCHLAG HAT EINE UM EIN MEHRFACHES HÖHERE POWER!
SO EIN SCHRECK! DAMIT KENNEN SIE...
... VIELLEICHT UNSERE POSITION!
WO IST DEKU...?
TUT MIR LEID, ABER ES IST KEINE INFORMATION, WIE DU SIE DIR VIELLEICHT GEWÜNSCHT HAST.
WAS HAT SIE GESAGT ...?
ICH GLAUBE, ES WAR, KURZ NACHDEM SIE OFA ÜBERNOMMEN HATTE.
GESETZESREFORM
WIR WAREN WIE IMMER...
... GEMEINSAM AUF PATROUILLE...
... UND UNTERHIELTEN UNS.

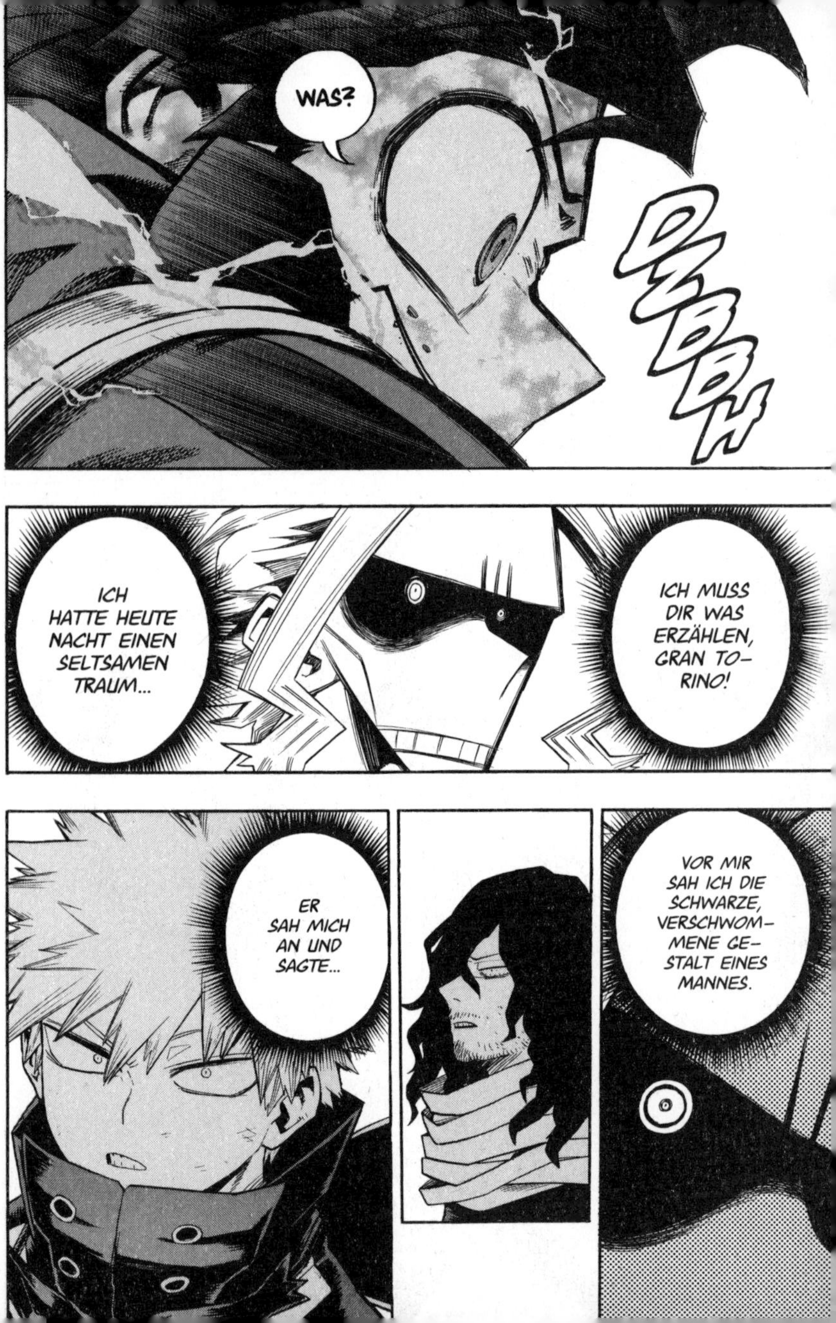
OOOOOH
WAS?
ICH MUSS DIR WAS ERZÄHLEN, GRAN TO-RINO!
ICH HATTE HEUTE NACHT EINEN SELTSAMEN TRAUM...
VOR MIR SAH ICH DIE SCHWARZE, VERSCHWOM-MENE GE-STALT EINES MANNES.
ER SAH MICH AN UND SAGTE...

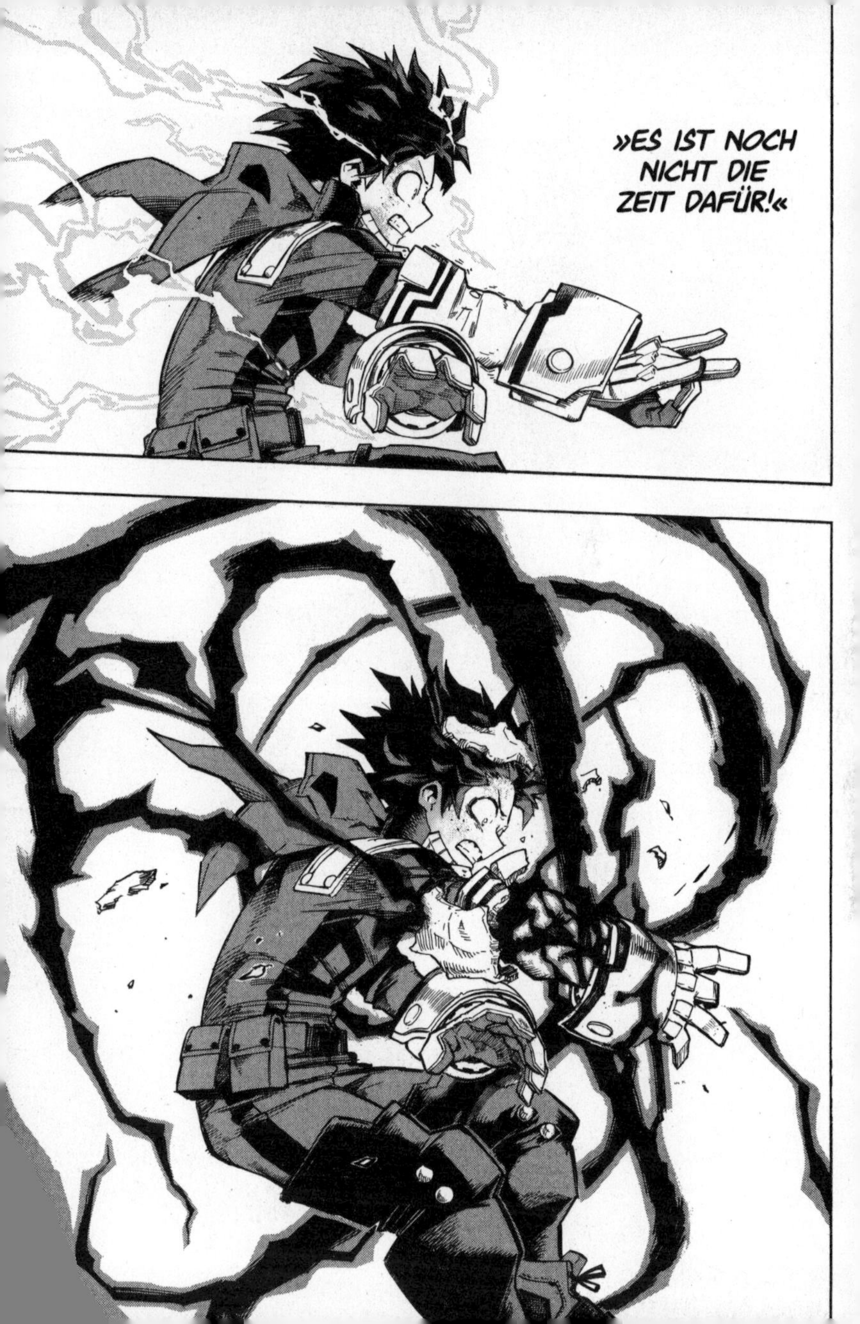
»ES IST NOCH NICHT DIE ZEIT DAFÜR!«

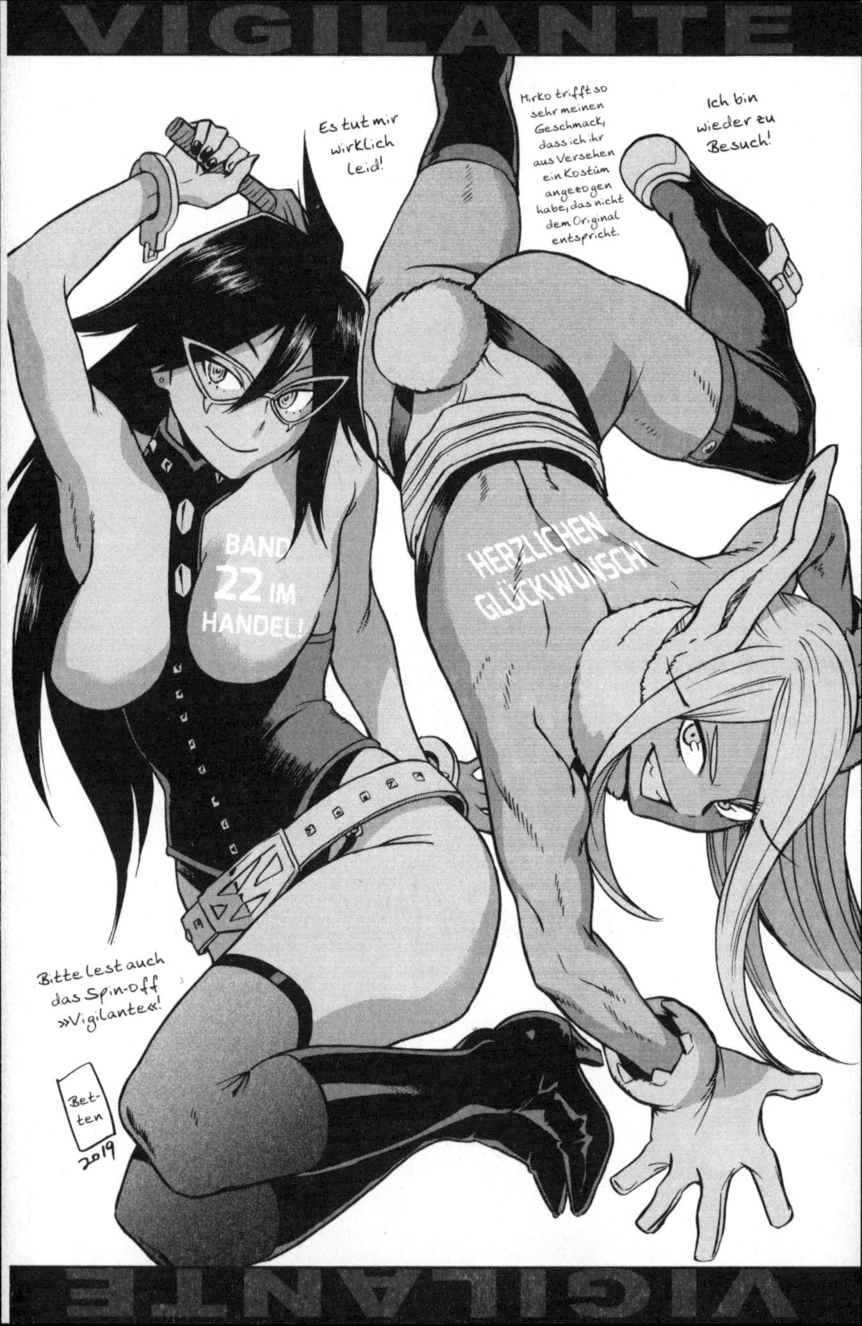
VIGILANTE
Es tut mir wirklich Leid!
Mirko trifft so sehr meinen Geschmack, dass ich ihr aus Versehen ein Kostüm angezogen habe, das nicht dem Original entspricht.
Ich bin wieder zu Besuch!
BAND 22 IM HANDEL!
HERZLICHEN GLÜCKWUNSCH!
Bitte lest auch das Spin-off »Vigilante«!
Bet-ten 2019
VIGILANTE

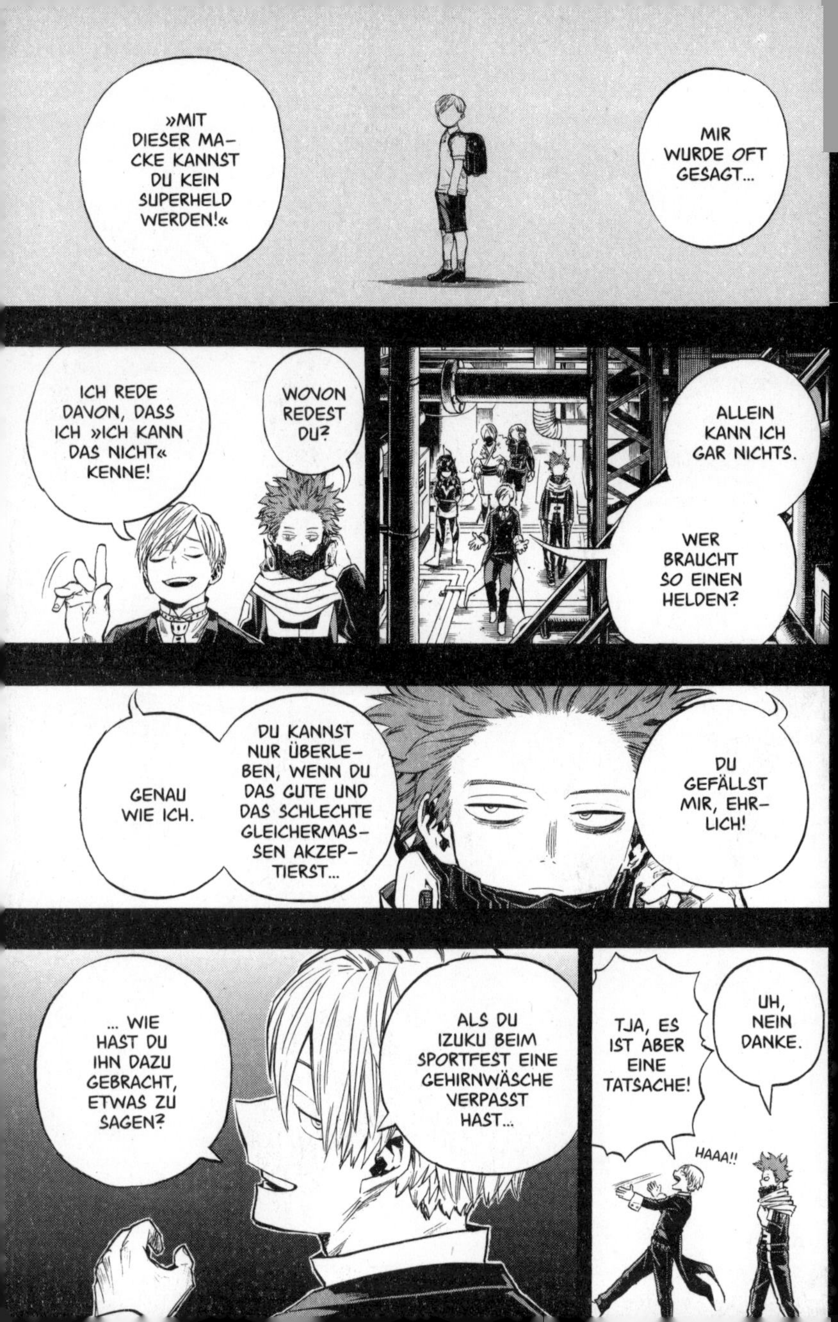
MIR WURDE OFT GESAGT...
»MIT DIESER MACKE KANNST DU KEIN SUPERHELD WERDEN!«
ALLEIN KANN ICH GAR NICHTS.
WER BRAUCHT SO EINEN HELDEN?
WOVON REDEST DU?
ICH REDE DAVON, DASS ICH »ICH KANN DAS NICHT« KENNE!
DU GEFÄLLST MIR, EHRLICH!
DU KANNST NUR ÜBERLEBEN, WENN DU DAS GUTE UND DAS SCHLECHTE GLEICHERMASSEN AKZEPTIERST...
GENAU WIE ICH.
UH, NEIN DANKE.
TJA, ES IST ABER EINE TATSACHE!
HAAA!!
ALS DU IZUKU BEIM SPORTFEST EINE GEHIRNWÄSCHE VERPASST HAST...
... WIE HAST DU IHN DAZU GEBRACHT, ETWAS ZU SAGEN?

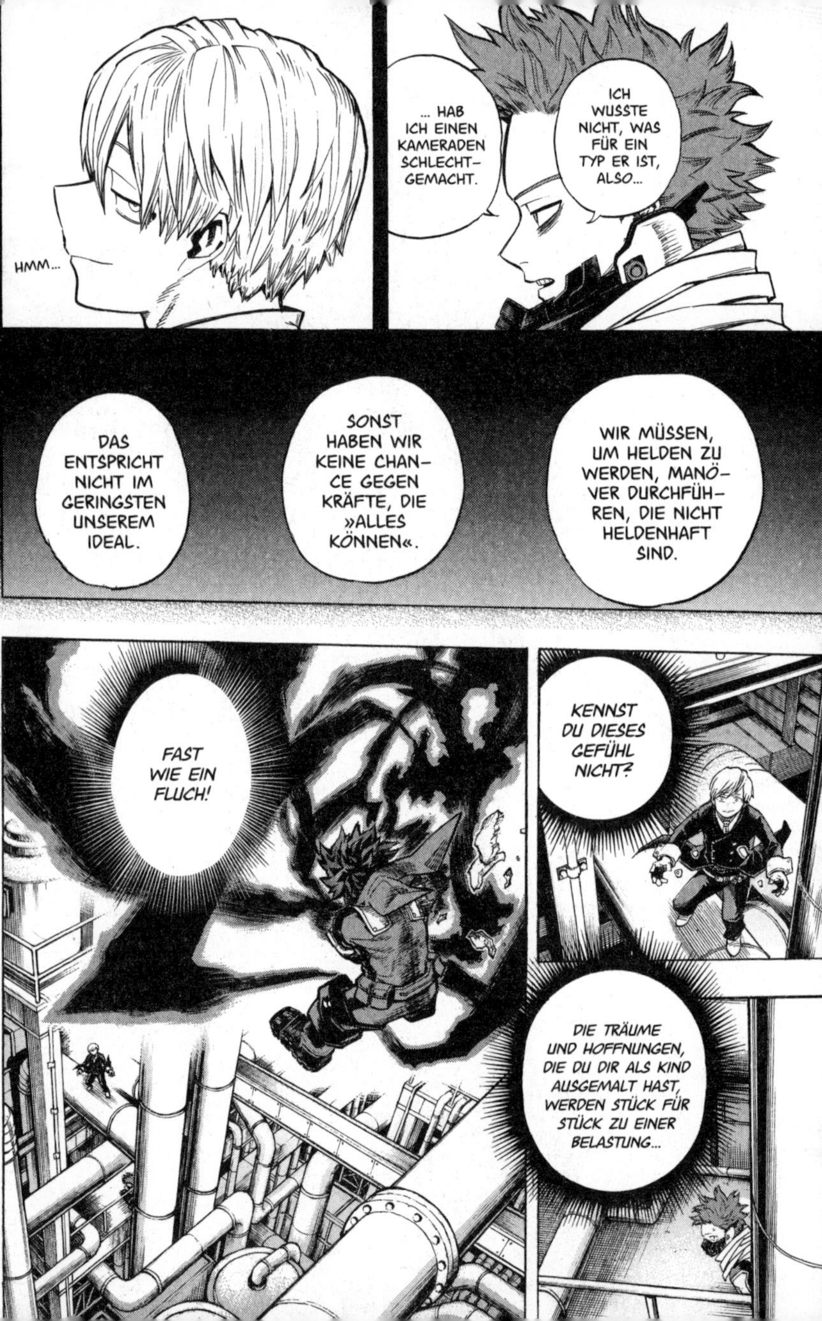
ICH WUSSTE NICHT, WAS FÜR EIN TYP ER IST, ALSO...
... HAB ICH EINEN KAMERADEN SCHLECHT-GEMACHT.
HMM...
WIR MÜSSEN, UM HELDEN ZU WERDEN, MANÖVER DURCHFÜHREN, DIE NICHT HELDENHAFT SIND.
SONST HABEN WIR KEINE CHANCE GEGEN KRÄFTE, DIE »ALLES KÖNNEN«.
DAS ENTSPRICHT NICHT IM GERINGSTEN UNSEREM IDEAL.
KENNST DU DIESES GEFÜHL NICHT?
DIE TRÄUME UND HOFFNUNGEN, DIE DU DIR ALS KIND AUSGEMALT HAST, WERDEN STÜCK FÜR STÜCK ZU EINER BELASTUNG...
FAST WIE EIN FLUCH!

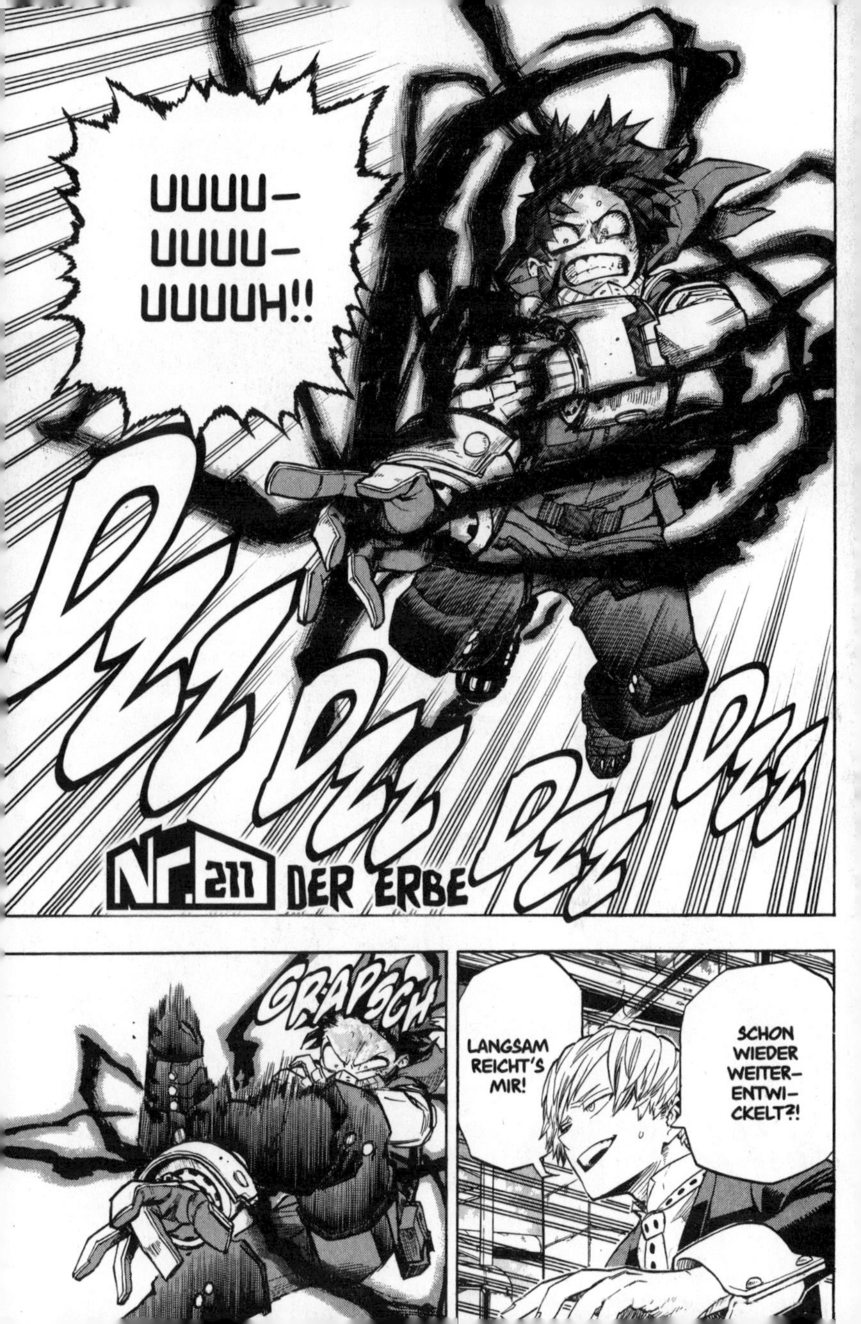
UUUU-
UUUU-
UUUUH!!
Nr. 211 DER ERBE
SCHON WIEDER WEITER-ENTWI-CKELT?!
LANGSAM REICHT'S MIR!
GRAPSCH

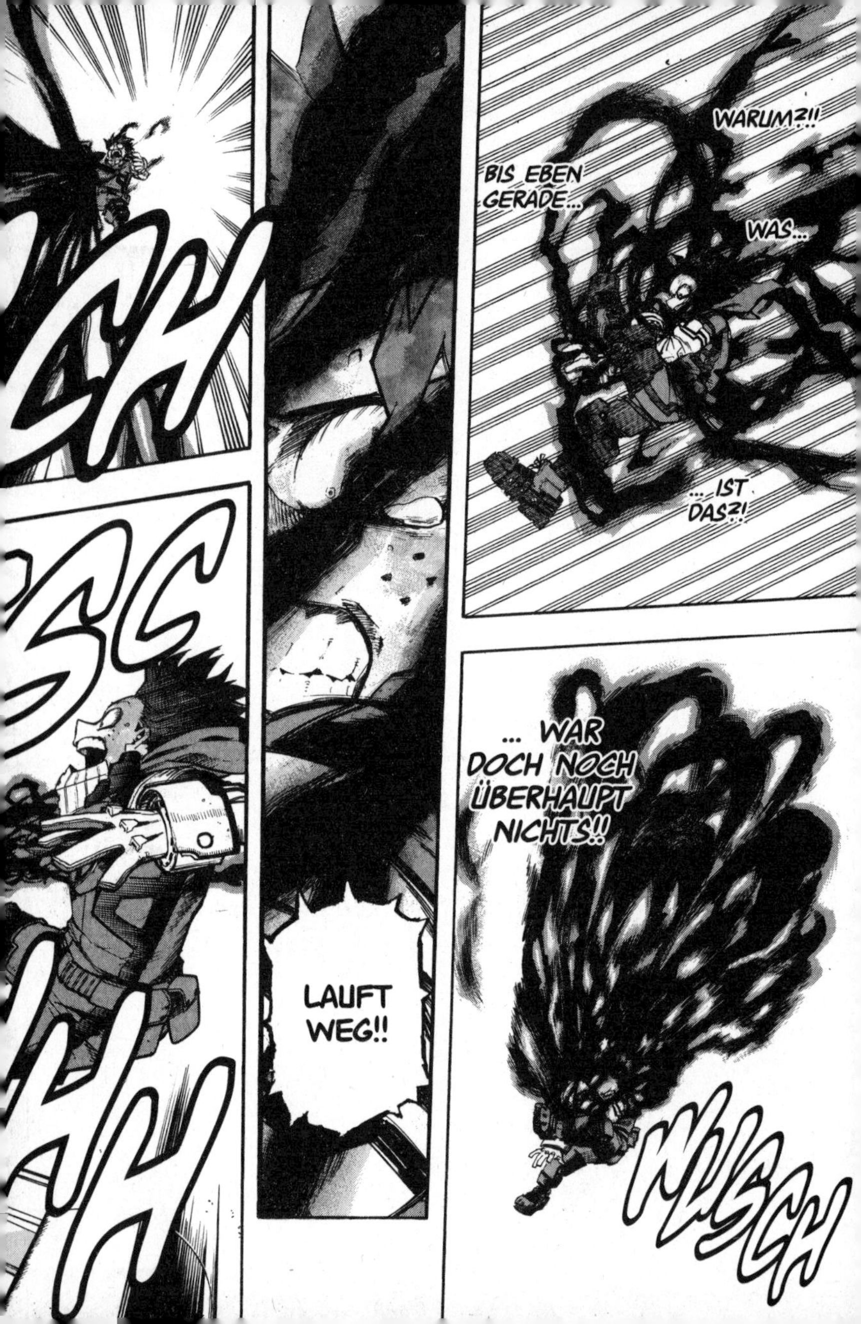
WAS...
... IST DAS?!
WARUM?!!
BIS EBEN GERADE...
... WAR DOCH NOCH ÜBERHAUPT NICHTS!!
WUSCH
LAUFT WEG!!

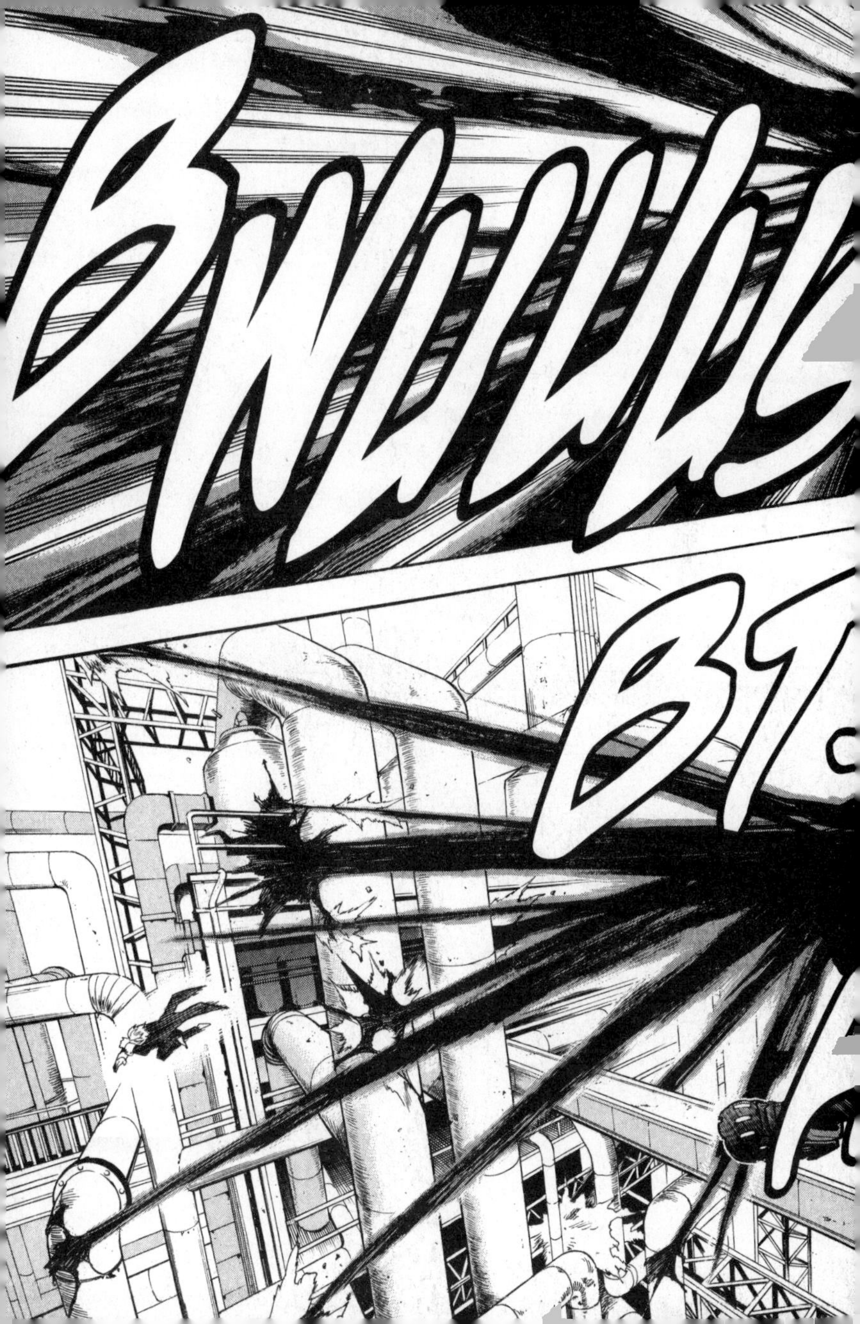

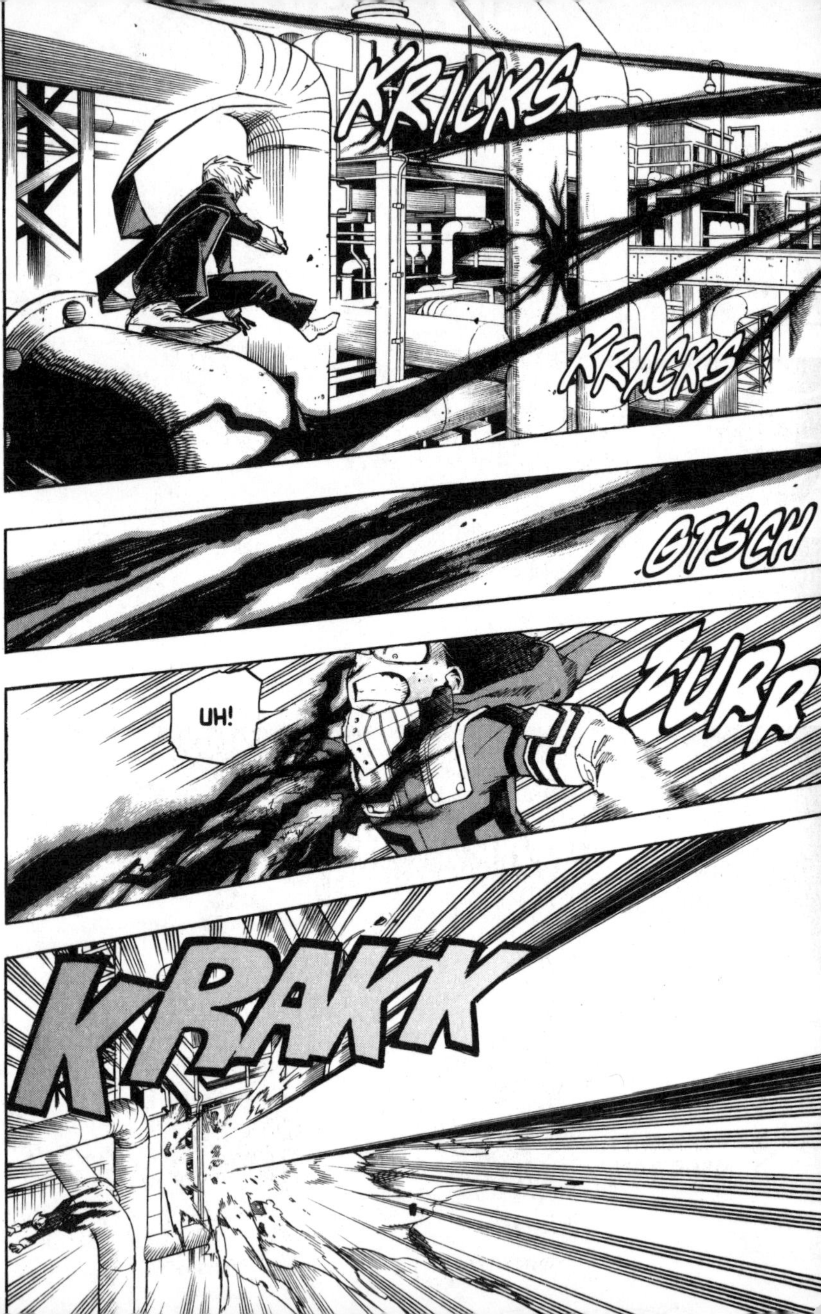
KRICKS
KRACKS
GTSCH
ZURR
UH!
KRAKK

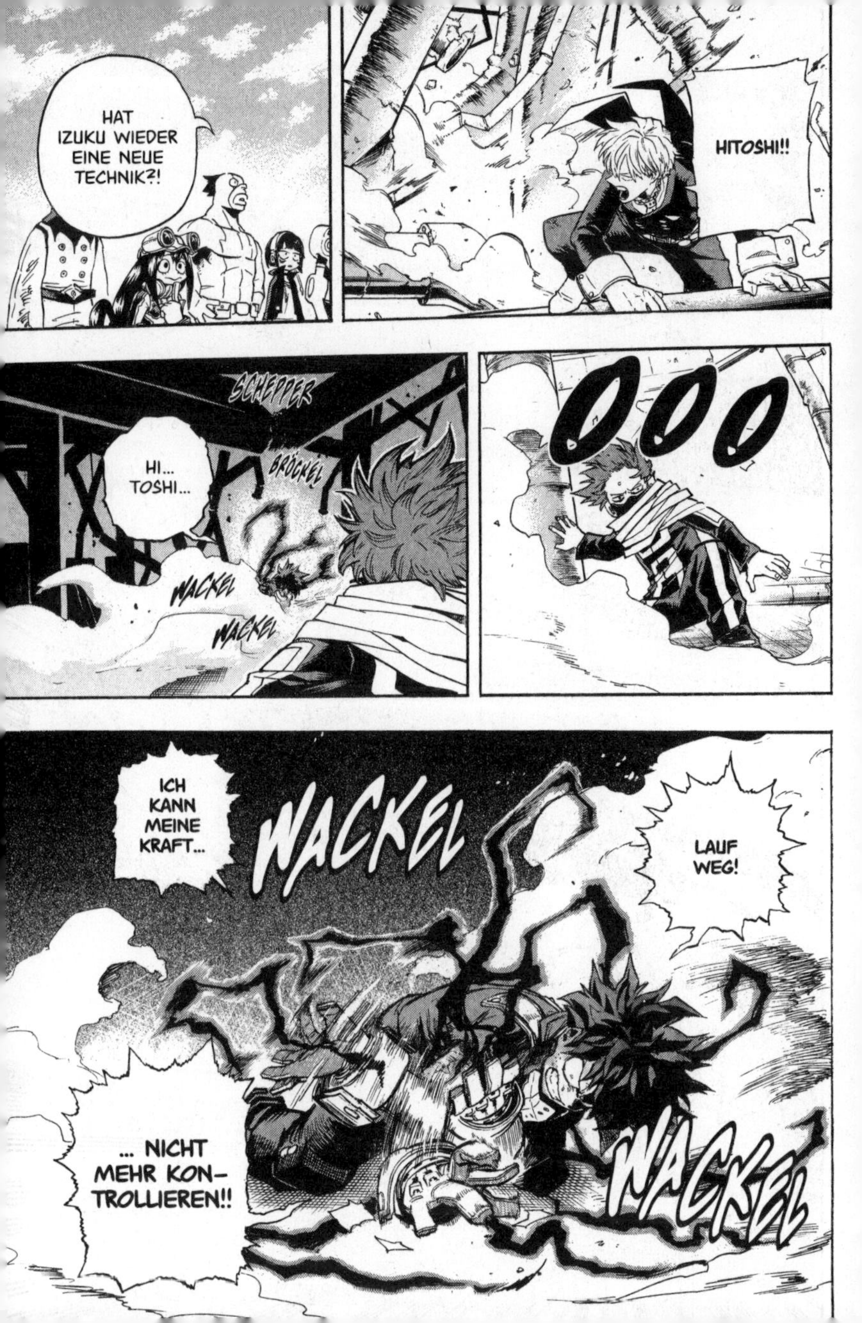
HITOSHI!!
HAT IZUKU WIEDER EINE NEUE TECHNIK?!
SCHEPPER
BRÖCKEL
HI... TOSHI...
WACKEL
WACKEL
ICH KANN MEINE KRAFT...
WACKEL
... NICHT MEHR KONTROLLIEREN!!
LAUF WEG!
WACKEL

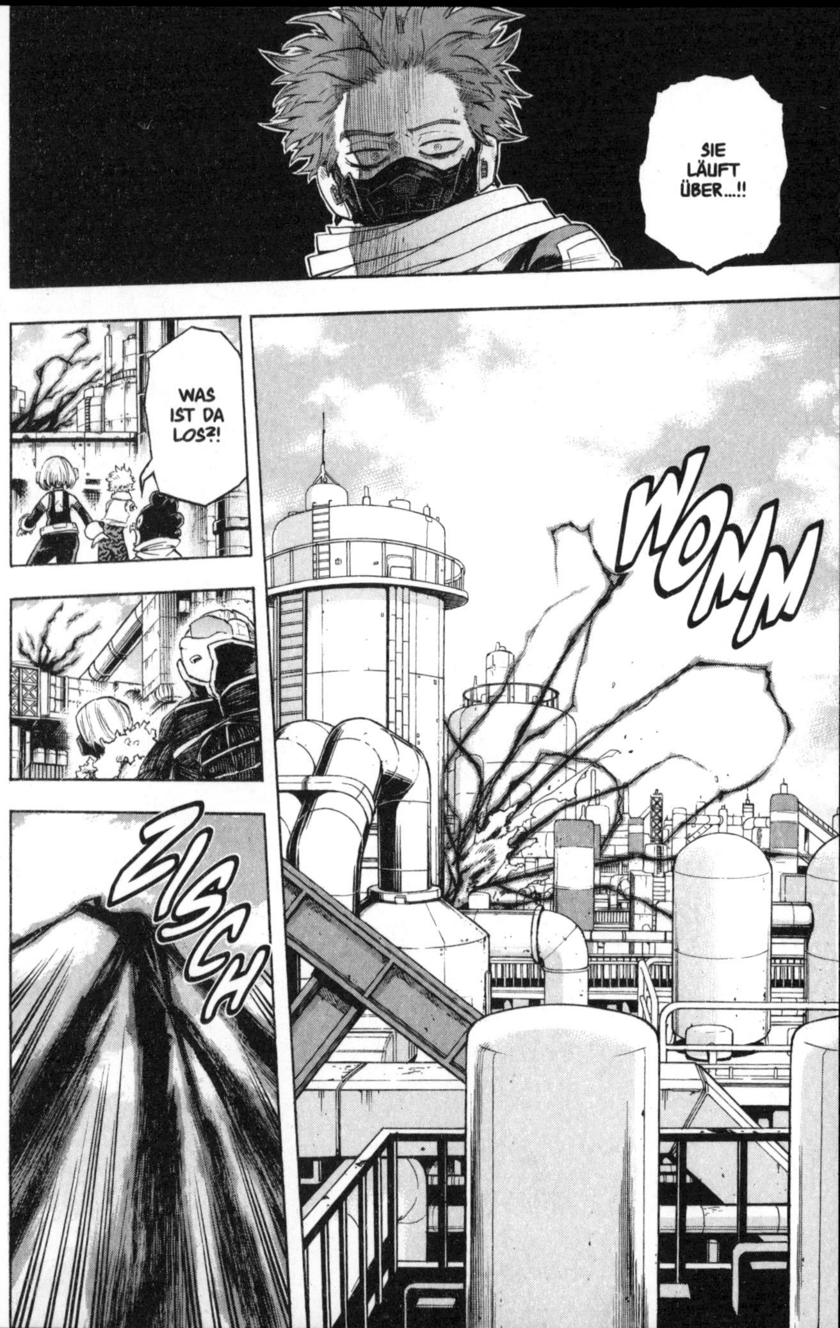
SIE LÄUFT ÜBER...!!
WOMM
WAS IST DA LOS?!
ZISCH

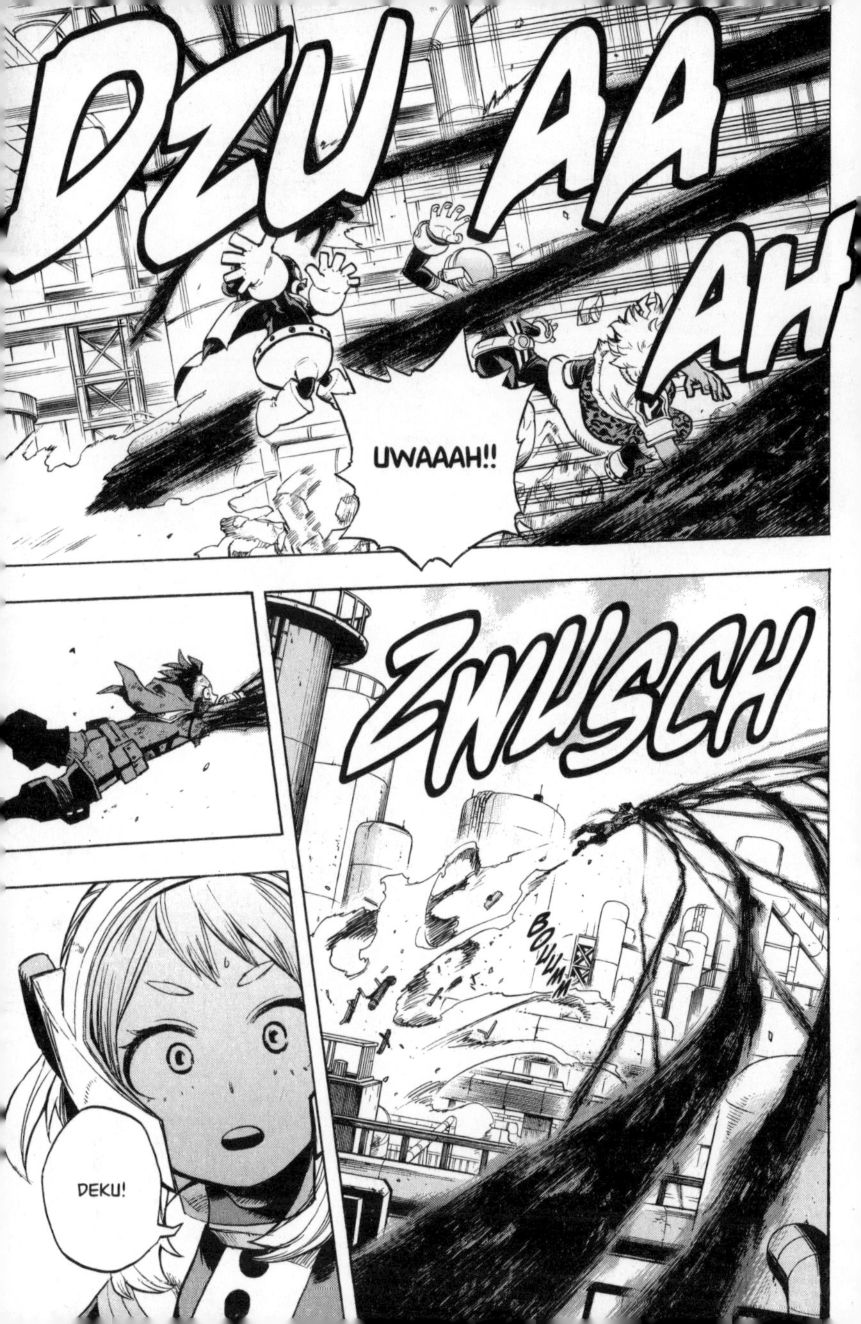
DZU AA AH
UWAAAH!!
ZWUSCH
BOUMM
DEKU!

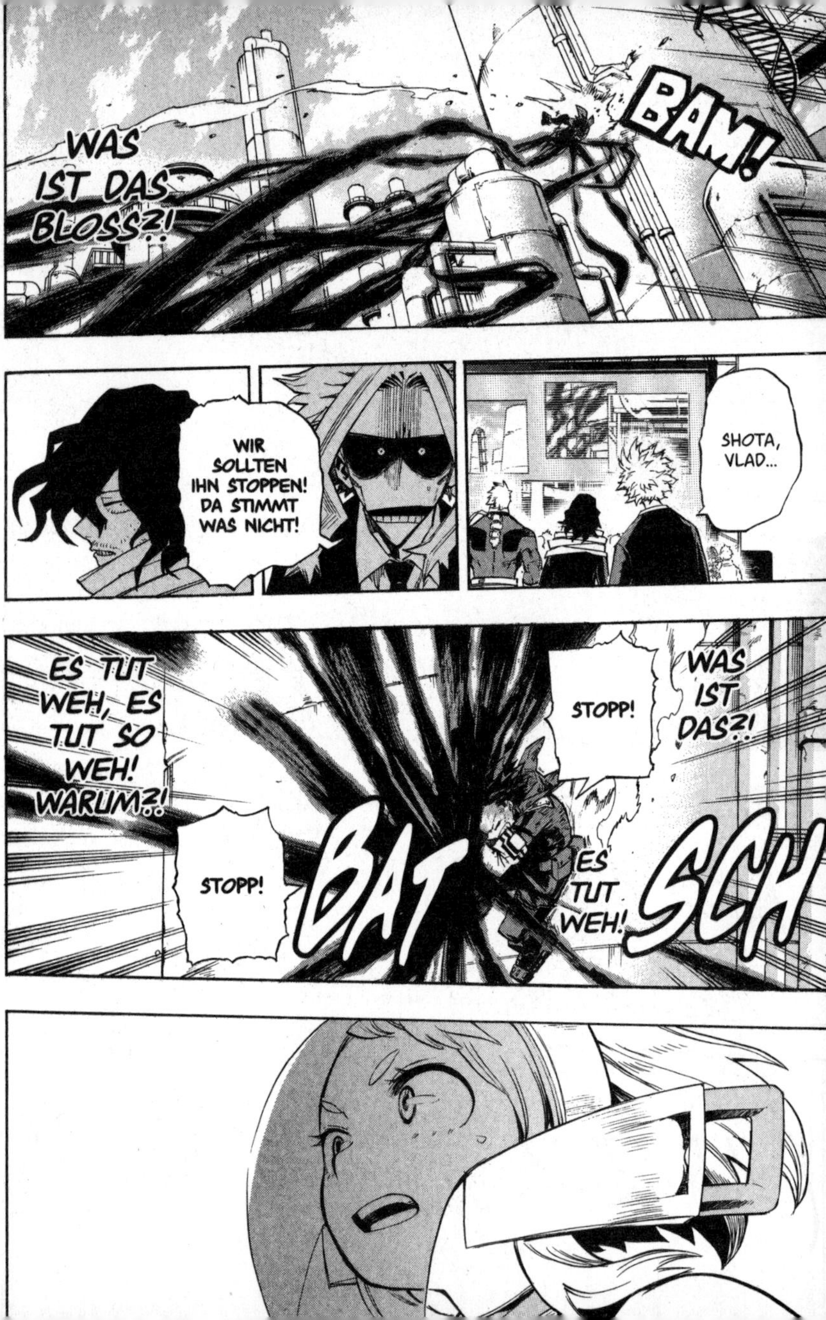
BAM!
WAS IST DAS BLOSS?!
SHOTA, VLAD...
WIR SOLLTEN IHN STOPPEN! DA STIMMT WAS NICHT!
WAS IST DAS?!
STOPP!
ES TUT WEH, ES TUT SO WEH! WARUM?!
ES TUT WEH!
SCH
BAT
STOPP!

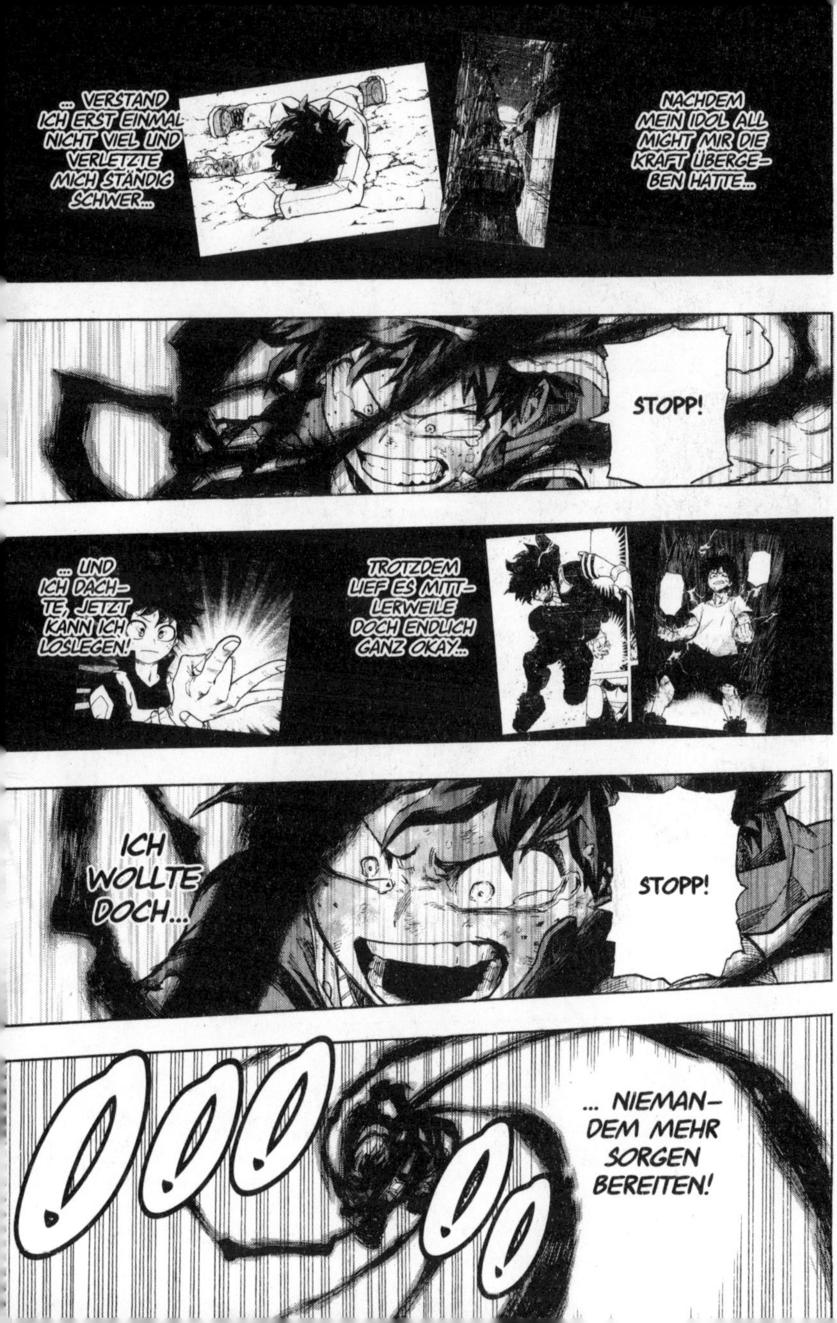
NACHDEM MEIN IDOL ALL MIGHT MIR DIE KRAFT ÜBERGEBEN HATTE...
... VERSTAND ICH ERST EINMAL NICHT VIEL UND VERLETZTE MICH STÄNDIG SCHWER...
STOPP!
TROTZDEM LIEF ES MITTLERWEILE DOCH ENDLICH GANZ OKAY...
... UND ICH DACHTE, JETZT KANN ICH LOSLEGEN!
STOPP!
ICH WOLLTE DOCH...
... NIEMANDEM MEHR SORGEN BEREITEN!

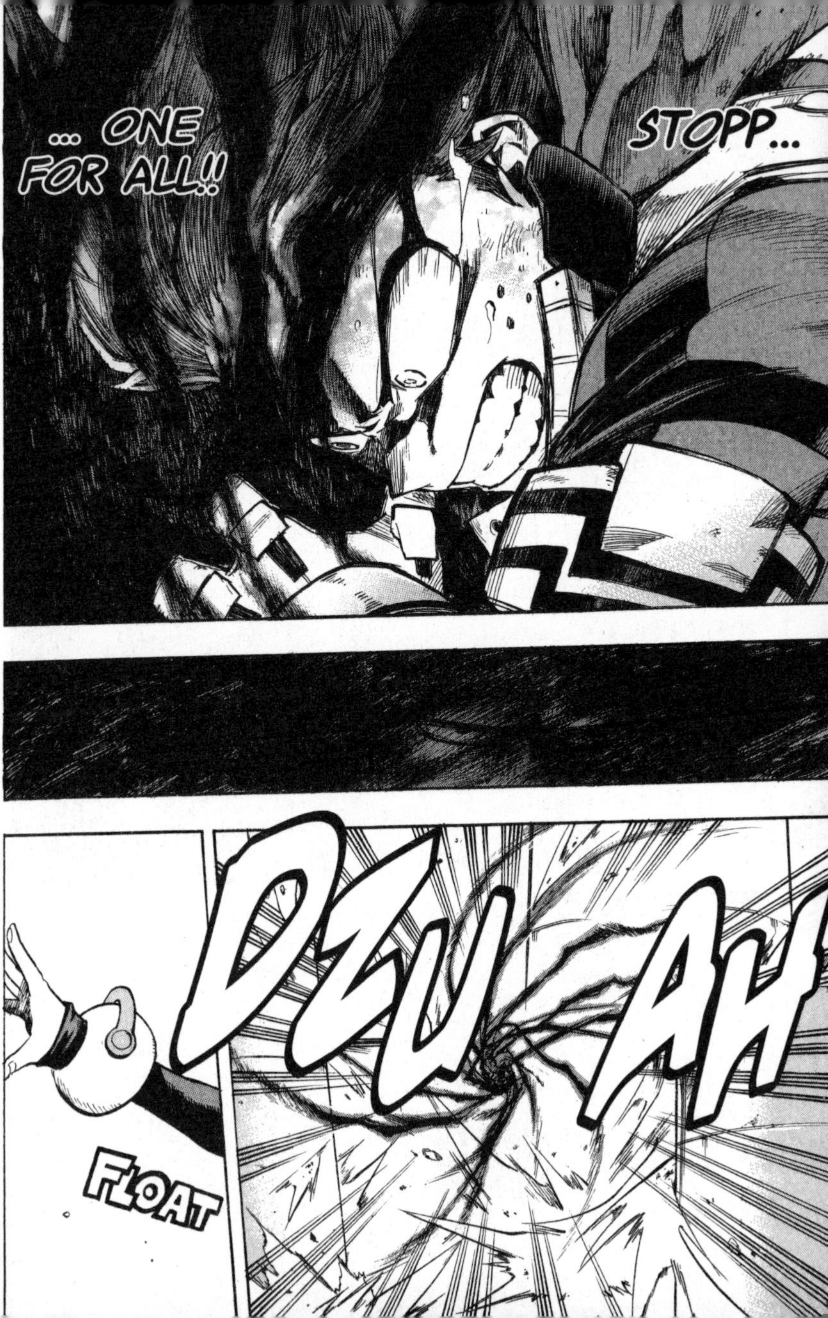
STOPP...
... ONE FOR ALL!!
DZU AH
FLOAT

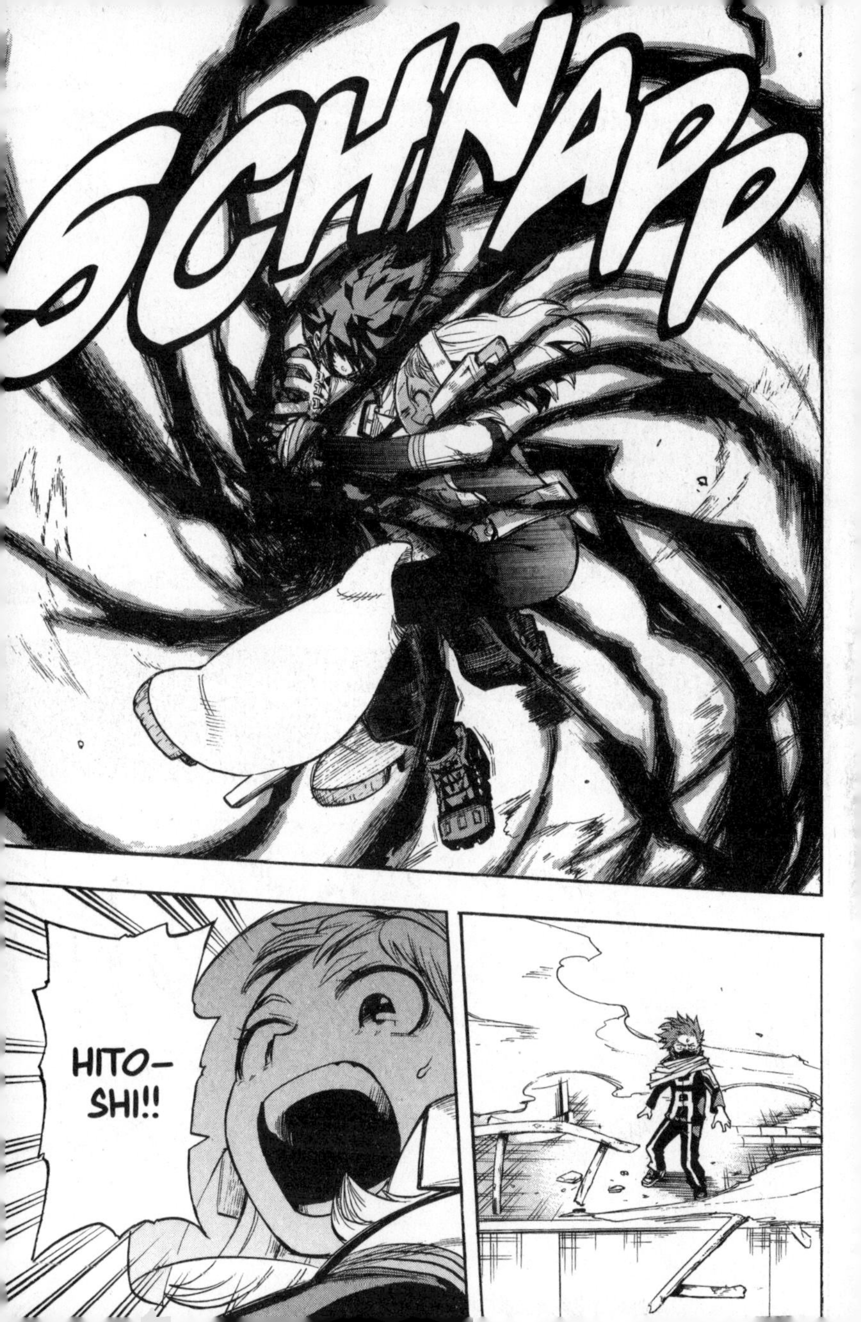
SCHNAPP
HITO-
SHI!!

MANGA: DAISUKE ASHIHARA

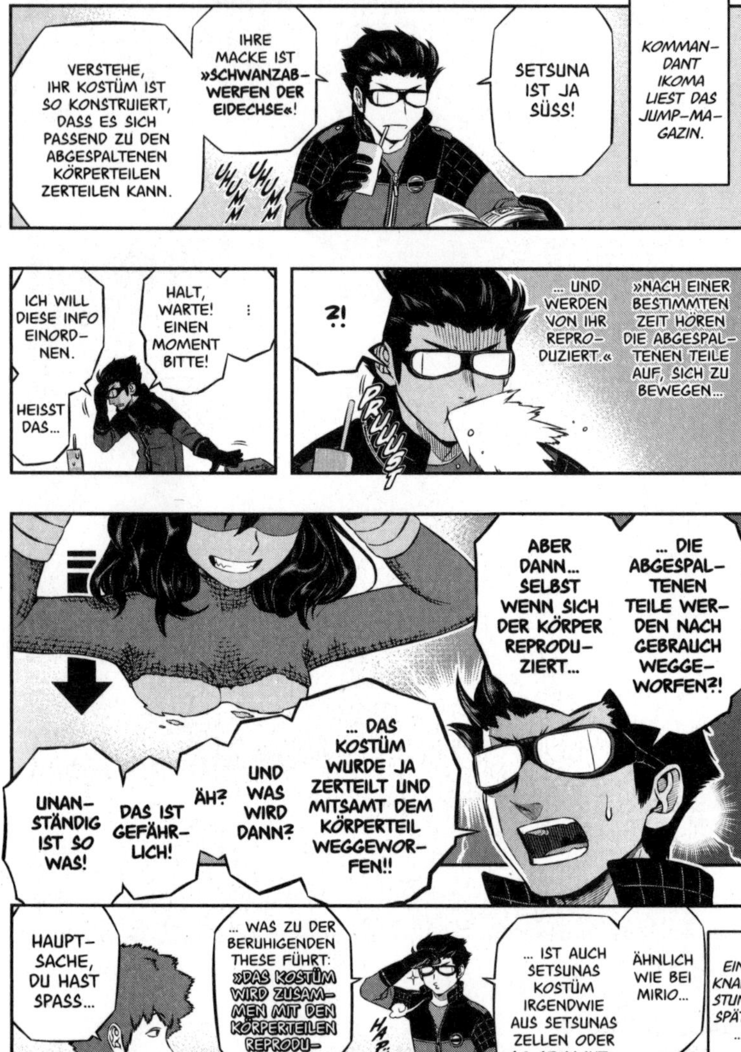

ENDE

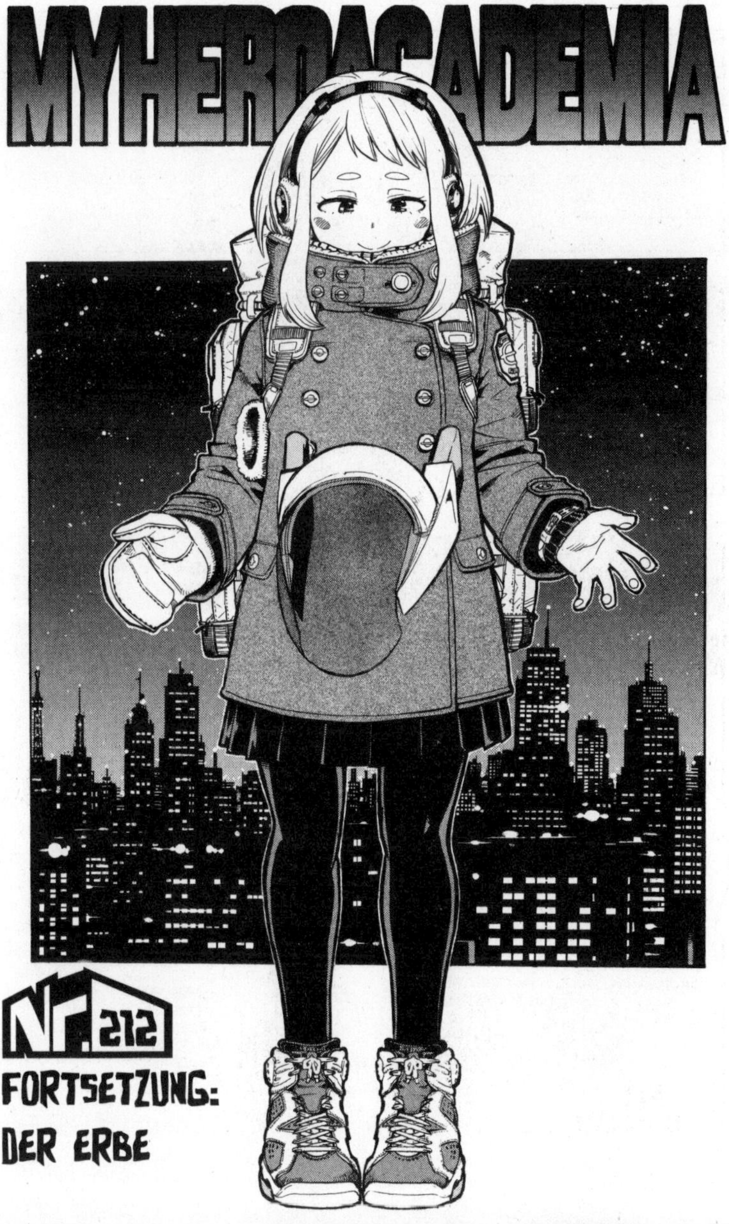
MY HERO ACADEMIA
Nr. 212
FORTSETZUNG:
DER ERBE

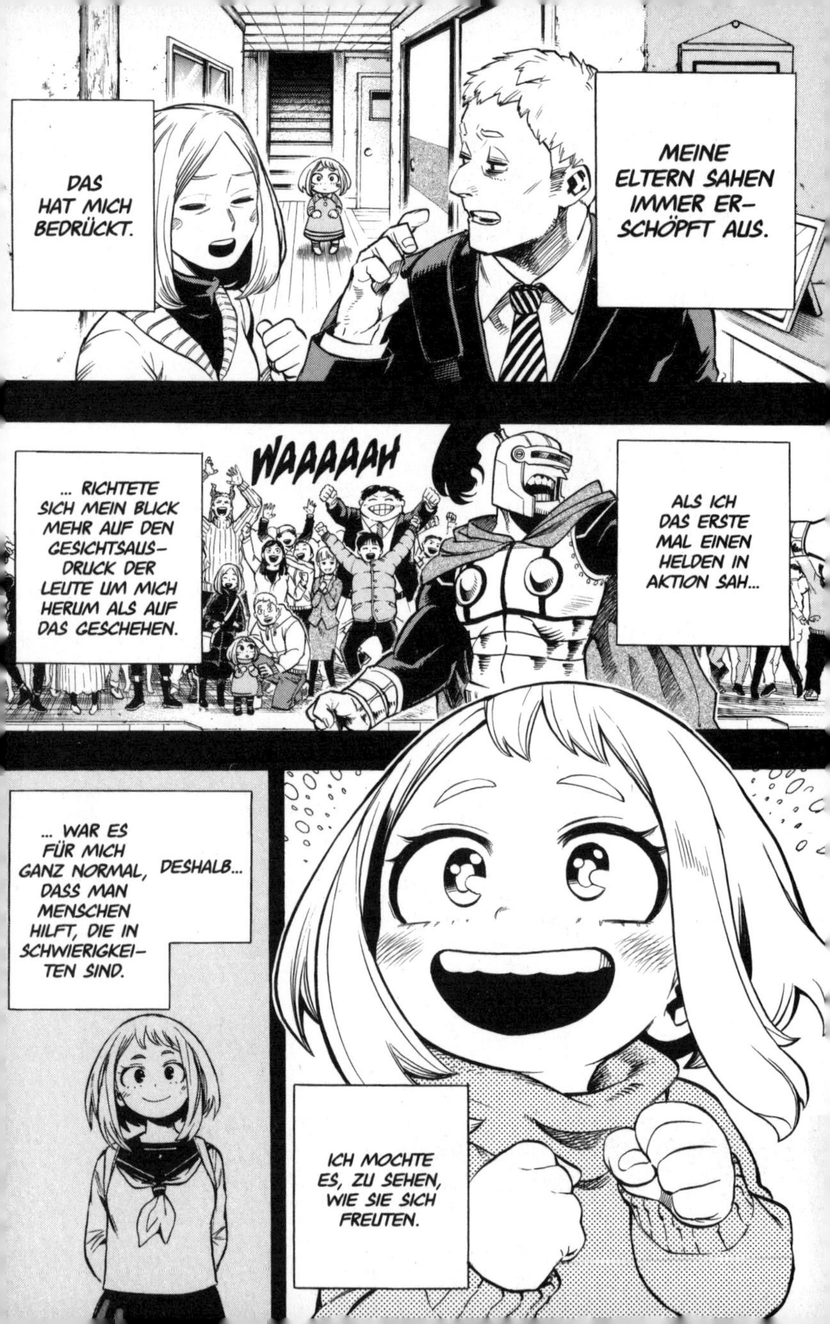
MEINE ELTERN SAHEN IMMER ERSCHÖPFT AUS.
DAS HAT MICH BEDRÜCKT.
WAAAAAH
ALS ICH DAS ERSTE MAL EINEN HELDEN IN AKTION SAH...
... RICHTETE SICH MEIN BLICK MEHR AUF DEN GESICHTSAUSDRUCK DER LEUTE UM MICH HERUM ALS AUF DAS GESCHEHEN.
ICH MOCHTE ES, ZU SEHEN, WIE SIE SICH FREUTEN.
DESHALB...
... WAR ES FÜR MICH GANZ NORMAL, DASS MAN MENSCHEN HILFT, DIE IN SCHWIERIGKEITEN SIND.

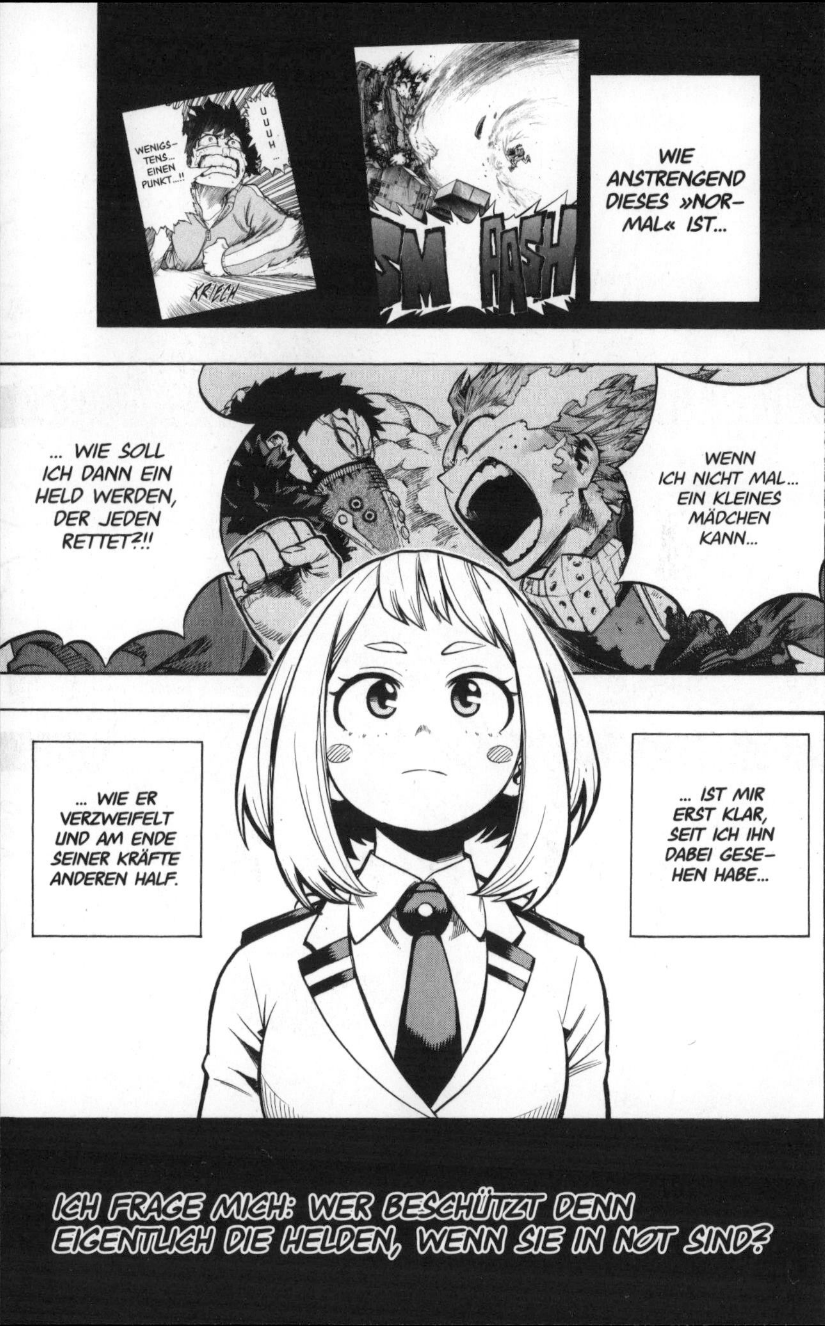
WIE ANSTRENGEND DIESES »NORMAL« IST...
SMASH
UUUH...
WENIGSTENS... EINEN PUNKT...!!
KRIECH
WENN ICH NICHT MAL... EIN KLEINES MÄDCHEN KANN...
... WIE SOLL ICH DANN EIN HELD WERDEN, DER JEDEN RETTET?!!
... IST MIR ERST KLAR, SEIT ICH IHN DABEI GESEHEN HABE...
... WIE ER VERZWEIFELT UND AM ENDE SEINER KRÄFTE ANDEREN HALF.
ICH FRAGE MICH: WER BESCHÜTZT DENN EIGENTLICH DIE HELDEN, WENN SIE IN NOT SIND?

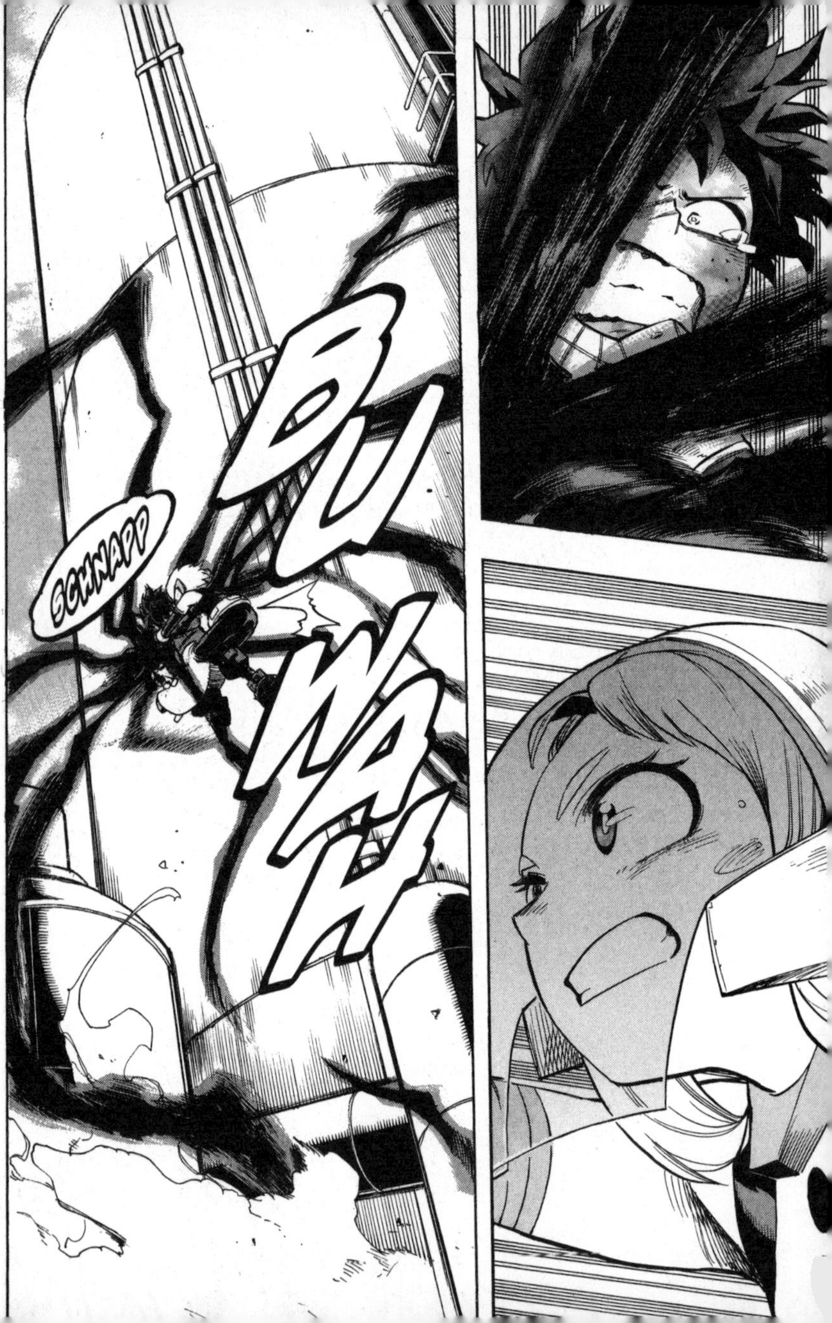
SCHNAPP
BUWAH

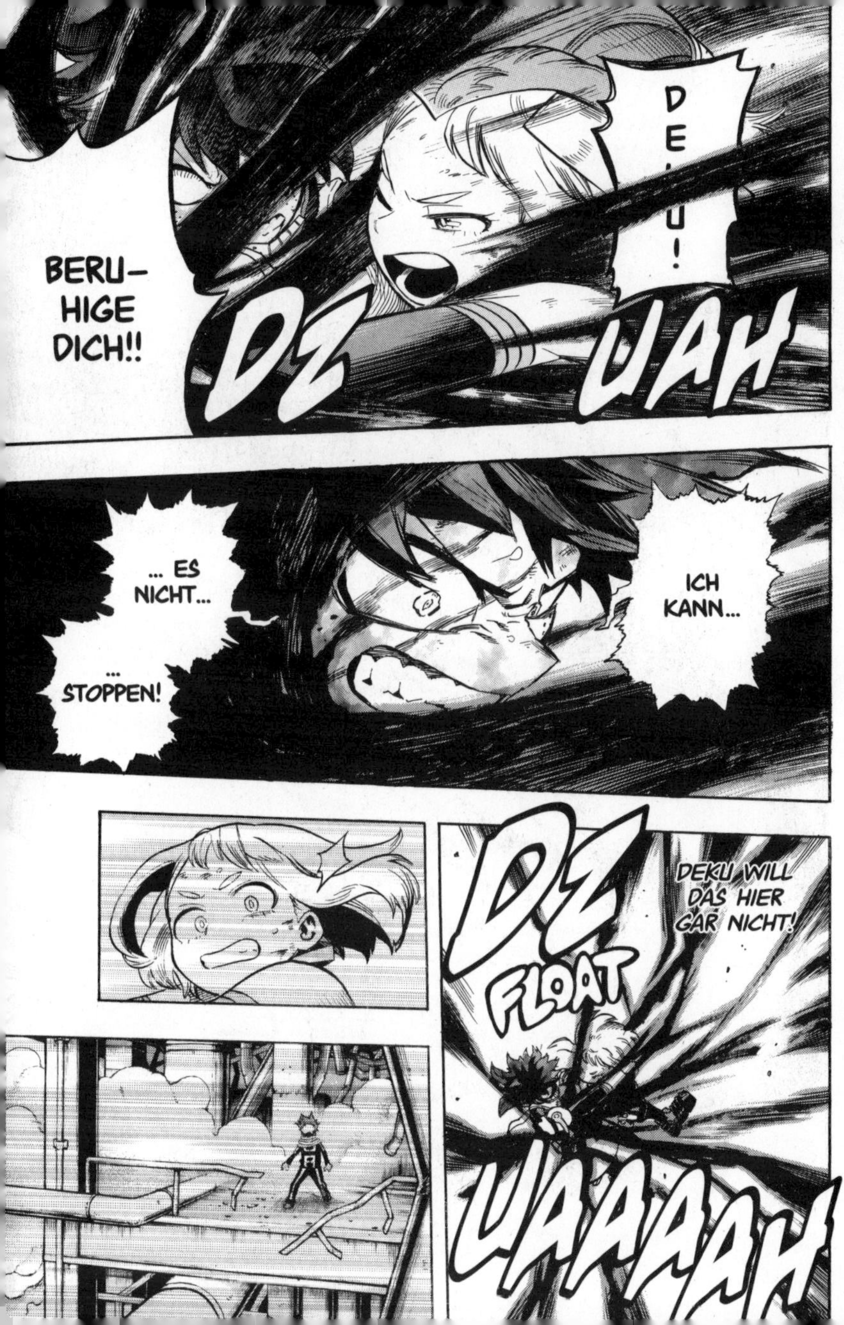
DE... U!
UAH
DZ
BERU-HIGE DICH!!
ICH KANN...
... ES NICHT...
... STOPPEN!
DZ
DEKU WILL DAS HIER GAR NICHT!
FLOAT
UAAAAAH

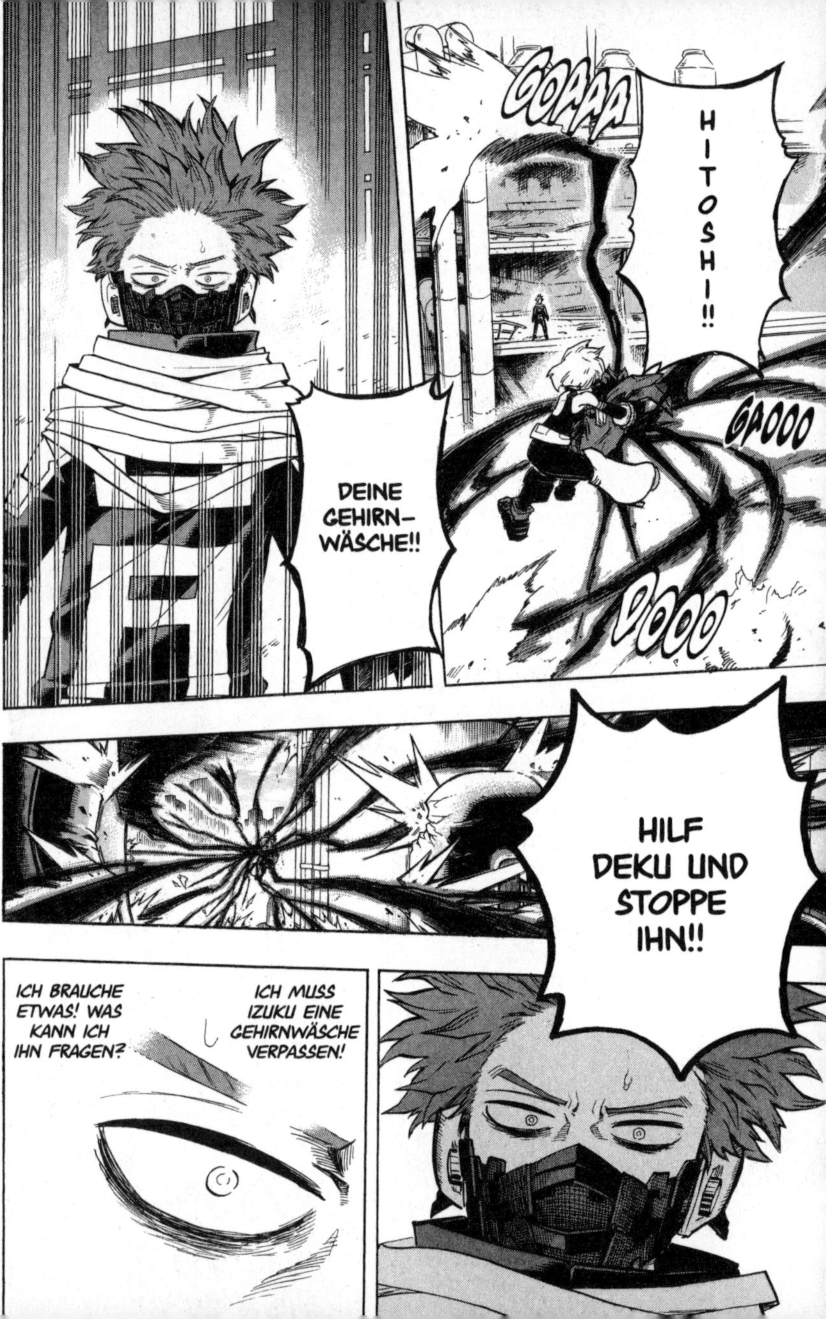
GOAAA
HITOSHI!!
GAOOO
DOOOO
DEINE GEHIRN-WÄSCHE!!
HILF DEKU UND STOPPE IHN!!
ICH MUSS IZUKU EINE GEHIRNWÄSCHE VERPASSEN!
ICH BRAUCHE ETWAS! WAS KANN ICH IHN FRAGEN?

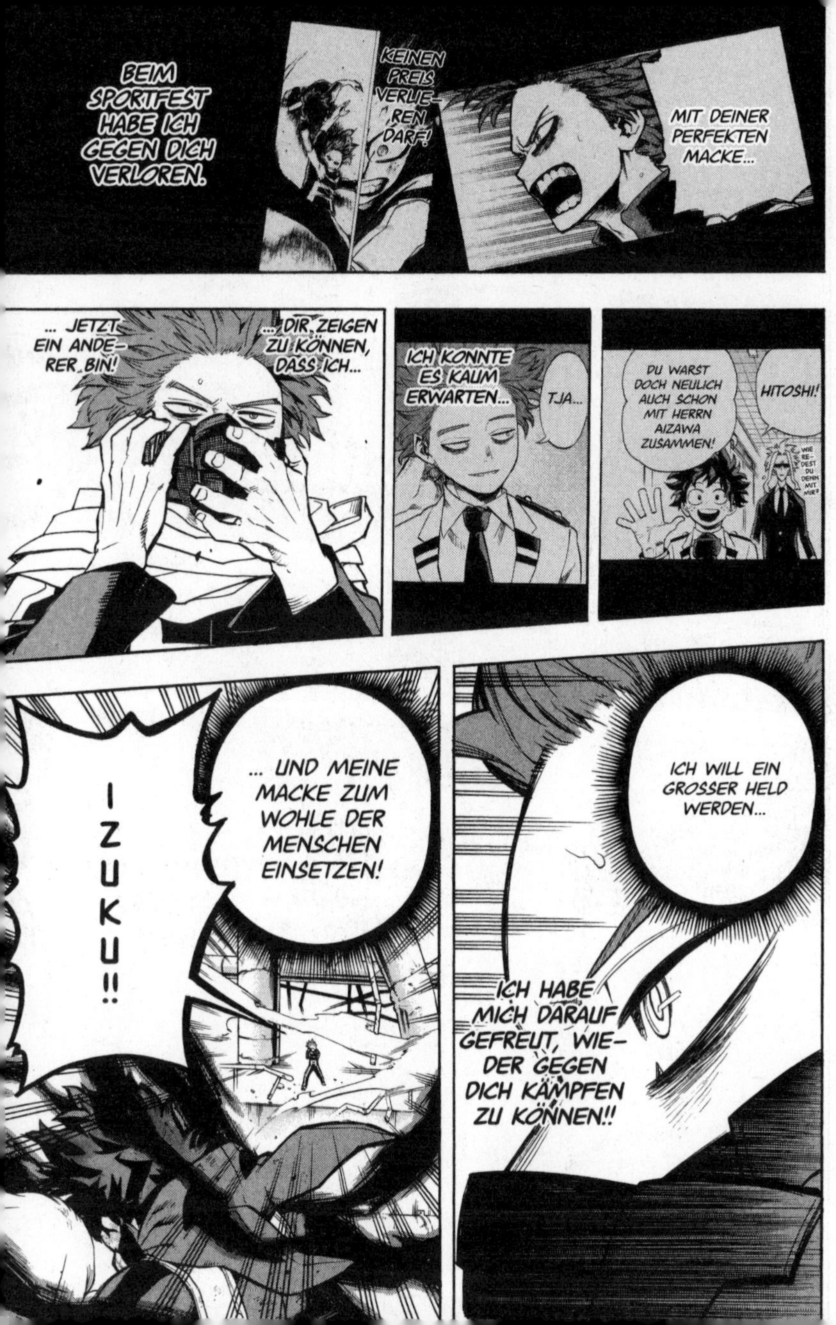
MIT DEINER PERFEKTEN MACKE...
KEINEN PREIS VERLIE-REN DARF!
BEIM SPORTFEST HABE ICH GEGEN DICH VERLOREN.
HITOSHI!
WIE REDEST DU DENN MIT MIR?
DU WARST DOCH NEULICH AUCH SCHON MIT HERRN AIZAWA ZUSAMMEN!
TJA...
ICH KONNTE ES KAUM ERWARTEN...
... DIR ZEIGEN ZU KÖNNEN, DASS ICH...
... JETZT EIN ANDE-RER BIN!
ICH WILL EIN GROSSER HELD WERDEN...
ICH HABE MICH DARAUF GEFREUT, WIE-DER GEGEN DICH KÄMPFEN ZU KÖNNEN!!
... UND MEINE MACKE ZUM WOHLE DER MENSCHEN EINSETZEN!
IZUKU!!

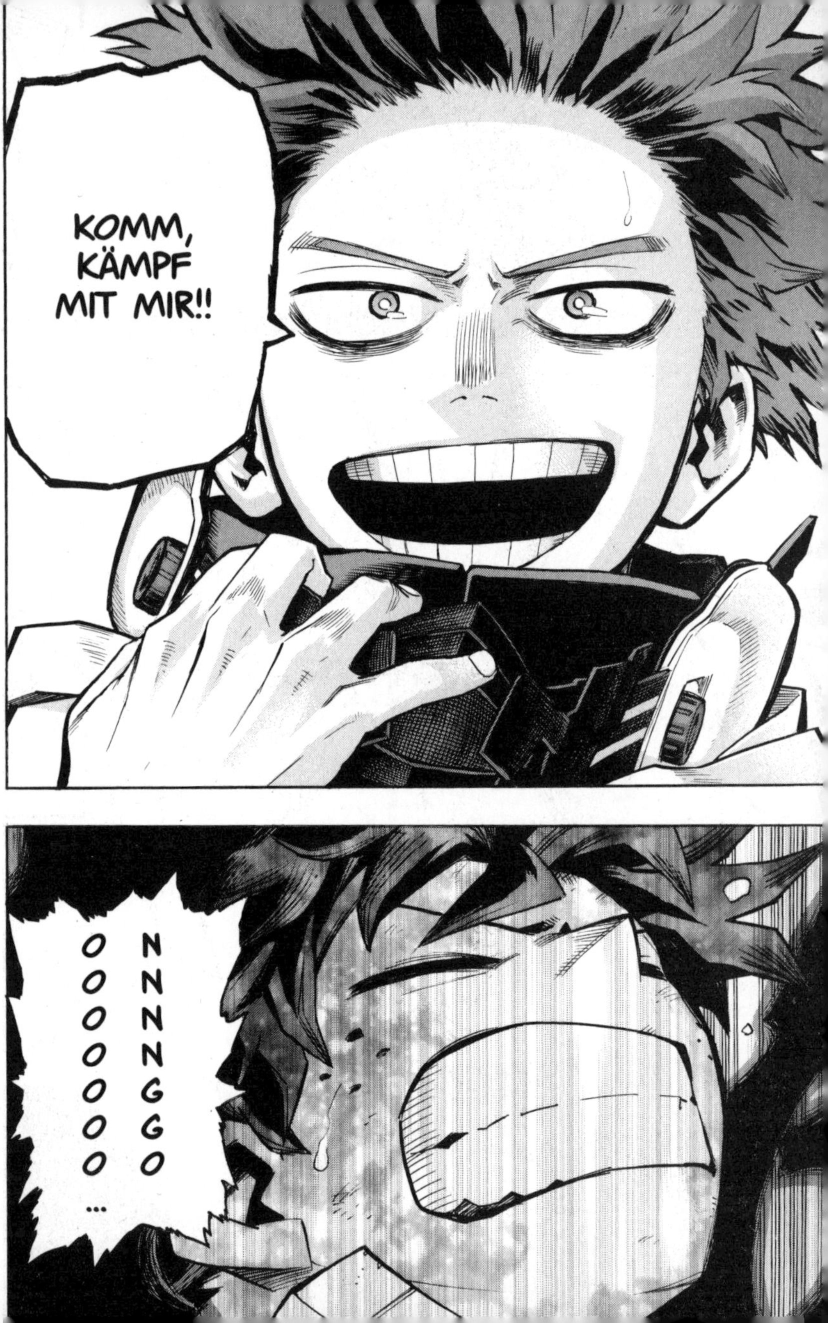
KOMM, KÄMPF MIT MIR!!
NNNNGGOOOOOOOO...

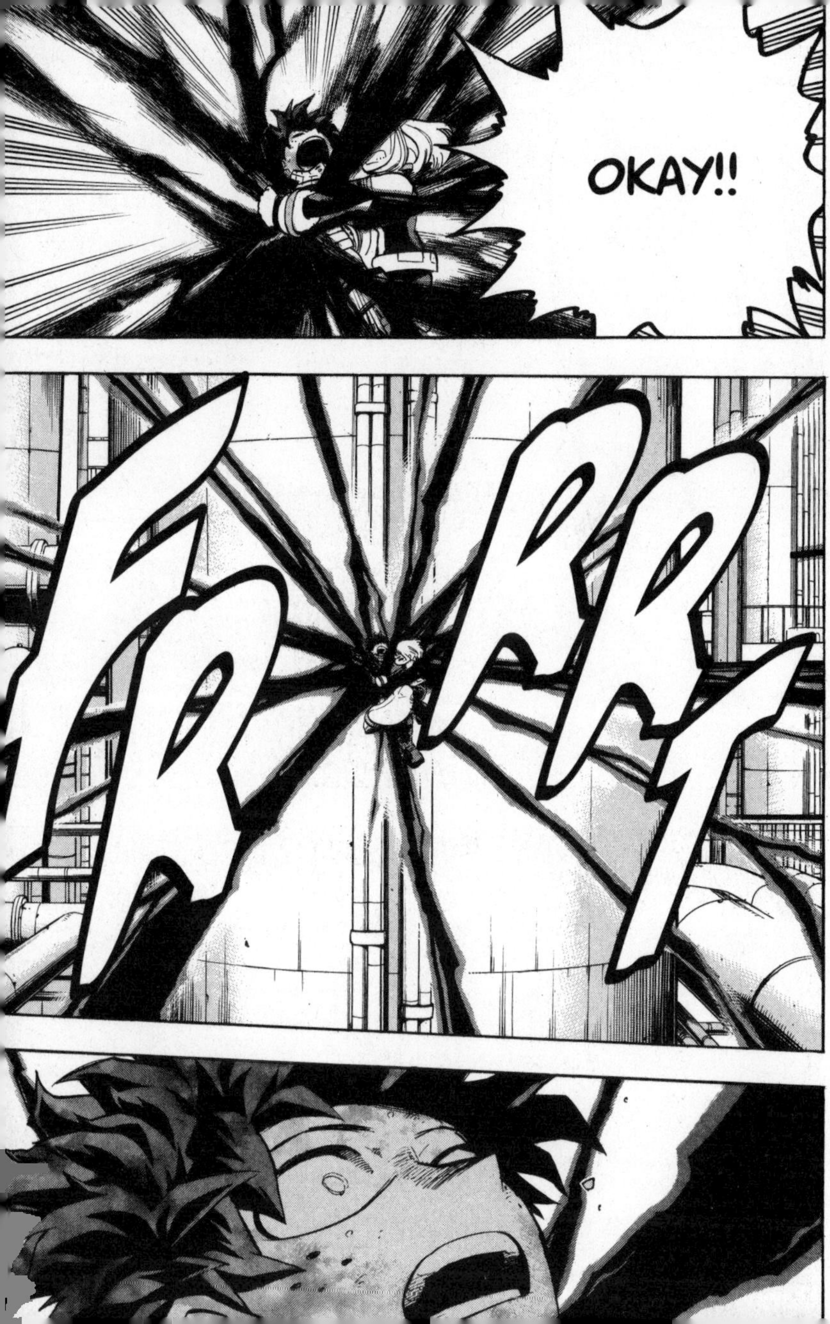
OKAY!!

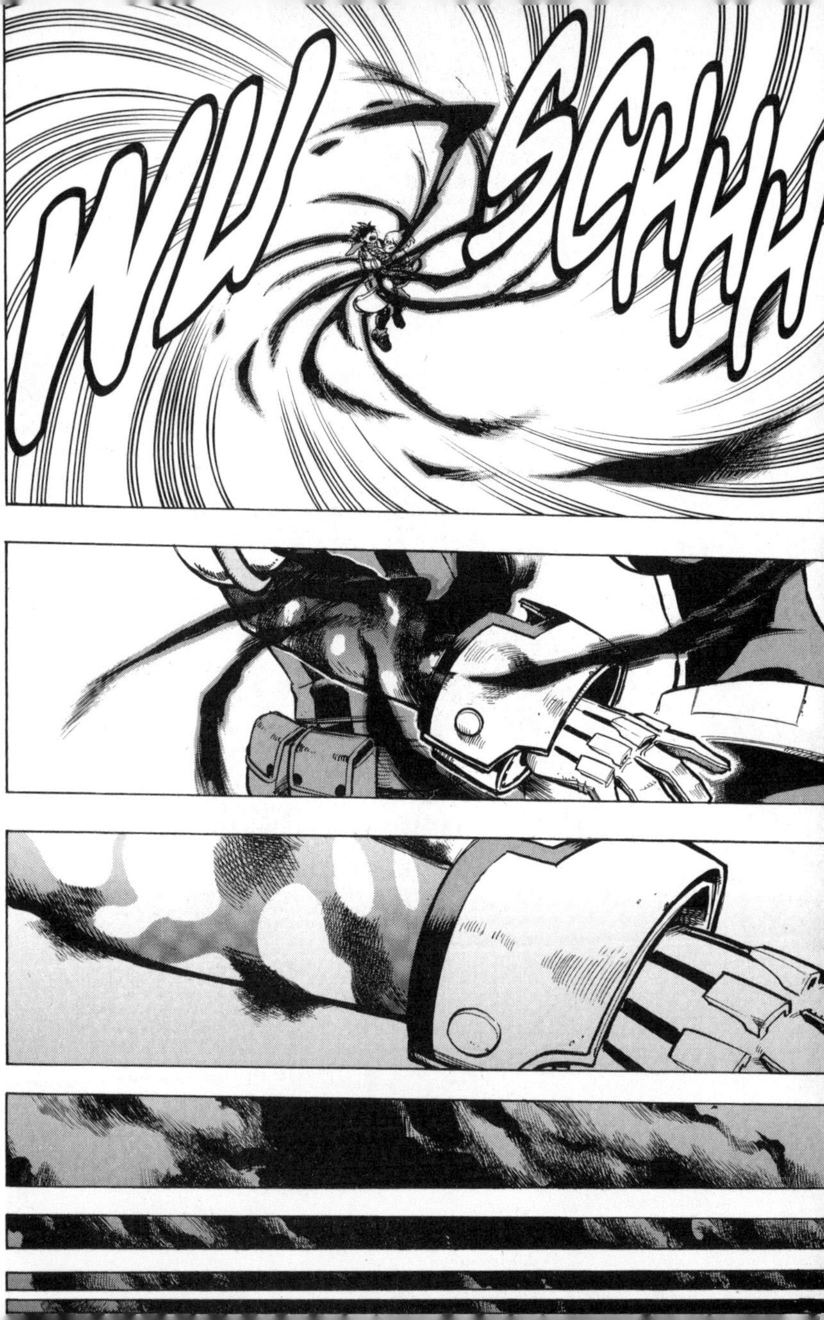
WUSCHH

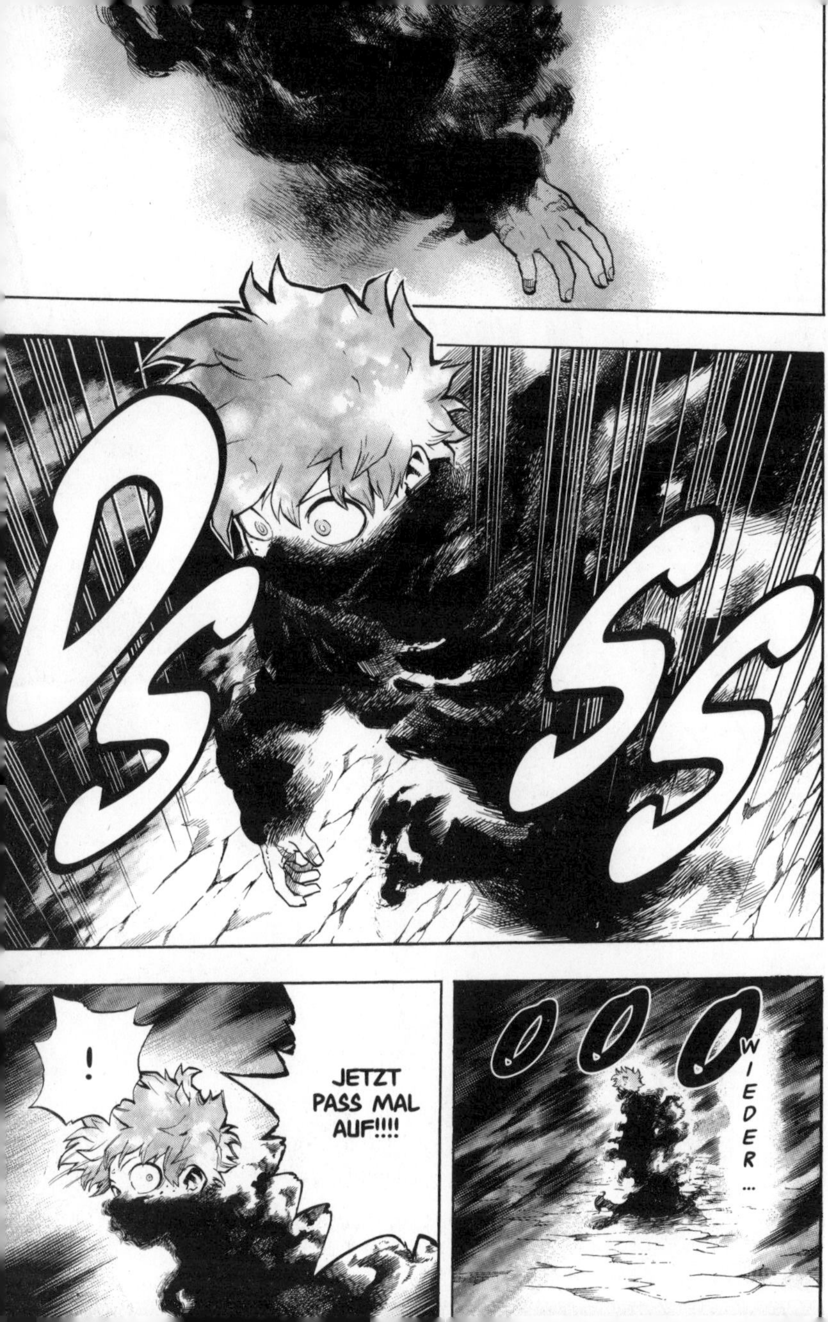
DSSS
WIEDER ...
!
JETZT PASS MAL AUF!!!!

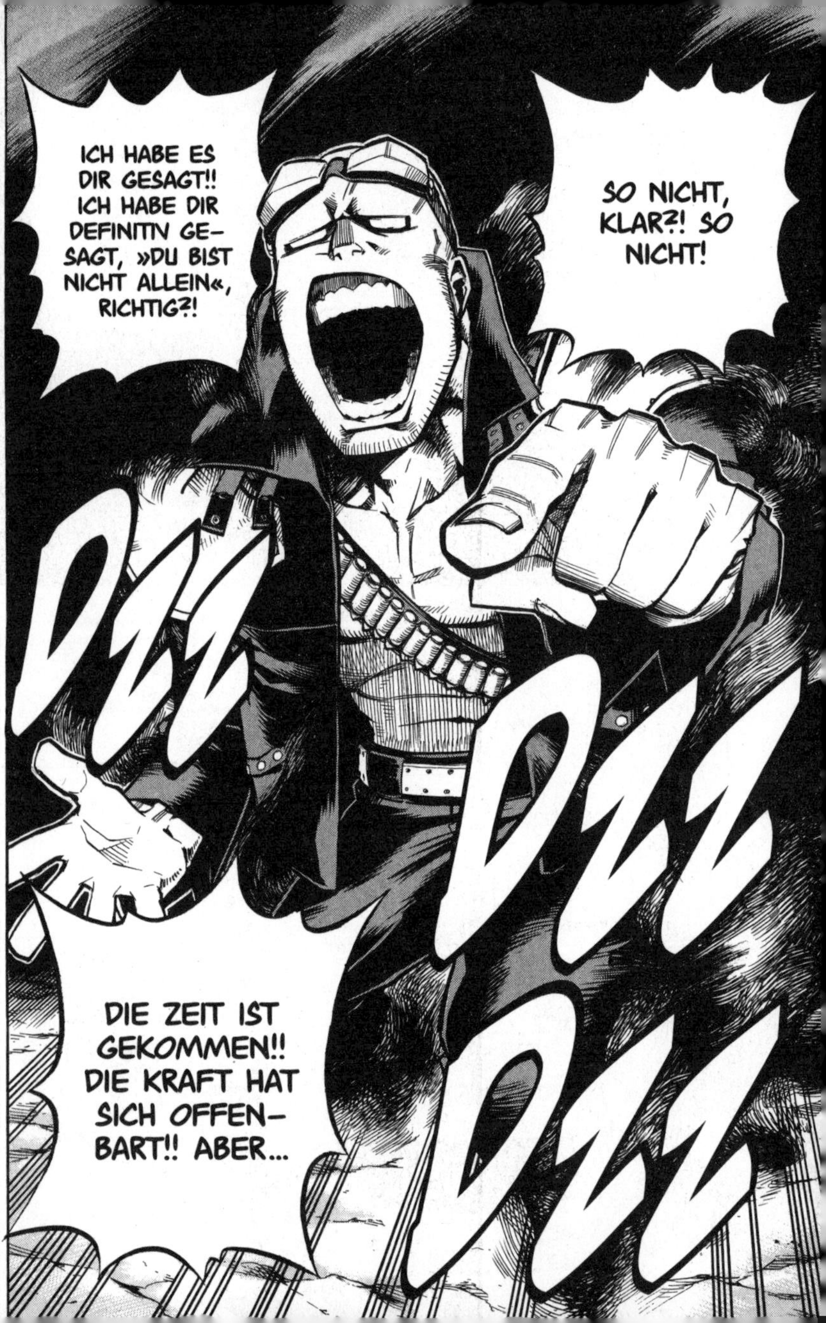
SO NICHT, KLAR?! SO NICHT!
ICH HABE ES DIR GESAGT!! ICH HABE DIR DEFINITIV GE-SAGT, »DU BIST NICHT ALLEIN«, RICHTIG?!
DIE ZEIT IST GEKOMMEN!! DIE KRAFT HAT SICH OFFEN-BART!! ABER...

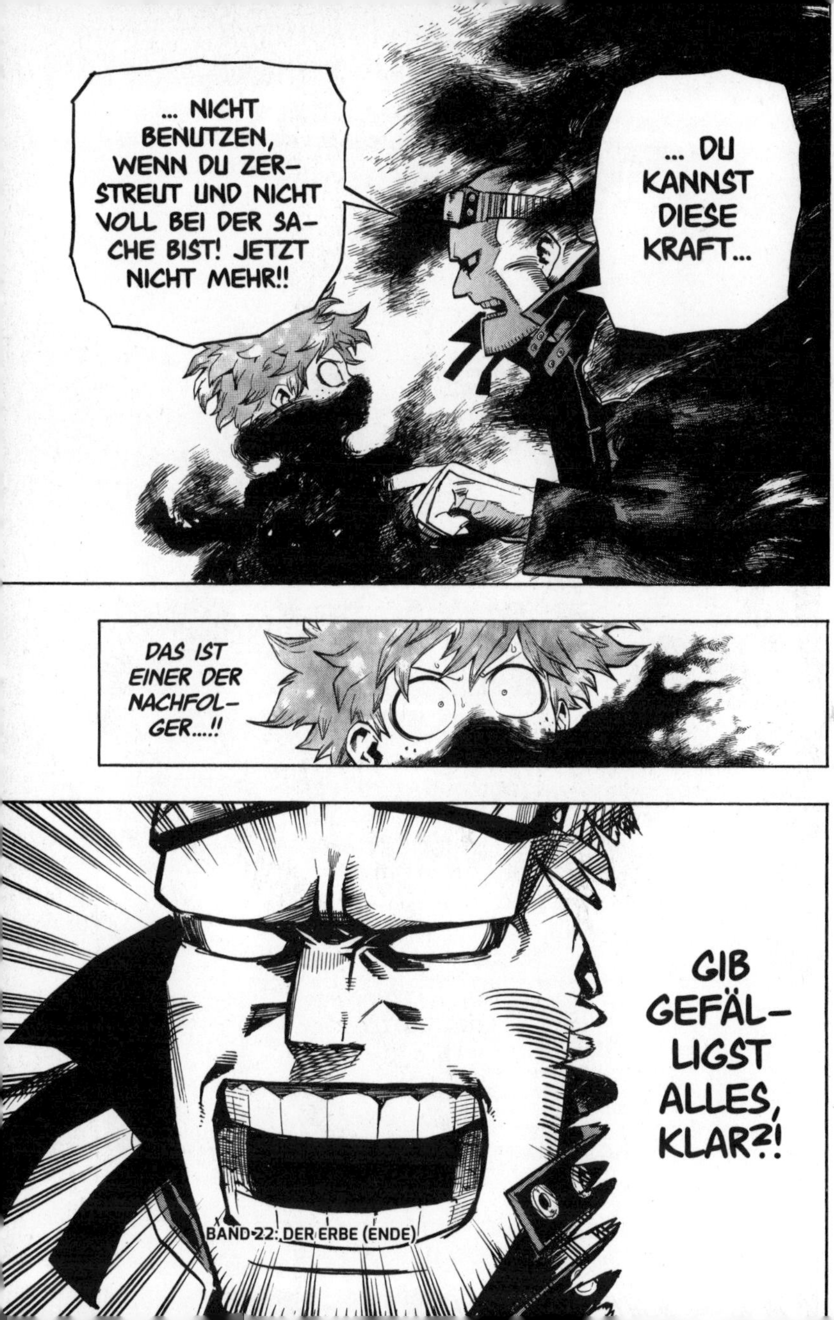
... DU KANNST DIESE KRAFT...
... NICHT BENUTZEN, WENN DU ZER-STREUT UND NICHT VOLL BEI DER SA-CHE BIST! JETZT NICHT MEHR!!
DAS IST EINER DER NACHFOL-GER....!!
GIB GEFÄL-LIGST ALLES, KLAR?!
BAND 22: DER ERBE (ENDE)

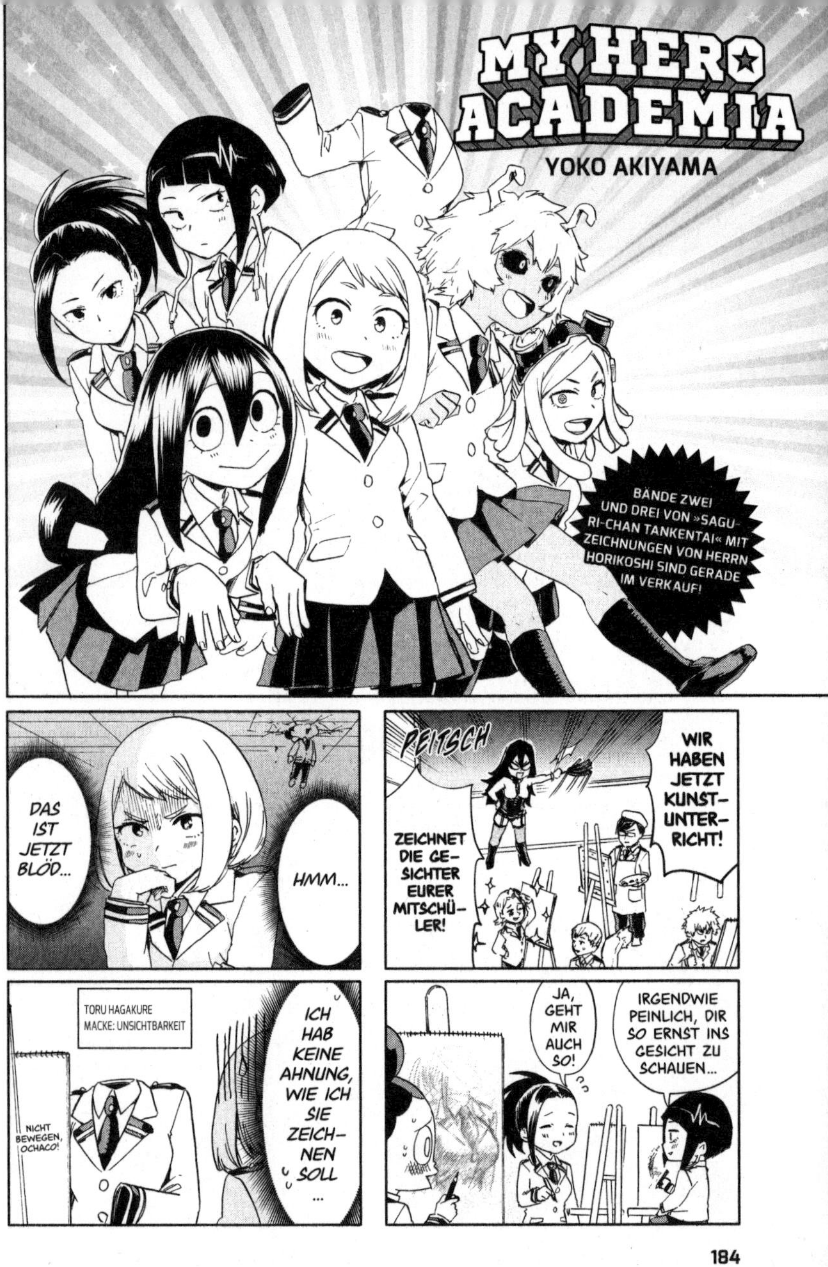
MY HERO ACADEMIA
YOKO AKIYAMA
BÄNDE ZWEI UND DREI VON »SAGURI-CHAN TANKENTAI« MIT ZEICHNUNGEN VON HERRN HORIKOSHI SIND GERADE IM VERKAUF!
PEITSCH
WIR HABEN JETZT KUNSTUNTERRICHT!
ZEICHNET DIE GESICHTER EURER MITSCHÜLER!
HMM...
DAS IST JETZT BLÖD...
IRGENDWIE PEINLICH, DIR SO ERNST INS GESICHT ZU SCHAUEN...
JA, GEHT MIR AUCH SO!
ICH HAB KEINE AHNUNG, WIE ICH SIE ZEICHNEN SOLL ...
TORU HAGAKURE
MACKE: UNSICHTBARKEIT
NICHT BEWEGEN, OCHACO!

WAS ALLE SICH FRAGEN

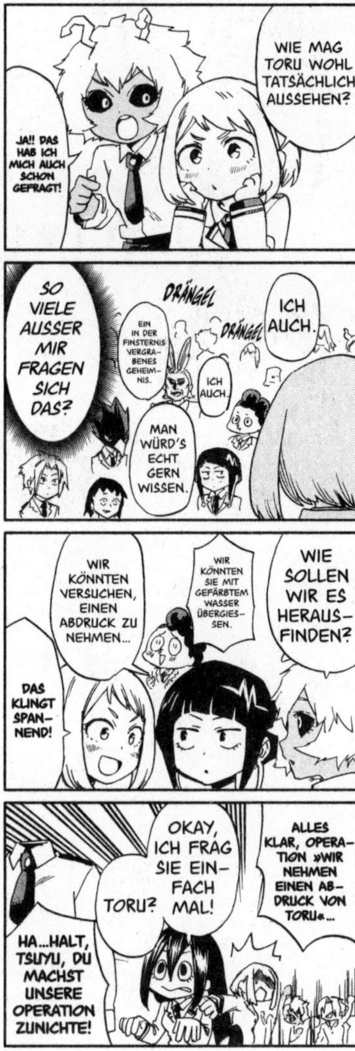

SÜSSES MIT MASSEN

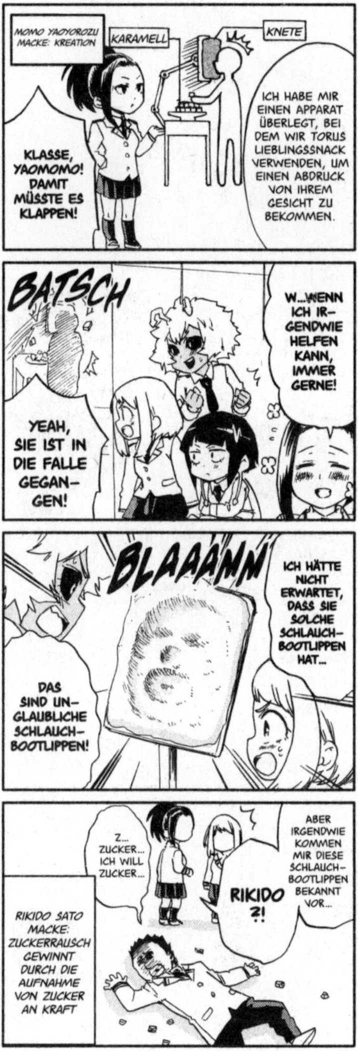

WAS MAN BESSER NICHT SEHEN SOLLTE

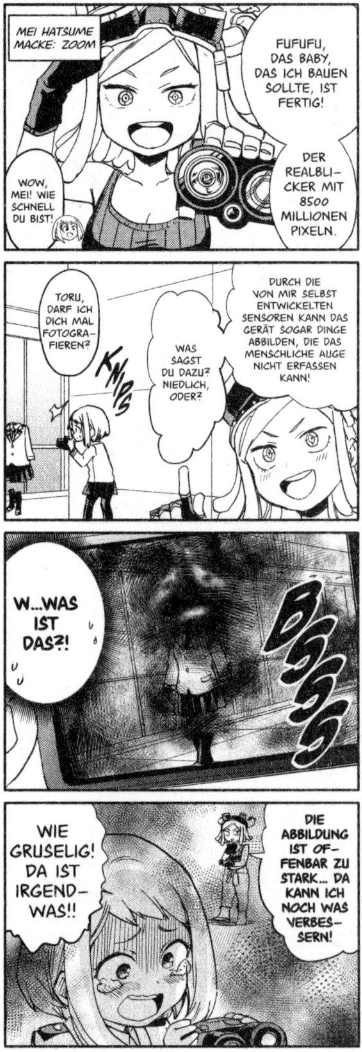

PFLEGE DEINE HAUT

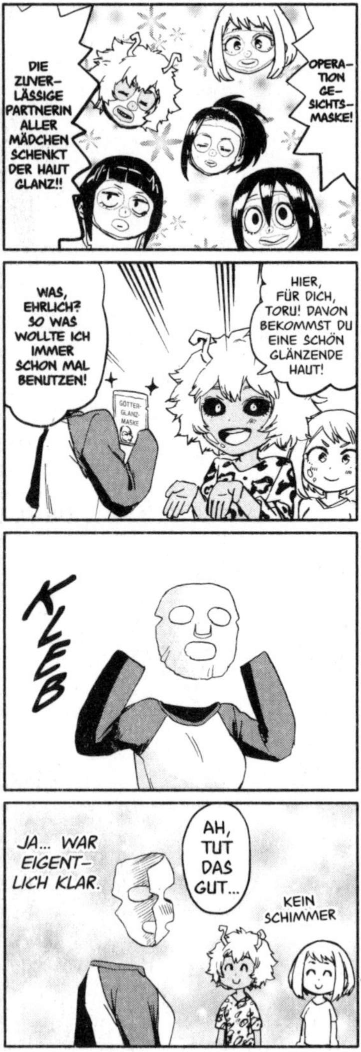

DAS ECHTE, UNDURCHSICHTIGE GESICHT

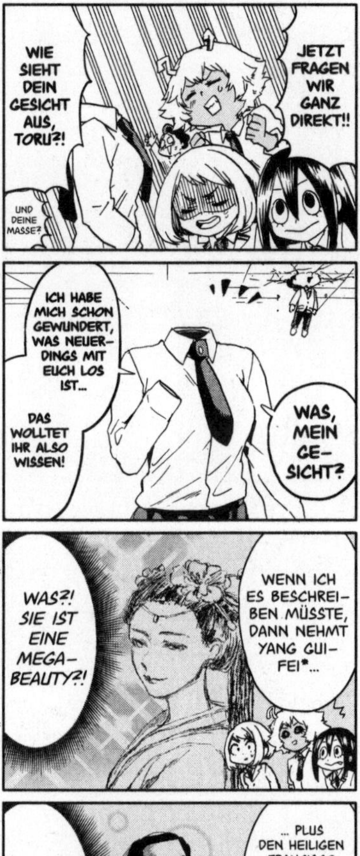

* BERÜHMTE CHINESISCHE SCHÖNHEIT

** JESUITENMISSIONAR IN JAPAN

FAMILIE HAGAKURE

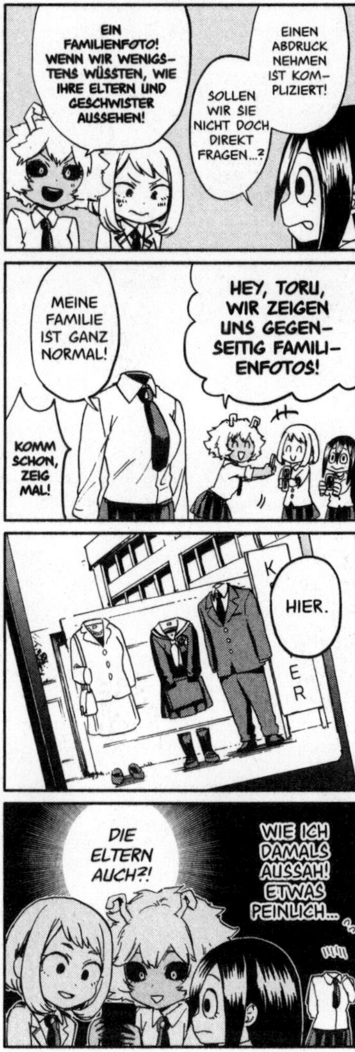

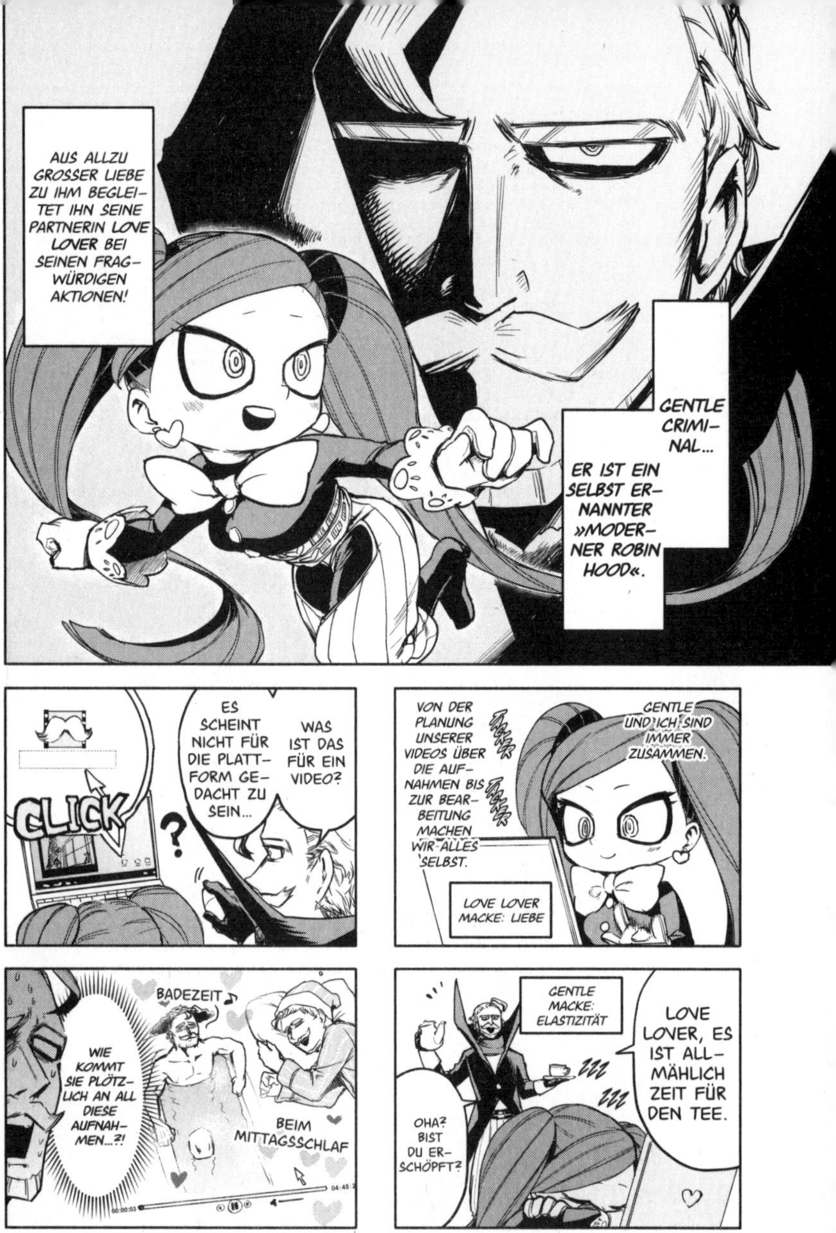
GENTLE CRIMINAL...
ER IST EIN SELBST ERNANNTER »MODERNER ROBIN HOOD«.
AUS ALLZU GROSSER LIEBE ZU IHM BEGLEITET IHN SEINE PARTNERIN LOVE LOVER BEI SEINEN FRAGWÜRDIGEN AKTIONEN!
VON DER PLANUNG UNSERER VIDEOS ÜBER DIE AUFNAHMEN BIS ZUR BEARBEITUNG MACHEN WIR ALLES SELBST.
GENTLE UND ICH SIND IMMER ZUSAMMEN.
LOVE LOVER MACKE: LIEBE
WAS IST DAS FÜR EIN VIDEO?
ES SCHEINT NICHT FÜR DIE PLATTFORM GEDACHT ZU SEIN...
CLICK
LOVE LOVER, ES IST ALLMÄHLICH ZEIT FÜR DEN TEE.
GENTLE MACKE: ELASTIZITÄT
OHA? BIST DU ERSCHÖPFT?
BADEZEIT
BEIM MITTAGSSCHLAF
WIE KOMMT SIE PLÖTZLICH AN ALL DIESE AUFNAHMEN...?!

UNAUFHALTSAME LIEBE

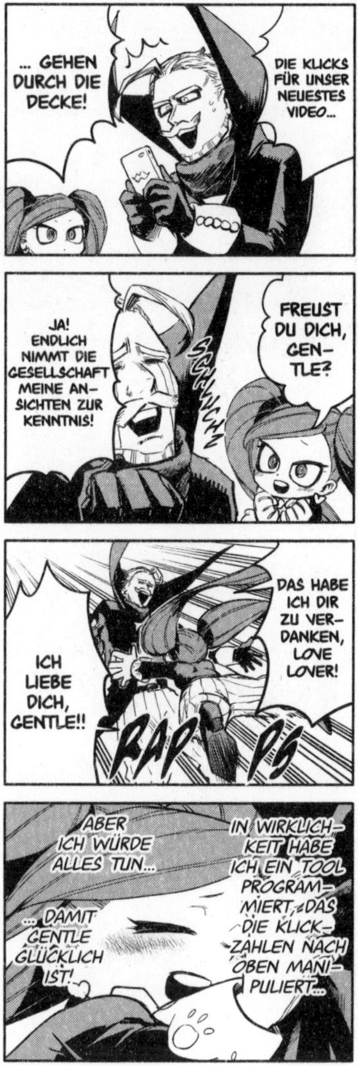

ÜBERTRIEBENE LIEBE

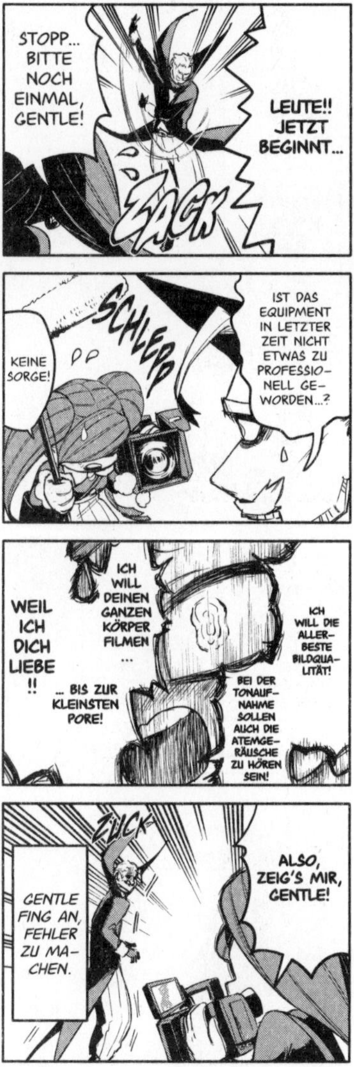

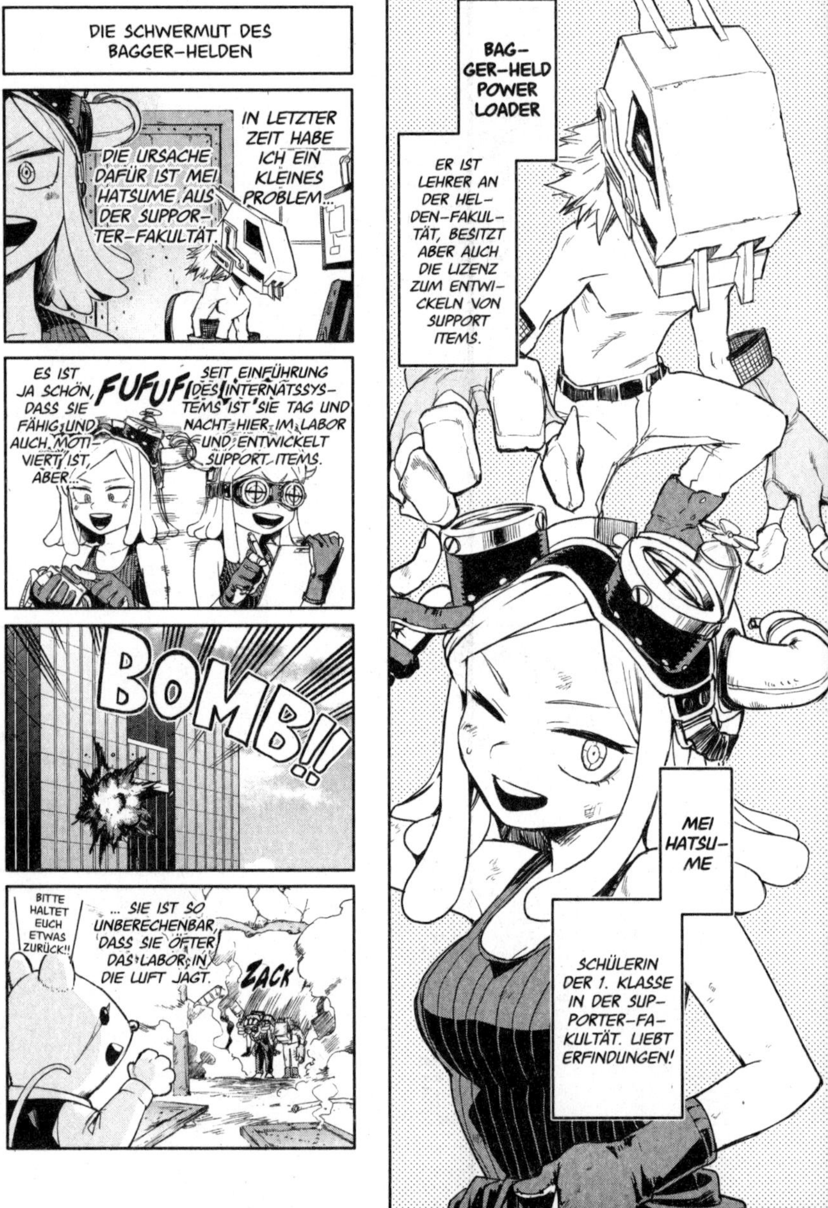
BAGGER-HELD POWER LOADER
ER IST LEHRER AN DER HELDEN-FAKULTÄT, BESITZT ABER AUCH DIE LIZENZ ZUM ENTWICKELN VON SUPPORT ITEMS.
MEI HATSUME
SCHÜLERIN DER 1. KLASSE IN DER SUPPORTER-FAKULTÄT. LIEBT ERFINDUNGEN!
DIE SCHWERMUT DES BAGGER-HELDEN
IN LETZTER ZEIT HABE ICH EIN KLEINES PROBLEM...
DIE URSACHE DAFÜR IST MEI HATSUME AUS DER SUPPORTER-FAKULTÄT.
SEIT EINFÜHRUNG DES INTERNATSSYSTEMS IST SIE TAG UND NACHT HIER IM LABOR UND ENTWICKELT SUPPORT ITEMS.
FUFUFI
ES IST JA SCHÖN, DASS SIE FÄHIG UND AUCH MOTIVIERT IST, ABER...
BOMB!!
... SIE IST SO UNBERECHENBAR, DASS SIE ÖFTER DAS LABOR IN DIE LUFT JAGT.
ZACK
BITTE HALTET EUCH ETWAS ZURÜCK!!

ICH TU'S WIEDER

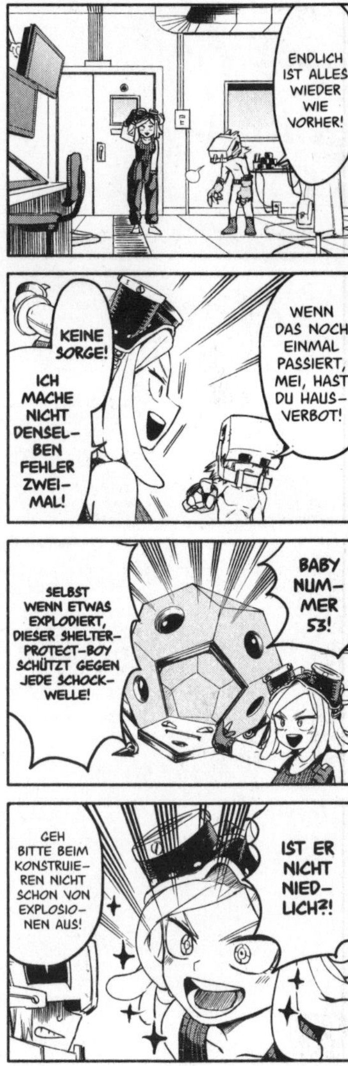

FOLTER-BABY

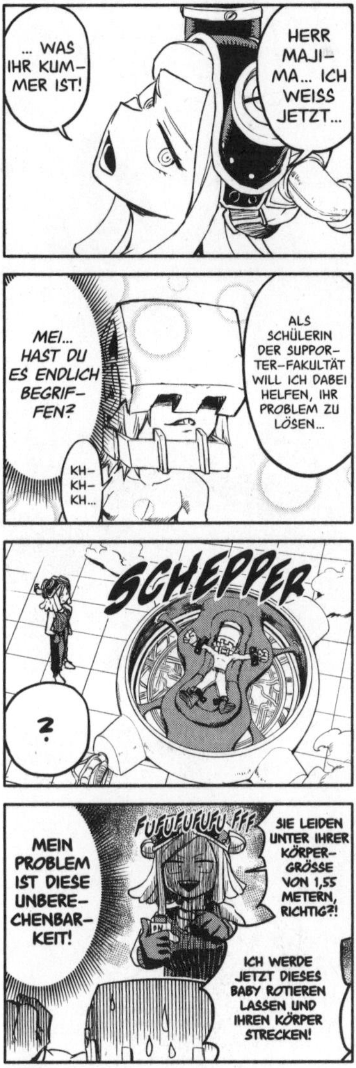

ENDE

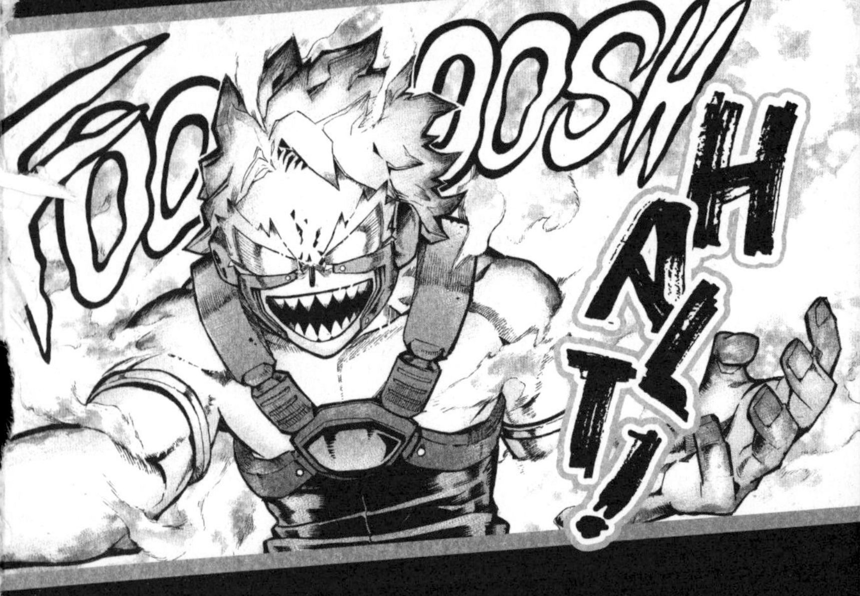

MY HERO ACADEMIA

ist eine japanische Serie, die originalgetreu von »hinten« nach »vorne« und von rechts nach links gelesen wird! Schlagt das Taschenbuch also »hinten« auf und blättert Seite für Seite nach »vorne« weiter!
Auch die Bilder und Sprechblasen auf jeder Seite werden von rechts oben nach links unten gelesen, wie es in der Grafik gezeigt wird!
Ihr seid alle Helden!

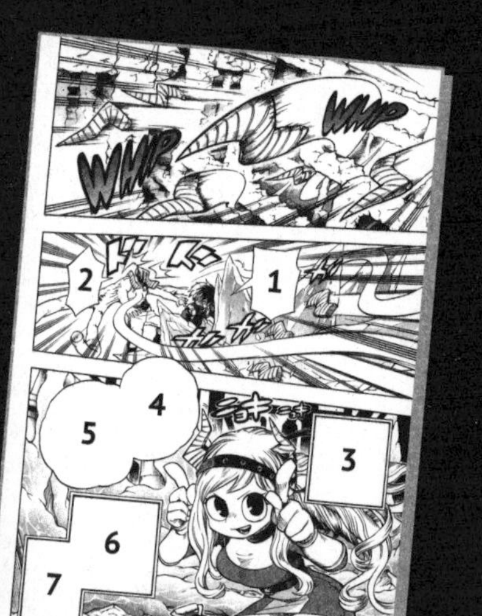